潜能是大海，分数是浪花

剑钧 著

北京大学出版社
PEKING UNIVERSITY PRESS

图书在版编目(CIP)数据

潜能是大海,分数是浪花/剑钧著.—北京:北京大学出版社,2015.10
ISBN 978-7-301-25945-0

Ⅰ.①潜… Ⅱ.①剑… Ⅲ.①家庭教育 Ⅳ.①G78

中国版本图书馆CIP数据核字(2015)第132004号

书　　名	潜能是大海,分数是浪花
著作责任者	剑　钧　著
责 任 编 辑	王　莹
标 准 书 号	ISBN 978-7-301-25945-0
出 版 发 行	北京大学出版社
地　　址	北京市海淀区成府路205号　100871
网　　址	http://www.pup.cn　新浪微博:@北京大学出版社
电子信箱	zyjy@pup.cn
电　　话	邮购部62752015　发行部62750672　编辑部62765126
印 刷 者	北京鑫海金澳胶印有限公司
经 销 者	新华书店
	720毫米×1020毫米　16开本　15.5印张　208千字
	2015年10月第1版　2015年10月第1次印刷
定　　价	36.00元

未经许可,不得以任何方式复制或抄袭本书之部分或全部内容。
版权所有,侵权必究
举报电话: 010-62752024　电子信箱: fd@pup.pku.edu.cn
图书如有印装质量问题,请与出版部联系,电话: 010-62756370

目　　录

第一篇　潜能源于本色平凡

第一章　父爱无言本身就是一首歌 ……………………………… 2
1　从女儿背影里看到的昨天 ………………………………… 2
2　女儿是首让老爸心动的诗 ………………………………… 4
3　要搞清楚自己的能与不能 ………………………………… 7
4　情商的培养要从娃娃抓起 ………………………………… 10

第二章　给平凡童年平添几分微笑 ……………………………… 15
5　女儿的快乐比什么都重要 ………………………………… 15
6　女儿的微笑是醉人的记忆 ………………………………… 18
7　把童年天真还给孩子自己 ………………………………… 21
8　也谈不让孩子输在起跑线上 ……………………………… 23

第三章　让潜能从娃娃起插上翅膀 ……………………………… 27
9　我看提前识字的是非曲直 ………………………………… 27
10　读万卷书才是你真正的大学 ……………………………… 30
11　兴趣将引导你去选择未来 ………………………………… 33
12　"无痕教育"源于良好家风 ……………………………… 35

第四章　挤最好的学校，不如做最好的自己 …………………… 39
13　"化腐朽为神奇"也不都是神话 ………………………… 39
14　就近上学也是不失明智的选择 …………………………… 41
15　选好的学校不如选好的老师 ……………………………… 44

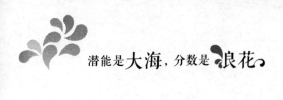

　　16　最佳的教育模式是"私人定制" ……………………… 46

第五章　何必去拼抢排行榜的第一 ……………………… 50
　　17　追求完美并非最优教育取向 ……………………… 50
　　18　成长的第一法则是培植潜能 ……………………… 53
　　19　曲径通幽更容易实现目标 ………………………… 56
　　20　提升自我比提升分数更重要 ……………………… 58

第六章　兴趣的隧道直通学习的欢乐谷 ………………… 62
　　21　不奔波兴趣班才会有兴趣 ………………………… 62
　　22　写作文的秘诀究竟在哪里 ………………………… 65
　　23　一个喜欢化学符号的女孩 ………………………… 68
　　24　兴趣在于引导而不在于安排 ……………………… 71

第七章　承认平凡但不要承认平庸 ……………………… 74
　　25　平凡是心态 ………………………………………… 74
　　26　进了尖子班更要带颗平常心 ……………………… 76
　　27　坚守与奋斗之间连接着信念 ……………………… 78
　　28　平凡衣着的背后其实是美丽 ……………………… 82

第八章　勤奋才是打开梦想大门的钥匙 ………………… 85
　　29　每一株小草都有碧绿的理由 ……………………… 85
　　30　播种勤奋者才可能收获成功 ……………………… 87
　　31　谁笑到最后谁才会笑得最好 ……………………… 88
　　32　女儿的眼泪为何突然洒落 ………………………… 90

第二篇　潜能结伴平凡

第九章　将平凡轻轻放入追梦行囊 ……………………… 96
　　33　远行是女儿送父母的最佳礼物 …………………… 96

34　放飞梦想要脚踏坚实的大地…………………………… 98

　　35　女儿在完善自我中悄然长大…………………………… 101

　　36　携手平凡才能做到内心强大…………………………… 103

第十章　大学校园绿荫下的背影…………………………………… 106

　　37　在学校优良的传统中学习……………………………… 106

　　38　自习室的灯光为求知者闪烁…………………………… 108

　　39　把握好大学时代的每个第一次………………………… 110

　　40　一把开启智慧未来的钥匙……………………………… 113

第十一章　宿舍女生聚合起化学反应……………………………… 115

　　41　谁说理科的女孩不如男孩……………………………… 115

　　42　你沾了与强者为伍的"仙气"………………………… 117

　　43　挫折前敢拼者才会赢…………………………………… 120

　　44　多交流才能取长补短…………………………………… 122

第十二章　理科女孩也喜欢形象思维……………………………… 125

　　45　学海荡起文理兼修的双桨……………………………… 125

　　46　假期狂补文史知识所为何……………………………… 128

　　47　喜欢动漫也爱看金庸小说的你………………………… 130

　　48　心随优美的旋律跳荡在校园…………………………… 132

第十三章　享受平凡就是在享受生命……………………………… 135

　　49　追寻快乐去享受平凡中的幸福………………………… 135

　　50　爱心似水却让柔弱变得坚强…………………………… 137

　　51　从女儿身上寻找过去的影子…………………………… 140

　　52　遥远牵挂何时都是一种力量…………………………… 142

第十四章　优秀与平凡总是一衣带水……………………………… 145

　　53　平凡的品质本身是一种美丽…………………………… 145

　　54　优秀师长是平凡人生的灯塔…………………………… 147

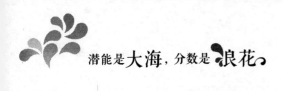

| 55 | 平凡的内核是淡泊宁静的心 | 150 |
| 56 | 植根平凡沃土才有生长能量 | 152 |

第十五章　直面突如其来的校园爱情　154

57	女孩的心思父母不要去猜	154
58	恋爱观的本质也出于平凡	156
59	爱与被爱相遇才是真正幸福	157
60	在爱情长跑中追求比翼双飞	159

第十六章　进一步也会迎来海阔天空　162

61	那份姗姗来迟的国家奖学金	162
62	出国留学并非是为追求时髦	164
63	在越洋电话面试中彰显自信	165
64	听到女儿真要远行的那一刻	167

第三篇　潜能升华平凡

第十七章　美国东海岸思乡的感恩节　172

65	将感恩大写在海外的蓝天上	172
66	万里之遥飘过一片思乡的云	174
67	除夕雪中漫步寻找家的感觉	176
68	感恩平凡的行动是脚踏实地	178

第十八章　在父母耳边不言苦的女儿　180

69	人生中从来就没有什么草稿	180
70	求学之路有一种懂得叫努力	182
71	坚守平凡就是寻求人生幸福	184
72	在异国求学的女儿继续成长	186

第十九章　洋学生眼里的中国小老师 ································ 189

   73　尝试在美国做老师的滋味 ································ 189

   74　潜能也许是个奇妙的迷宫 ································ 191

   75　从幼儿园你曾说的一句话谈起 ···························· 193

   76　自信足以让平凡放射出光彩 ······························ 195

第二十章　实验室里领略的大千世界 ································ 198

   77　兴趣其实就是引航的罗盘 ································ 198

   78　遇到好导师就等于抓到大奖 ······························ 200

   79　女博士走出实验室彰显美丽 ······························ 202

   80　有一天学弟学妹也成了师哥师姐 ·························· 204

第二十一章　向传统文化鞠躬致敬的女孩 ···························· 207

   81　远离故乡所感悟的距离美 ································ 207

   82　在传统文化中解读时尚美学 ······························ 208

   83　和女儿代沟多宽的思索 ·································· 210

   84　老爸眼中平民教育的价值内涵 ···························· 213

第二十二章　平凡生活中寻觅留学情趣 ······························ 215

   85　让孤寂的留学日子鲜亮起来 ······························ 215

   86　驻足平凡也问时间去哪儿了 ······························ 217

   87　一个游历美国的"五年计划" ···························· 219

   88　与女儿有关智能之城的畅想 ······························ 221

第二十三章　正直做人远比赚钱更开心 ······························ 225

   89　人的一生都是一个做人的过程 ···························· 225

   90　父母回眸人生时送你一句话 ······························ 227

   91　感悟平凡才会摆正做人姿态 ······························ 229

   92　将时尚穿在身上还是放在心里 ···························· 231

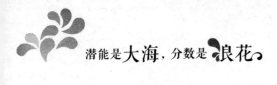

第二十四章 结伴平凡去追逐未来梦想 ······ 234

- 93 面带微笑去笑傲人生的苦旅 ······ 234
- 94 用平凡搭建积极向上的阶梯 ······ 236
- 95 去雕饰的风景才称得上美丽 ······ 239
- 96 天下最爱你的人是父母 ······ 241

第一篇 潜能源于本色平凡

女儿,一个可爱的「丑小鸭」,在蓝天阳光下一天天长大,我想对你说,呵护好那一羽平凡而淡雅的本色,扇动那稚嫩而勇敢的翅膀,你的未来就不再是梦。

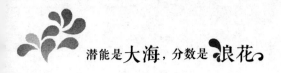

第一章
父爱无言本身就是一首歌

1 ▶ 从女儿背影里看到的昨天

　　2014年春节后的第二天清晨，我和你妈妈送你回美国读书。这是你留学生涯的第三个年头。在北京首都国际机场T2航站楼，我们和你深情拥抱之后，你拉着行李箱，背着双肩包走进了安检厅。走了几步，你蓦然转过头来，朝我们摆摆手，回眸一笑。也就在那一瞬间，我陡然发现"90后"的你真的长大了，像一只羽翼丰满的小鸟，展翅搏击在蓝天之上。于是，我想到了汪峰的那首歌《飞得更高》：

　　我知道我要的那种幸福/就在那片更高的天空/我要飞得更高飞得更高/狂风一样舞蹈挣脱怀抱/我要飞得更高飞得更高/翅膀卷起风暴心生呼啸/飞得更高……

我的眼睛湿润了，与你妈妈对视，她的眼中也闪着一丝亮晶晶的东西。

　　我和你妈妈透过航站楼落地窗，遥望一架又一架航班腾空跃起，飞向辽阔的蓝天。猜想你这会儿可能快登机了吧？那是一架达美航空公司的航班，中途将在东京转机，然后飞往纽约。那是一次要历经十多个小时的漫长航程，我们临别时相约在东京转机时，相互通过手机微信再联系。我仰望长空，放飞思绪，蓝天飘过来一片依依送别的云……

第一篇　潜能源于本色平凡

女儿,你知道此刻老爸想的是什么吗?那一刻,我想到你二十三年前,蹒跚学步的样子。面对面,我拉着你的双手,看到你稚嫩的眼神里,透着几丝兴奋,又透着几分恐惧。之前,你无数次跌倒,又无数次爬起来,你哭过,也胆怯过,到了终于迈出第一步的那一刻,你的小哥哥也站在一旁为你喝彩,你露出了稚嫩而开心的微笑。人生的第一步迈出的是艰难,也迈出的是勇气,即便看起来挺平凡的第一步,又有谁能绕得过去呢?

当有一天,你赖在小床上,死活也不愿起来,妈妈掀开你的被窝,才发现你又尿床了,原来不愿起床,只是怕让大人瞧见。呵呵,小家伙,懂得难为情了!一想到当年那番可爱场景,我在候机大厅禁不住哑然失笑,引得周围一片莫名其妙的眼神。

"女儿长大了,我们也老了!"你妈妈没注意到这一细节,只是痴痴看着你渐行渐远的背影,喟然叹道。"没错,孩子能在我们身边陪伴多少年?小鸟总归要放飞的,梦想也总归要放飞的。"我也望着一袭白色羽绒服的你,道出一声发自肺腑的感慨。

你在父母眼里,总是稚气十足的小模样,一张娃娃脸,笑起来总那般纯真、那般甜美,看上去,你应是那种乖巧得永远都需要呵护的女孩子。但是,你人生迈出的每一步都那么有主见,都让我们充满了惊喜,这也许缘于你的步履虽很平凡,但却很坚定,行动又时常高于父母期望值一大截吧。

你大三那年,还远在合肥的中国科技大学读书。那年暑假你回来对我们说,想放弃保研机会,去美国留学。我当时一愣,脱口而出:"出国留学是好事,爸妈都会支持你的。不过,我们是工薪阶层,你也知道,就我们的经济实力,供你自费出国留学是有难度的。"你笑笑说:"老爸放心好了,如果不能申请到全额奖学金我就不出去了。"话虽这么说,可我们俩也悬着一颗心。就你的学习成绩而言,在中科大保研应当是没有悬念

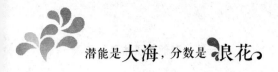

的,但按照学校规定,如果申请出国留学,就自动失去了保研机会。一旦申请全奖留学失败,那岂不等于"鸡飞蛋打"了吗?

　　静下心来,我和你妈妈也探讨过这样的话题,若女儿生在富二代家庭,那会是什么样子?肯定不必对那大笔留学费用担忧了。凭着你的学习成绩,你会轻松地走进享誉全球的美国著名高校,但要拿到全额奖学金,就另当别论了。据我们了解,全奖在申请去美留学的学子中,概率不会超过10%。这对你来讲无疑面临一次很大的挑战。

　　一年后,你靠自己的努力,如愿以偿地获得了美国一所知名高校的全奖录取通知书,将去攻读化学专业博士学位。消息传来,我和你妈妈那种兴奋的心情难以言表。我不由想到了冰心老人那句至理名言:

　　成功的花,人们只惊慕她现时的明艳!然而当初她的芽儿,浸透了奋斗的泪泉,洒遍了牺牲的血雨。

2▶女儿是首让老爸心动的诗

　　女儿,我丝毫不怀疑你是优秀的,就像丝毫不怀疑你本色平凡那样。我眼中的女儿就是在平凡中生活、在平凡中学习、在平凡中长大。儿时的你不擅交往,见人腼腆,是个时常躲在妈妈背后怯怯看生人的小女孩儿。从小学到中学,你在班上虽说成绩总是名列前十,但鲜有排名第一的时候。平凡的情商、平凡的智商,造就了一个平凡的小女孩儿,就像你平凡的妈妈和爸爸一样。由于缺乏经天纬地之才,妈妈一辈子只会教书育人,爸爸一辈子只会秉烛书写。

　　我不禁在想,平凡是什么?平凡是远离林立的楼群,伸向绵延庄稼地的幽径;平凡是没有豪华别墅的阔绰,陋室中,纵笔挥洒的大杂院故事;平凡是能遮住忧思愁虑的树,树荫下,尽可能领略淡泊宁静的心境;平凡是海滩上的石子,饱经岁月风浪的冲刷,丝毫不介意能否引起游人的注意。

送别后，在机场快轨的车厢里，我和你妈妈相对无言，那是一种说不出的感觉，欣慰中夹杂着依恋。你现在长大了，我依然觉得女儿是首让我心动的诗，让我充满了创作的激情。我恍然想起二十年前我曾写过的一篇小散文《童心是诗》：

诗，我也算断断续续地写了近二十年了。到如今，我反而越来越不会写了，往往操起笔来，竟不知晓笔落何处，索性搁笔。

昨晚，方四岁的女儿冒出了一句诗的语言，让我茅塞顿开。刚刚从市幼儿园回来的瑶瑶，一进屋便发现窗台上一朵凋谢的小花落进了花盆里。于是，她伤心地对我说："花落了，她没有家了。"

我心不禁一动，这句淡朴无华的话，不就是一首诗吗？透过女儿的语言，我领略到一颗清纯的童心和一种淡淡的伤感。之后，我试图用另外一种语言来诠释这种情感，但都失败了。

能用一句诗，展现出孩子的内心世界，实在是太难了。当然，孩子是很自然地流露出这样一种心境的。她没有意识到这就是诗，但这又的的确确是诗，而且往往是人们挖空心思寻觅不到的诗句。

其实，写诗是需要一点点童心的。对此，我有切肤之感。去年春天的一个晚上，我领女儿到楼外散步。我指着天上的繁星问瑶瑶："你看它们像啥？"她眨眨眼睛，说："像是挂在天上的小灯笼。"我很惊讶她怎么会产生这样的奇想，不由想起了郭沫若年轻时代曾写的一首诗《天上的街市》。记得诗中这样写道："我想他们此刻/定然在街上闲游/不信/请看那朵流星/是他们提着灯笼在走。"郭老将流星喻作在走的灯笼，那么布满天上的星星，不就是挂在天上的小灯笼吗？

于是，我又问："那些小灯笼挂在天上干啥？"女儿不加思索地说："那还用问吗？怕晚上太黑了呗。"过了一会儿，她似乎突然想起来什么，说："爸爸，等我长大以后，到天上去给你摘下来一个，放在屋里，就不用点灯了，是不是？"

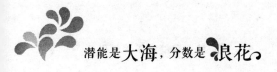

我哈哈地笑了起来，忍俊不禁地将孩子抱起来，亲吻了她一下，在天真烂漫的女儿面前，我仿佛也年轻了许多。

哦，童心是诗，我是多么渴望也有一颗孩子般的童心啊。

前两年，我将小文收录到散文集《窗外窗内》里，今天偶尔联想起旧作，又勾起了对往事的回忆。你两岁多时，有天窗外飞雪，你趴在窗台上，突然说那地上的雪像糖，然后你拉我走进厨房，小手指着上边的糖罐子说，看看都是白的吧？看到你认真的小样子，连跟过来的妈妈都笑了。你三岁的时候，喜欢在纸上涂鸦，画了两个小人，指着说，他们是在跳舞呢。看来，往事并不如烟，有些东西是值得一辈子去回味的。有位作家朋友在博客上读到《童心是诗》之后，给我留言："我怎么与你一样心态呀！我也想过，诗大概只能是年轻人激情的产物吧，现在青春不在了，激情自然就少了。好在有孩子，孩子能续上人生的激情，也定能演绎出青春的华章！"

航班起飞两个多小时之后，我在家中如愿接到了你在东京羽田国际机场发来的一条带笑脸表情的微信："老爸，我到东京啦。"我看了眼手机上的时间：2014年2月2日上午11时10分。在几句短暂闲聊之后，我蓦然有了一个感觉，你无论多大，走到哪里，身在何方，在父母眼里，永远都是一个孩子，都是一个牵挂。这就是人类最伟大的父爱与母爱，即使远在天边，也无时无刻无处不在！

说也怪，我也有十几年不曾写诗了，就在那一刻，我却诗如泉涌，在二十几分钟的时间中，即兴写给你三首诗。其一：朝辞京城入云端／万里迢迢蓝天伴／儿行云海情深深／高堂遥指鹏程远。你说："哇，太感动了！"其二：北京东京转纽约／云卷云舒路绵绵／难得桑梓享天意／甲午祥云送尔远。你又说："您怎么诗兴大发了？"其三：青春为伴笑还乡／惜别依依倾衷肠／海外求学有情侣／牵手志同路久长。你发来一个笑脸说："谢谢老爸了。"我意犹未尽，又在微信上留言："谨以此诗句送给远行的女儿，祝旅途一路平安！"

"我又要登机了。"你在12时43分又发来一条微信。我坐在沙发上，看着手机彩屏，仍沉浸于诗情之中，我想女儿是首让老爸心动的诗，这缘于你至今仍保持着纯洁清澈的童心。童心是一首好诗，那纯洁的想象，那无邪的天真，都源于一颗真诚而平凡的心灵。

我时常在想，孩子一生下来原本一张白纸，乐与忧、美与丑、爱与恨的认知能力都是后天学会的。父母是孩子的启蒙老师，他们抚养子女的核心是教育，这的确是门很辛苦又很高深的学问，难怪自古便有"子不教，父之过"之说。但我要对你说，瑶瑶，你带给父母的快乐和人生的动力已远远超过父母所付出的辛劳。是你那颗纯洁清澈的童心温暖了我，是你那颗天真无邪的童心感染了我，是你那颗美丽豁达的童心激励了我，我们从来都是"教学相长"。看着你一天天长大，我们也在一天天变老，父爱无言、母爱无言，但我们之间无时无刻不在做着心灵的沟通与对话。

3 ▶ 要搞清楚自己的能与不能

你出国前没坐过飞机，但出国这两年乘飞机却成了家常便饭。也难怪，在美国出外旅行，在天上飞往往要比在地上跑还便宜实惠。当你第一次出远门时，我们做父母的在万里之遥还担心这、担心那，总觉得你还没长大，会不会安全？细想一下，连自己都感到可笑。

瑶瑶，你是幸运的，有一个幸福的童年，该玩耍的时候玩得开开心心，该上学的时候一口气读了十五年书，该见世面的时候又留学到了美国。你小时候，做父母的担忧你的饮食、健康、学习、成长、交友、安全；你长大了，又开始担忧你的求学、生活、择偶、婚姻、工作……但二十几年平平淡淡过去了，我陡然发现，这么多年父母的担忧都是多余的。其实，做父母的只需把两件事做好足矣，即儿时起教会你如何去做

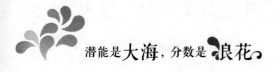

人，教会你如何去学习，也就是所谓的培养情商与智商。事实上，你当初学步那会儿，每走一步父母都要拉着你的小手，一旦你能走了，就要把手放开，任其摔上两跤也没什么，让你走自己的路好了！

想想为人父、为人母者也都从做儿女这一步走过来的，对育儿经应该心知肚明，奇怪的是很多父母偏偏就不愿"温故而知新"。我身边有的父母把孩子娇养成了温室的花朵，捧在手心怕蔫了、放在室外怕晒了，结果女孩成了弱不禁风的林黛玉，男孩成了扶不起来的阿斗，如此下来，分明害了孩子，甚为堪忧。

父母爱子心切并无过错，但宠子过分就是过错了。之前，我和归国度假的你在京城地铁2号线上，就经历过这样一幕：车到复兴门，你将座位让给了一位提着双肩包的老爷爷，那老人并没有入座而是转而让给身边的小男孩，很显然老爷爷是去接刚刚放学孙子的。那男孩胖乎乎的，有十岁左右的样子，连句谦让的话都没说，竟心安理得地一屁股坐下了。我心里一冷，就在想，将来有一天我有了孙子，遇到这种情况会怎么做呢？孙子上学辛苦，车厢又很挤，我会心疼孩子，却不会那样做。我要让他懂得，这会儿站着，让爷爷坐，远比自己坐着更舒服！

儿时《孔融让梨》的课文，让我至今记忆犹新。如今还有多少家长能对孩子津津乐道这样的故事呢？相反，"父母让梨""爷奶让梨"的故事则屡见不鲜，这也是家庭教育的一种缺失和悲哀。不讲礼数、不拘小节、我行我素，是当今很多孩子的通病。追根溯源，不能怪孩子，只能怪家长。一家人围着一个小皇帝，吃得要比家长好、穿得要比家长靓、出门要比家长阔，更有甚者，还未到领驾照的年龄，就违法开着宝马，在大街上横冲直撞，以至日后铸成大错，年纪轻轻就过上了铁窗生活……原本天真无邪的童心就是在潜移默化中，被家长的溺爱娇惯坏了。

瑶瑶，你的幸运就在于生活在一个平凡之家，让你打小就过着老百姓的普通生活。我们很清楚，幼儿时的你最需要父母给予的是关爱和安全感，在家里营造一种温馨的环境和亲近的氛围，远比富丽的别墅和豪华的轿车更能让孩子拥有一颗阳光与健康的心灵。因为这会儿的孩子纯净得像一瓶矿泉水，可也缺乏足够的免疫力，水中放什么颜色就是什么颜色。幼儿很大程度上要靠父母的阳光和雨露来哺育和滋润，全身心都依附在父母怀抱里，这也正是父母对孩子影响力最大的阶段。要给孩子创造一个天然的、多元的、宽松的成长环境，用行动和言语教会孩子懂得什么是美的，什么是丑的；什么是好的，什么是坏的；什么事应该做，什么事不应该做……

到了一岁以后，随着孩子认知能力的提高，需要接触和学习的东西多了，当父母的既要教孩子学走路学说话，也要教孩子欣赏美的东西和锻炼自理能力，还要教孩子与人交流的种种。这后两点对儿女日后成长很关键，一旦错过就会抱憾终生。于是，我们做家长的在培育子女方面就有了"能"与"不能"的问题。

做父母的学问就在于在恰当的时机，用恰当的方式把自己的"能"传授给孩子。孩子蹒跚学步和牙牙学语时，需要的是大人眼神的鼓励和赞美的掌声，这点一般家长都能做到。但当孩子到了三岁左右，父母就开始为子女的启蒙教育犯愁了，也缺乏先前那种耐心，总在抱怨自己的孩子笨，就几个阿拉伯数字，费了好大劲也教不会。经常有人问我或你妈妈这样的问题，你的两个孩子是怎么教的？我那孩子是不是智商有问题呀？

我向来不认为你有超常的智商，也不讳言哥哥的智商要比你高。在你眼里，哥哥从小就是你崇拜的偶像，你会像跟屁虫似的跟在他后面跑，还会随他在夜色下用简陋的天文望远镜观测星星，一口一个"哥哥"地叫着，听着那个甜哟！为你哥哥记的《宝宝成长日记》记载着这样的数据：星星在两岁零七个月就认识一千多个汉字，到了五岁半上小学，小学四年级时圆周率可以背到一百位以后，从重点初中到重点高中都一路由学校

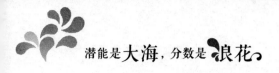

保送，高考时以超过当地高考一本线70分的成绩进入了一所全国著名的"985"大学。如果说，你学有所成的话，很大程度上受到哥哥影响的，应该是在很小时就具备了一种学习能力，当然，这个能力的培养也与父母的引导有着一定的关系。

很多家长在培养孩子上犯了急躁症，违背了最起码的教育规律。他们把目光都投放到了智力投资，请最好的家庭教师，上五花八门的补习班，读最好的学校，想搞学习上的"大跃进"，却忘了这样一个浅显的道理："皮之不存，毛将焉附？"孩子的成长是一个循序渐进的过程，就像学走路一样，要先学会爬、再学会站，最后学会走。

有的家长却急于求成，总想一口气吃成个胖子，把目光瞄着身边那些学习好的佼佼者。结果欲速则不达，还没学会走就想跑，一旦跌倒了还要埋怨孩子笨、不争气，也没耐心再给孩子一次机会。其实，对孩子最有效的方法就是让他们在学习上一步一个脚印，在跌跤时能给孩子以信心："孩子，没关系的，站起来，还有下一次！"对孩子最大的激励就是信任："你是最棒的，爸爸相信你能行！"

家庭教育是门科学，要因材施教，不能急功近利。如果当父母的能尽其所能，做好孩子的启蒙老师，就犹如一株幼苗获取了充足的阳光和养料，自然会茁壮成长起来。反之，如果当父母的不当教练员，只当裁判员，无论孩子是"得"还是"失"，都颐指气使，那就不能成为称职的父亲和母亲。

4▶ 情商的培养要从娃娃抓起

你回到了美国，又投入到紧张的学习生活中去了，但文武之道，一张一弛，欢乐也会时不时来敲门。前些天的一个周日，你发回来一组校园照片，我方知晓，原来每年四月最后一个周六，也是在春暖花开的时节，你所在的罗格斯新泽西州立大学都要举办校园节，这也相当于京城的庙会或草原上的"那达慕"，吸引了纽约和新泽西州成千上万的居民带着小孩儿到校园里踏青、赏花，享受春天的阳光、欢乐和盛会。这一天，校园搭起了很多五颜六色的帐篷，举办了丰富多彩的活动并向整个社区开放。"那里有欢快的文艺演唱会，有免费给小朋友画像的摊子，有造型各异的儿童滑梯，有琳琅满目的手工艺品，有美味飘香的小点心货摊……"你告诉我："各个系的学生也会以自己的拿手绝活来吸引观众，比如化学系就会表演用液氮制冷做冰淇淋。当然孩子们也会到感兴趣的实验室参观，那里会有一些研究生志愿者提供讲解。"

你那天感慨地说，从那些天真烂漫的孩子的脸上看到了自己儿时的快乐，童年真好！这句话让我感触颇深，你孩提时的快乐又像过电影一样浮现在我眼前：那种快乐是从你的嘴角飘逸出来，那般纯真迷人，像纯而又纯的行云，似清而又清的流水，不含任何的杂质。那笑成月牙的小嘴挂着甜蜜的笑靥，那晶莹如玉的小白牙透出可爱的童真。那会儿，你是奶奶的掌上明珠，几日不见就打电话来，让把你送过去。奶奶常说，她的小孙女长得不算漂亮，可不知为什么，很招人喜欢，长着"爱人肉"，特别有意思。这"爱人肉"长在哪儿？我没去打听，不过凭我的感觉，它就长在你甜甜的嘴角上。

在奶奶家，你俨然是个小大人，总是冲奶奶美美地笑着。你时常跪在写字台边的椅子上，拿起彩笔在纸上胡乱涂鸦，还不时扬起小脸，煞有介事地说："奶奶，我学习呢，作业可多了。"一句话把奶奶逗得前仰后合的。每当你洋洋自得地在我们面前"卖弄"时，充满快乐的笑容使你尖尖的下颏也越发尖了起来，让人一见便难以忘怀。

其实，我们作为父母聊以自慰的不外乎是能让自己的孩子拥有一个快乐的童年。这种快乐不是凭借多少高档玩具、多少美味佳肴、多少金钱所能得到的；这种快乐是孩子内在的幸福感，是发自心窝里的欢快淋漓，因而快乐是无法通过物质去换取的。拥有快乐的好心情是孩子自身的情商所

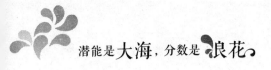

决定的,比什么都重要。父母可以创造快乐的条件,但不可以代替孩子快乐,我们所能做到的只是培育儿女的情商,使之保持着一种快乐的心态。

情商和智商是一对孪生姐妹,组合到一起,才会形成健全的人格。但当今的父母似乎对智商的投资情有独钟,对情商的培养却显得不那么给力,也是"一手硬一手软",往往热衷不惜血本地进行所谓智力投资,每逢周末有无数孩子奔波在上奥数班、英语班、钢琴班、美术班、舞蹈班的路上,无意间给处于欢乐时光的童年戴上了一个又一个的"紧箍咒",古人云:"过犹不及",想想看,一个连自己的时间都无法拥有的童年,还能有多少快乐可言呢?

当今中国家庭有很多"小皇帝",享受着应有尽有的奢华生活,但却不懂得感恩,以致认为这都是理所当然的。在家中不懂得尊敬父母,在外边不懂得礼貌待人,这也是中国家庭教育的缺失和悲哀。长此以往,孩子有可能智力超人,但绝对不可能成为有大作为的杰出人才。因为拥有相对高的情商的人,才有可能走向最终的成功。有资料显示,人要在现代社会上成功,智商只占25%,而情商则占75%。如果想让自己的孩子有所作为,当务之急就是从娃娃起就要培养完美的情商。

父母是孩子情商培养的第一任老师,而且是无法替代的亲密师长。情商的萌发很早,婴儿在0岁时就已开始感受和学习了,并在整个童年时期逐渐形成。0—5岁时是情商形成的关键时期,这一时期积累的情感经验对人的一生起到了持久影响,因为,孩子脑部发育会生长到成人的三分之二,其精密的演化速度是一生中最快的阶段,也是情感能力的关键学习时期。这时期的父母就要把孩子当成是朋友,要有意识地多和孩子在一块交流,培养孩子的交际能力和表达能力。

瑶瑶,记得你两岁多的时候,有一次我在家俯案笔耕,你蹒跚着晃过来,拽起我的衣襟,让我陪你玩。我写在兴头上,有些不大情愿,但看到你企盼的眼神，我只好搁下笔，说："好啊，爸爸陪你玩。"我被你乖乖地带到玩具箱前。你仰起头，命令式地说："爸爸，坐。"我也只好"从命"。然后，你的脸上绽放出开心的笑容，开始从箱里往外掏玩具，一件一件，如数家珍地递给我，还振振有词地说："这是小熊，这是鸭子，这是飞机……你知道吗？"在你的微笑攻势下，我不得不"忍痛"丢下手头的活儿，俨然成了不懂事的孩子，还得听你"教诲"。

在家时，多给孩子一些交流的机会，多陪孩子一起感受快乐，这就是情商的培养。如果家长自以为满足了孩子的一切物质需求，就无须在平日关怀孩子，那就大错而特错了。即使孩子有再多的玩具，没有交流，也只能是一个人孤独地快乐不起来，日久天长，就容易助长孤僻的性格。

情商的培养不是一蹴而就，是在潜移默化中形成的。城市的孩子生活在"水泥森林"中，亲近大自然就显得格外重要。做父母的要把热爱大自然，亲近大自然作为孩子情商培养的重要道具，因为一个不懂得热爱大自然，不懂得亲近大自然，不懂得保护大自然的人，除了显得蒙昧、无知和狭隘外，日后也注定是盲目而傲慢的。

你小的时候，我和你妈妈经常领着你去公园或郊外玩，告诉你不要践踏草坪和摘折花朵，要爱护大自然，亲近大自然。我写到这儿恍然联想起，你从幼儿园回家，看到花盆里凋落的小花，说的那句伤心话："花落了，她没有家了。"就是你内心的真实写照。一个从小就懂得爱护无言植物的人，推而广之，她长大了，肯定会拥有一颗善良的心，肯定会爱护更多的动物，爱护自己的同类的。

有人说，智商培养可以做到有的放矢，情商的培养却无处下手。细琢磨一下，多少也有些道理。智商经过训练可以在短期得到很大提升，但情商却难以通过数据得到验证，这也许就是许多家长乐此失彼的缘由之一吧。情商培养要从娃娃抓起，且细水长流才能见效果，这也是情商培养的难度之所在。从某种意义上说，情商没有写在孩子的成绩单上，没有依贴

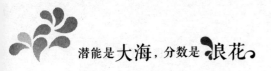

在孩子的肌肤上,而是流淌在孩子的血液里。日后孩子的情商能够达到的高度,也决定了他们未来的幸福指数和事业的高度。情商是一个人经过历练的心智在经过转化之后的心态,能够使人快乐、大度和向上。反之,未经锻炼的心智就容易受制于苦恼的缠绕,在人与人的交往上存在着障碍,往往会导致痛苦、无助和压抑,想想看,我们所看到的这类教训还少吗?

第二章
给平凡童年平添几分微笑

5 ▶ 女儿的快乐比什么都重要

你的童年是平凡的，平凡得像静静的湖水，掀不起一丝涟漪，但静水深流也自有其美丽。看到你一天天长大，做父母的内心充满了欣喜和期待。我欣慰你的童年有较为舒适的生活环境，有书读、有乐趣，但现实的社会环境，让我和你妈妈也无法脱俗，我们这代人是曾经被耽误的一代，几乎有一个共同的情结，都在想把丢失的时光，从自己孩子身上抢回来，望子成龙、望女成凤的念头也一度占据着我的大脑。但随着时光的流逝，随着你一天天成熟，这种欲望反倒没有先前那般强烈了，取而代之的则是希望你拥有自己的兴趣和爱好，带着自信的微笑，走好自己的人生之路。

我和你妈妈达成了一个共识，那就是儿女的快乐和幸福比什么都重要！我们所能做的就是与快乐和爱同行，同儿女共享人生美好时光。印度诗人泰戈尔说过："花朵的事业是美丽的，果实的事业是尊贵的，但我愿做一片绿叶，绿叶的事业是默默地垂着绿荫的。"的确，做父母的在培养子女上，就是在做绿叶的工作。因为，我们本身也不过是平凡的绿叶，与无数片绿叶一道挽起臂膀为我们孩子的健康、快乐和成长撑起了一片绿荫。

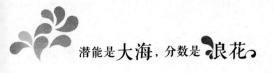

潜能是大海，分数是浪花

你出生时，我和你妈妈都过了而立之年，我见证了一位母亲十月怀胎，一朝分娩的痛苦和幸福，也见证了母爱的伟大与辛劳。作为父亲的我，自愧不如。还是你在襁褓中时，有一天清晨，你妈妈将你抱在怀里焦急地对我说："孩子发烧了！"我将你接了过来，摸了摸额头，不以为然地说："哪儿的话，头一点也不烫，真是犯神经！"她坚持说："当爸爸的就是不行，太粗心了！"说着便找出体温计，一测体温，果真在发烧。幸亏就医及时，你的烧很快就退了。每天晚上，我一觉就睡到大天亮，可你妈妈却不知悄悄起来多少次给孩子盖被子。你哪怕半夜中哼了一声，她都会突然醒来，探过身子去看个究竟。你孩提时的吃穿洗涮都是你妈妈的事儿。有时，我想帮帮忙，她却说："一边去，笨手笨脚的，真碍事！"我曾自嘲说："唉，粗心的爸爸，细心的妈妈。还是应了那句话，世上只有妈妈好！"

我在二十几年前还特意写过一篇《世上只有妈妈好》的散文，曾有这般描述：

小女瑶瑶降临人世间已一岁又两个月了。黑亮的头发，圆圆的、胖嘟嘟的脸蛋，一双会说话的眸子，一笑俩酒窝，怪讨人喜欢的。说起来，她最先发的音便是"爸爸"了。记得她刚满八个月，整天就"爸爸""爸爸"挂在嘴上，足以使我这个并不"伟大"的爸爸自豪上一阵子了。爱人眼红了，没事儿便教孩子喊"妈妈"，可她就是不叫，弄得辛辛苦苦的妈妈好伤心。但好景不长，自打瑶瑶懂得了"妈妈"的含义，便"推陈出新"了，整天围在妻子的身边喊"妈妈"，对爸爸这个字眼竟淡忘了，任我使出浑身解数，她愣是不叫。一日，我拿着一根香蕉，逗弄她："瑶瑶，叫爸爸，爸爸给你好吃的。"小女只是咧嘴笑，丝毫不为所动。爱人闻声过来，瑶瑶掉过头，亲昵地爬向妈妈，一个劲儿地喊"妈妈"。我只得慨叹道："世上只有妈妈好啊！"

想必女儿心目中最伟大的字眼莫过于妈妈了。有个星期天，她和我玩得好开心，竟对我脱口而出："妈妈。"我真有点受宠若惊，没想到，我竟成了"男妈妈"。如果说女儿是不辨男女，也不尽然。有人对她说："去，找你爸爸去。"她就会摇摇晃晃地朝我扑来。对街上过往的行人，她分辨力极强，岁数大的男人叫"爷爷"，岁数大的女人称"奶奶"，见到男孩儿喊"哥哥"，见到女孩儿道"姐姐"，唯独不喊我这个"爸爸"，你说气人不气人？高兴了，她就喊我"妈妈"，不高兴时，索性就什么也不叫了。"妈妈"似乎成了她心目中最美的代名词了。

女儿，时光无法倒流，但美好的记忆却可将瞬间化为永恒。如今你远在万里之遥的美国求学，我们俩在闲暇时还会翻出你童年时的老照片，那上面有你美丽而多彩的童年画面；我们俩还会打开那本自你出生那天起，直至上小学那段时间记录的《宝宝成长日记》，一道回味那些值得玩味的陈年往事。感谢上天的恩赐，让我拥有了一双儿女，让我分享与见证了你们共同成长的每一个瞬间。当年淡泊的平民生活记忆，如今汇聚为一大笔奢侈的精神财富。

想起你上幼儿园时，我们每天给你带的零食也不过是一个小苹果或一个西红柿，我每天上班时，先用自行车把你带到了市幼儿园，然后拉着你的小手，把你亲手交到老师手里，到了晚上再把你接出来，先抱在怀里亲一下，再放在车子后座上。我会在十几分钟的骑车路上听你背一些新学会的儿歌，也会给你讲一个自以为有趣的童话。听到你在车座后开心的笑声，我的心都醉了。

不久以前，在一个偶然的机会，我听到了一首青春歌曲《不想长大》，不知为何居然引起心灵的共鸣：

让我们回去从前好不好/天真愚蠢快乐美好/我不想我不想不想长大/长大后世界就没童话/我不想我不想不想长大/我宁愿永远都笨又傻……

这是每一个人都要反复回味的童年记忆，也是很多人在走上社会后，致逝去青春的挽歌和遇到烦恼后的大声发泄。人们同为怀念童年的快乐和

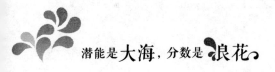

笑容，追忆童年的美好时光，但心境却各有各的不同。我想说的是，人不能永远"少年不知愁滋味"，随着年龄的增长，随之为人父，为人母，无论命运如何都还要身肩一份责任。

所以，最近这次你回国，我和你妈妈就格外珍惜你守在身边的难得与幸福。其实，人生很重要的一件事就是你要帮儿女做出自己的选择。当然，尽管父母并不知晓，尊重儿女的选择是对还是错，但也要坚信，儿女只要学会了学习，学会了做人，就不会在人生中犯太大的错误。我终于明白了：女儿就是一只曾栖息在父母身边的"丑小鸭"，到了该飞的时候，就应当放飞，而且飞得越高越远越好。

6 ▶ 女儿的微笑是醉人的记忆

女儿，笑是生命之花，不管是牡丹还是荷花，不管是艳丽还是清丽，都是来自灵魂深处的折光。生命赋予人以智慧，也赋予人以愚蠢；生活赋予人以高尚，也赋予人以卑鄙，而这一切都可能透过人们的笑展现出来。所以不妨把笑归结为：天真的笑、世故的笑、智慧的笑、愚钝的笑、高尚的笑、丑陋的笑……

应当说，笑是人的一种本能，是与情商密不可分的，人的交际能力很多时候都可以通过笑容表现得淋漓尽致。笑在有些时候可以体现出一个人的文化和品德修养。人生在世，我见识过了太多的"笑"。也许这大千世界有了太多的变幻，现代人才有了变幻多端的笑，让人在不同的时间、不同的地点、不同的环境、不同的对象面前，展示出不同的笑。但因为笑容又是外在的、表面的，是经过训练和刻意就能装扮出来的，所以生活给许多人罩上了一层厚厚的面具，有的人可以"笑里藏刀"，笑的背后可能是自私、虚伪，甚至卑鄙。如果这时有人来问我，在生活的大舞台上，您究竟喜欢哪一种笑呢？那我就会说，我喜欢女儿的微笑。

瑶瑶，那是好多年前的事了。友人有一次非常认真地对我说："不知为什么，随着年龄的增长，我已经越来越不会笑了，尤其是那种会心的微笑，只在极少的场合，以极小的概率，像流星那般闪现一下。"他苦恼地说："这也许是世间人际关系复杂和生活的重负所致吧。"因此，他将一幅复制的达·芬奇的《蒙娜丽莎》画像挂在了床头上，"每日三省吾身"，其唯一的目的就是欣赏她那"谜一般的微笑"。

听了朋友的讲述，我不禁哑然失笑。于是，我对他说，不妨有空到寒舍小坐，你将会看到我女儿那张挂着迷人微笑的小圆脸。我的朋友是个实在人，周日竟真摸到家里来了。临走时，他留下这样一句话："真羡慕你有个两岁多的女儿，她的甜甜微笑太让人难忘了。"

是的，我相信他说的是真心话。因为，这也是我找到的感觉。你刚会走那会儿，每当我下班，只要脚步在楼梯上一响，你准会早早地等在门口，带着甜甜的微笑向我扑来，像是一只还不会飞的雏燕，扑扇着翅膀。于是，我便会情不自禁地将你抱在怀里，轻轻亲你一下。在你的微笑面前，我就是有天大的烦恼，也会烟消云散。

你的微笑，在那浅浅的酒窝里，那胖乎乎小脸蛋上的笑靥，深藏着童心的坦诚，没有任何索取，却有无穷无尽的给予。有人曾形象地说，数学家把微笑比作甜甜的圆，医生把微笑比作神奇的药，园艺家把微笑比作艳丽的花朵，音乐家把微笑比作动人的乐曲。你的微笑何止于此呢？它是和煦的春风吹开了我的心扉，它是温馨的小雨滋润了我的心田，它是冬天的一把火温暖了我的心宇。

你的微笑，从你那神采飞扬的眼神里泻出。那双乌黑发亮的眸子将纯真的微笑淋漓尽致地展示出来，常常令幼儿园的老师喜欢得不行。有一次，你生病了，几天未去幼儿园，可想煞了那儿的老师。一天下班后，两位老师摸着黑，打听着，找到我们家，说是想看看你。病后初愈的你见到了整天挂在嘴边的老师后，灿烂明丽地微微一笑，那眼神流光溢彩，充满了童稚的纯真和甜美的期待，就像两汪清泉熠熠闪亮。你娇柔地依

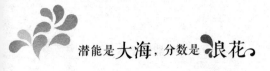
潜能是大海，分数是浪花

偎在老师的怀里，深情地凝眸着老师的眼睛，显得十分亲昵。"想老师了吗？"林老师亲切地问。你没有用语言作答，只是认真地点点头，那眼神包含了千言万语。林老师对爱人说："这两天少了瑶瑶，班里好像冷清了许多，太想看看她的微笑了。所以，我们下了班，没顾上回家就赶来了。"

你的微笑，从你的睡梦中闪现出来。那嫣然含笑的睡态可真美，挂着耐人品味的微笑。晚上，我和你妈妈时常立在你的小床旁，久久端详着你好看的睡姿，爱怜地抚弄着你乌亮的头发。也许是心灵的感应，每每这会儿，你的唇边便会现出美滋滋的微笑。一天夜里，我在睡梦中听到你的笑声，我醒后打开灯，见你在睡梦中正开心地笑着，小脸蛋上的笑靥深藏着无拘无束、楚楚动人的童真。我不禁想，你这会儿究竟梦见了什么？笑得那么甜、那么美？简直像一个快乐的小天使。

你的微笑，是天真无邪的。它是童心情感的外露，没有一丝一毫的虚假和做作。由此，我想当然地臆测：也许微笑最初便产生于孩童。正是因为人间有了孩子的微笑，真诚、美好与善良的生命之树才会常绿，并会不断滋生和繁衍出新的幼苗。你的微笑告诉我：人世间，只有纯真的微笑才是永恒的，才是美好的……

瑶瑶，在1992年的时候，你老爸在出第一本散文集《多梦的花季》时，就收入了《女儿的微笑》一文。这么多年过去了，让爸爸欣慰的是，你今天的微笑少了几分稚嫩，多了几分成熟；少了几分任性，多了几分坦荡。但我仍能从你今天的微笑里找到当年微笑的影子。你笑得还是那么甜、那么美、那么真！我想：微笑，让人温暖；甜笑，让人开怀；奸笑，让人厌恶；苦笑，让人同情；傻笑，让人可怜……原来真正的微笑是装不出来的，翻开生活的大辞典，人们可以看到美好的笑，也可以见到丑陋的笑。笑是灵与肉的碰撞，那迸发出的火星足以照见一个人的内心深处。

7 ▶ 把童年天真还给孩子自己

我们是一天天看着你长大的。而如今，当你将童年化为美好的记忆，远赴大洋彼岸求学的时候，父母除了欣喜之外，还有几许留恋。尽管人们在歌中可以发泄"我不想我不想不想长大"，但人不能永远沉醉在记忆里。童年之所以美好，那是因为童年有一个无忧无虑的岁月，伴随着天真与浪漫，才能享受孩提时的幸福时光。

瑶瑶，你知道在你来到这个世界之前，我是多么渴望有一个可爱的女儿吗？有一年，爸爸妈妈带你哥哥去大连旅游，在海风轻拂的大连海滩上，我们见到这样一幕令人心动的场景：有一个穿小花裙的小女孩，一对黑黑的眸子，一张胖乎乎的小脸蛋，摇晃着藕段般的小手，跌跌撞撞地奔跑着。沙滩边泛着泡沫的海水，轻柔地舔着她那稚嫩的小脚丫，像是慈爱的母亲用手爱抚着可爱的女儿。于是，湿乎乎的沙滩上留下一长串贮满海水的小脚窝。在不远处一个穿连衣裙的少妇蹲下身来，张开双臂迎着朝自己跑来的女儿。这会儿，我才发现那小女孩手里拿着一个刚捡到的光闪闪彩贝，像是一个快乐的小天使。

"有个女孩儿真好。"我不禁被眼前这一幕深深感染了。大海，是生命的摇篮。生命的脚印在海滩上探索着、移动着，那蹒跚的身影是那般纯真可爱。她踏着蔚蓝色的摇篮曲，像步入了一个童话般的世界。各种色彩、各种服装、各种声浪都涛涌般地向她扑来，看得她眼花缭乱，看得她手舞足蹈，看得她开心地笑了。"我也喜欢女孩儿。"你妈妈也情不自禁地回头对你哥哥说，"星星，愿不愿意有个小妹妹啊？""愿意呀。"你哥哥仰着头，拍着手，高兴地说，"那我就有人玩了呀！"你妈妈是少数民族，按照有关生育政策是可以再要一个孩子的。

你两年后的呱呱坠地，给我们平凡的生活带来了新的乐趣。那会儿，你哥哥已经六岁多了，兄妹俩在一起是个伴，看你们玩得开心样子，我们累并快乐着。你儿时那会儿，除了去幼儿园，从来也没参加过数学班、音

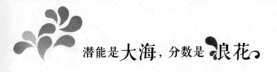

乐班、美术班、外语班之类的辅导班。像对你哥哥那样，我们从来没强求你去学这个、学那个。在快乐中学习，是培养孩子的前提，我们希望你在父母身边的每一天，都开开心心，快快乐乐的。

快乐是一种体验，在学习中享受着童年的快乐，这也是家庭教育的一种境界。孔夫子在《论语·学记》的开篇就说："学而时习之不亦乐乎？"可见，古人也认为学习应当是快乐的。父母教育子女的责任就是在儿时培养他们生成一种学习的快乐感，要因材施教，量力而行，把童年的天真还给孩子。

多年前在深圳湾的海滨浴场，我听过一位小女孩和年轻母亲的对话。"妈妈，天为什么是蓝的？""因为天空有大气层呀，远远看起来就成蓝的啦。""不对！"小女孩儿大声嚷道，"天上有大海，上面有好多好多的水，要不天怎么会下雨呢？"妈妈笑了，说："这么说，天上也有鱼了？""当然了！"小女孩儿一本正经地说，"听爷爷讲，他就从一本书上看到过下雨时，鱼从天上掉下来的真事儿。"做母亲的竟一时语塞，无言以对。她见我饶有兴趣地听她们谈话，就求援似地看着我说："这位叔叔，你看这孩子多死钻牛角尖哇。"我笑了，说："这奇闻，我小时候好像也在《十万个为什么》上读到过，据说由于龙卷风把海水连同鱼都卷到了天上，又随雨落下来的结果。"小女孩忽闪着大眼睛，高兴地拍着手说："妈妈，我没说错吧！"当时望着那位母亲慈爱的目光，我怦然心动："大海的胸怀是博大的，大海的女儿是幸运的，那金色的海滩就是她们快乐的伊甸园。"

一番看似闲聊的对话，却使孩子在无意中接受了许多新鲜知识。我想，这远比在课堂上老师讲的大道理给孩子留下的印象更深，看来，很多时候都是"功夫在诗外"的。有人认为，天真是幼稚的别名词，我却认为，天真是追求与探索的铺路石。古今中外，有多少创造发明的大门都由看似天真而幼稚的想法开启的。

大科学家爱因斯坦有句名言:"想象力比知识更重要。"他就是一个充满童真和乐趣的人,在繁忙的科研和工作之余,他会像孩子似的玩一些游戏和参加娱乐活动,以提升自己的想象力。在朋友眼里,他快乐得就像是一个大孩子。还有大发明家爱迪生,也是一个让童真和好奇伴随一生的人,这种性情焕发了他的想象力和创造力,也成就他研究出了4000多项科学发明。无数事实证明,只有丰富的想象力才能激活无穷的创造力,追溯其根源就是儿时的童心和由此焕发出来的童趣。

你小时候和哥哥一样都喜欢看动画片,像《海尔兄弟》《葫芦兄弟》《小贝流浪记》《阿凡提》《蓝皮鼠和大脸猫》等都陪伴你们度过了童年的快乐时光。这次你回国,依然饶有兴趣地看了几集动画片《机器猫》,又翻看了哥哥以前买的动漫书。这都让我愈发相信:把童年的天真还给孩子,让天真再插上想象的翅膀,这才是家庭教育的应有之义。我想,一个从小具备了可贵童心和爱心的人,日后才有可能萌生出无穷无尽、超乎寻常的想象力和创造力,推而广之,这样,我们人类的一切创造才有了更多实现的可能。

8 ▶ 也谈不让孩子输在起跑线上

人的一生,或多或少总会留下那么点遗憾,就像苏东坡诗词所言:"人有悲欢离合,月有阴晴圆缺,此事古难全。"露珠映着月光,闪亮得宛若一枚枚晶莹剔透的珍珠,但它的生命是短暂的,想必这是种遗憾;秋日挣脱了夏日的羁绊,获得了充实、深沉和壮美,但它也同时失去了山花烂漫中的色彩缤纷,想必这是种遗憾;孩子拥有着晨曦般的美丽童年,沐浴春光,蓓蕾待放,充满清新和甜美,但人生天地之间,时光荏苒,宛若白驹过隙,喟叹"少壮不努力,老大徒伤悲",想必这也是种遗憾。

女儿,我发了这么一大堆"悲天悯人"的议论,你又做何感想呢?没错,老爸想说的仍是当代教育的是是非非,还想谈一个老掉牙的话

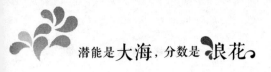

潜能是大海，分数是浪花

题："不让孩子输在起跑线上"。你还记得吗？在幼儿园大班的最后一个学期，有天我到园里接你，在路上对你说，过了暑假你就要上学了。你却意外地说："爸，我不想上学，我怕不会！"我听了这话，心里一沉，没想到你小小年纪就感觉到上学的压力了！

也许你当时只是孩子气，随口那么一说，没我想象得那么严重，但存在决定意识，最起码在你幼小心灵里，上学是一件很不爽，甚至有点可怕的事情。到了开学第一天，妈妈帮你背上小书包，将你送出楼门，我用自行车带你到区实验小学，把你领进了教室，你牵着我的衣角，怯生生地来到了一个新的学习环境。由于没有进过学前班，所以你入学时刚满六周岁，要比同班孩子都小上一岁。那天，我和你妈妈都是在忐忑不安中度过的，不知这开学的头一天会怎样，你能适应吗？还没到放学时间，妈妈就老早等在了校园门口。放学的孩子流水般地涌出来，却迟迟不见你的身影，望着空荡荡的校园，妈妈急了，在征得门卫同意后，快步走进了女儿的班级。

这时，一个让你妈妈惊愕的场面出现了，只见你趴在桌上，脑袋深深埋在胳膊弯里，好像在哭泣。你身边有位年轻的女老师，正俯下身安慰着你。老师知道了你妈妈的身份后，神色有些不自然，想做些解释，谁知你却哇地哭出声来，似乎受到天大的委屈一样。你妈妈后来告诉我，看到你哭得那般伤心，她的心像刀扎一样痛。在幼儿园三年，你一直是在老师的宠爱和小朋友的喜欢中走过来的，没想到刚上学就遇上了"滑铁卢"。

原来，你跨过了学前班直升到一年级，没经过学前班书写训练，再加上你原本左撇子，在幼儿园老师和家长纠正下，改过来没多久，所以开学第一天上语文课，抄写生字的速度跟不上，别的同学抄了一页，你连半页都没抄完，且字迹也不工整，因而老师就批评了你。没想到自尊心很强的你，眼泪哗地就落了下来，让参加工作没多久的老师有点手足无措了。她对你妈妈说："真没想到，我只轻轻说了一句，你女儿就哭成这个样子了。"

　　在回家的路上,你依旧满脸泪痕,很委屈的样子。我下班后,你妈妈悄然告诉了这件事的原委。我也回味起你先前说过"我不想上学"的话,真有点后悔不该这么早就让你上学,可你哥哥五岁半就上的学呀!你妈妈说:"要不,就再念一年学前班?"当时,我们最坏的结果都想到了,你也许第二天就赖着不想上学了,甚至哭着喊着不去。

　　"当初的决定错了吗?"我在扪心自问。如果从知识面讲,你应当去上学,因为当时从识字到阅读,再到简单计算你都达到或超过了一年级的水准,只是由于当初采用的是游戏式的识字和计算,并没按照课堂式的方法来教孩子,忽略了汉字书写。当初我们让你直上一年级的动机是担心学前班学的东西相对简单,重复学习会使你注意力不集中,养成不好的学习习惯。那天晚上,我们很晚都不能入眠,生怕由于我们的疏忽,导致了孩子的厌学。

　　没想到第二天早上,你又像没事儿人似的,早早起床,吃过饭,就去找书包。我和你妈妈相视一笑,到底是孩子,像三伏天刚下过雨,地皮没干,天就放晴了。在送你的路上,我鼓励说:"瑶瑶,字写得慢咱不怕,多练习就能跟上同学了。再说,你认的字还比他们多呢,你还能读童话书呢,是不是?"你小大人似的说:"我不怕,我能追上他们的。"果然,你短短一个学期就过了书写这一关,课堂所学的知识对你而言相对简单,也减轻不少学习压力。后来在那位女老师眼里,你是个爱学习并上进的好学生,再也没有批评过你。

　　在公开场合,人们经常抱怨如今的孩子没有快乐的童年。襁褓里,父母就对子女抱着诸多梦想,希望孩子日后能超越自己,成为文学家、艺术家、科学家、工程师,从小就花大笔投资让孩子上音乐班、美术班、奥数班、英语班……可一旦孩子进了学校,梦想就开始破灭了,面对严峻的升学和就业压力,家长们便先于孩子开始了起跑线上的竞争,比着请名师、

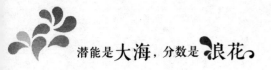

潜能是大海，分数是浪花

吃小灶、搞补习。代价是舍弃孩子的爱好，让其效仿古人"两耳不闻窗外事，一心只读圣贤书"。于是，这条起跑线由原先的小学，提前到了学前班，幼儿园，甚至到牙牙学语的孩提时代。

家长们这样做也有自己的苦衷。上不了重点小学，就意味着考不上重点初中，就意味着考不上重点高中，就意味着考不上重点大学，也就意味着没有好的生活出路。这也迫使父母将眼光死死地盯住了孩子的成绩单。京城地铁一大早坐着或站着的多为背着双肩包的中小学生和陪他们上学的家长。到了深夜挑灯读书的也一定不是父母而是他们的孩子。就像孩子们演绎的歌词所唱：

起得最早的是我/睡得最晚的是我/最苦的是我/最累的是我/是我/是我/还是我。

"不让孩子输在起跑线上"的命题本身并没有错，但关键是怎样学习才能做到不输？用什么方法才能做到不输？很多家长一边抨击现有教育体制分数决定一切，不利于素质教育的弊端，一边又拿那种填鸭式的催熟方法，那种拔苗助长式的家教，在孩子起跑线旁助跑，生怕在如此激烈竞争的现代社会里，一旦疏忽了教育，自己孩子就真输在了起跑线上。其实，短跑才容易输在起跑线上，像起跑对刘翔110米跨栏就尤为重要。但人生是长跑，是跑马拉松，需要的是持之以恒的耐力和润物细无声的柔劲，有个好的起点当然好，但即使起跑线上慢了半拍，家长也不要以为天真的就塌了下来，培养潜能才是最重要的，要让孩子从小学会用欢乐助跑，使巧劲儿、使匀劲儿。不还有那么一句话吗？谁笑在最后，谁才会笑得最好。

第三章

让潜能从娃娃起插上翅膀

9 ▶ 我看提前识字的是非曲直

都市里住久了，人们在繁华熙攘中便觉得有些厌烦，于是就忙里偷闲，想饱览一下名胜古迹，开阔一下视野。同样是览胜，有人热衷于访古探幽，有人热衷于观湖光山色，有人热衷于拜佛求仙。但又有几个不是乘兴而来，又带着几许遗憾而归呢？观光的，也许会遗憾游览未曾尽兴；寻古的，也许会遗憾祖宗留下的太少；焚香的，也许会遗憾虔诚未必如愿。由此可见，满足是一时的，遗憾则是长久的，有的甚至会抱憾终生。

瑶瑶，你读到这儿是不是会说："老爸你谈跑题了呀。"不是的，我是想引申出一个道理：生活中，休闲出游是这样，教育子女也是如此。有时当家长的就像寻路者，总想给孩子在学习上指点迷津，找到一条既省时省力，又"成龙成凤"的捷径。于是乎，也应运而生了一大批"点石成金"的"风水先生"，五花八门的"智力速成法"，无奇不有的"成绩提高术"。市面上有关家教类的亲子书也销售很红火。说心里话，这么多年，我对这类书看得不多，不是说这些书不好看，而是觉得就子女教育规律而言，每个孩子都有自己的特点，有自己的优势和劣势，在子女教育方面，每一个孩子都是"这一个"，相信不会有"包治百病"的神药，教育

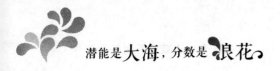

潜能是**大海**，分数是**浪花**

方式也不可能"千篇一律"。

女儿，我培养子女的信条很简单，那就是"让潜能从娃娃起就插上翅膀"。其实能力的培养才是教育子女的真谛，而识字、计算、画画、音乐、舞蹈……不过是教育子女的形式。如果家长们把目光都聚焦在教育形式上，每天都关注于今天上什么班，明天上什么班；每天都设计着什么要让孩子学，什么不要让孩子学，那就犯了"舍本逐末"的错误了。就拿"孩子应不应该提前识字"说起吧。围绕这个问题，很多教育专家争论不休，反对者认为，孩子的童年应以玩耍、游戏为主，不能用提前识字抹杀孩子童年的快乐和幸福，甚至有专家说，孩子识字过早，容易造成对孩子想象力和创造力的损害；支持者认为，提前识字、学计算、学英语等能够为孩子在小学阶段打下良好的基础，可以让孩子学业上领先一步，好处多多，值得推广。这两种观点都有相当多的粉丝，"横看成岭侧成峰"，各有各的道理，谁都无法说服谁。

可在我看来，就事论事，争论提前识字的是非曲直是毫无意义的。这就像是列宁领导"十月革命"可以从攻占圣彼得堡这样的大都市而一举成功，毛泽东领导的中国革命却只能走"农村包围城市，武装夺取政权"的道路才能夺取全国胜利一样。其实，只有把教育的普遍原理与自己子女的教育实际相结合，才是一条走对了的路子。

女儿，坦率地讲，我对你和你哥哥在学前教育上都是以提前识字入手的。你哥哥从一岁多开始学识字，刚刚三岁就可以读《安徒生童话》了。你呢，稍晚些，也是从两岁起学识字的，到了四岁也可以读些儿童读物了，临上学前半年，妈妈还给你买来一套描红字帖，你有兴趣就在上面涂鸦了。现在看来，就你们个体来看，相信你会同意我这个结论：条件许可的前提下，提前识字对日后学习和成长还是利大于弊的。我也就此总结出提前识字的两个必备前提：一是取决于能不能挖掘出孩子提前认字的兴趣，二是取决于能否将提前认字与培养能力有机地结合起来。

在认字方面，妈妈根据教你哥哥的经验，往往从兴趣出发来达到识字的目的。她领你去了公园，回来就教你"虎""狼""鸟"之类的字，这就很容易记住。有次你学了"枣"字，几天后这个字块就不认识了，拿出了大枣，你马上想起来了。还有"变戏法"式的识字，即把字藏在背后，嘴里不停地说："变、变、变"……然后突然亮出一张，让你猜，让你感到了识字的乐趣。

兴趣是最好的老师，有的孩子天资聪慧，经过引导还是不愿意识字，只愿意玩，那就是孩子心理发育还没到这一阶段，也就不要苛求于孩子。爱玩是孩子的天性，也并非什么洪水猛兽，关键是爱玩要有一个度。有的家长从一开始就将玩耍和识字对立起来，将玩耍与识字截然割裂开来。我们为什么不在识字和玩耍中找到一个契合点呢？对儿童来说，将识字和玩耍对立起来的原因就是做家长的将孩子识字功利化了，没有考虑到儿童爱玩的天性。其实玩耍与识字应当是辩证的统一体，从孩子第一次睁眼看这个陌生的世界起，他所接触的每一个事物都要经历学习的过程，玩耍其实也是一种学习。当然，每一个孩子的兴趣点都是不一样的，就像是牛顿的兴趣点是苹果落地，毕加索的兴趣点是画画，如果自己的孩子对文字的识别能力稍晚，也不可强行让孩子去识字，那样对孩子日后识字会造成阴影，甚至会有副作用。再有，孩子识字，第一印象尤为重要，印象打得深一些，清楚一些，才不容易遗忘。通常都要一个字认识了，再认下一个，还有就是对于相近的字要避开认识，以免混淆。

兴趣是需要培养和引导的。中国汉字是方块字，与拼音文字不同，汉字特点是形象生动，便于记忆。父母完全可以通过游戏的方式来认识汉字，因为孩提时代，孩子的大脑就像是没拷贝文件的硬盘一样是一片空白，只要用合适的方法，找合适的时间，用形象化的语言来引发儿女的兴趣，再加上孩子有很强的识别力和记忆力，就能较好地达到提前识字的目的。我和你妈妈的体验是：但凡孩子感兴趣的东西就容易接受，如果经过

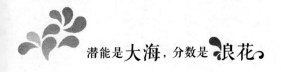

训练,孩子对识字有了兴趣,在玩耍中识字,在识字中玩耍,那么早一点学习识字又有什么不好呢?

我还想说说提前识字的动机。我一向认为孩子提前识字不是最终目的,只是培养能力的手段。如果家长费尽心机地拿着一张又一张纸片教给孩子几百个汉字,却又不知教孩子如何运用,这就像让刚学会说话的孩子背一首首唐诗,却又不懂说的是什么一样,是没有丝毫意义的。况且识字而不用,也会很快遗忘掉,这才叫得不偿失。

我们让孩子提前识字的出发点是:在条件具备后,通过集中识字,让孩子尽快获得阅读能力,这是因为识字毕竟是人类掌握知识的必备要素,也是一种能力。家长不应为子女提前识字而识字,而应以培养阅读为目的。这就像幼儿牙牙学语,有了说的技能,下一步就可以和父母与身边的人交流了;这也像成人学开车,一旦过了关,就可以离开教练独自上路了。

当你可以简单阅读时,获取知识的大门就轰然洞开了,知识面自然要比同龄人广了。所以,当很多父母还在灯下苦心为子女朗读安徒生和格林童话时,你已经可以自主阅读了。这不光是阅读能力有了提升,而且自学能力和思辨能力都得到相应的提升,想必这也是你能在小学阶段提前入学,并相对学得比较轻松的一个因素吧。

10 读万卷书才是你真正的大学

凡登过黄鹤楼的人,无不为其雄踞蛇山,依临大江的壮观而慨叹。自古以来,引无数文人骚客登楼赋诗,即景抒怀。据说,清末《黄鹄山志》所辑黄鹤楼的诗词便有两百多首。我登过黄鹤楼,曾大发感慨:文化的传承是离不开书籍的。中华文化典籍浩如烟海,记录了中华民族绵绵流长、生生不息的历史文化。我想,一个喜欢阅读的民族才是有旺盛创造力的民族,一个喜欢阅读的家庭才是有生机与活力的家庭,一个喜欢阅读的人才是有智慧和修养的人。

瑶瑶，兴许是遗传基因的关系吧，你爷爷就是一个喜欢读书的人，我自幼便受到他的影响。记得儿时，你爷爷常带我去逛书店，给我买好多好多的书。稍微长大了点，我就开始自己买书了，口袋里揣着平日积攒下的零花钱，走起路来，兜里的硬币哗哗直响，我就用小手使劲捂着，生怕丢了。那会儿的书好便宜啊，百十页的书才卖一毛几分钱，如果手头有个块儿八角的准能买上五六本书。在书的大花园中，我就像个贪吃的小蜜蜂飞来飞去。当我用稚嫩的小手将钱递给售书的叔叔阿姨时，人家瞧着我这个刚刚露出柜台一双眼睛的小男孩儿直发笑，临走时，还忘不了叮嘱一句："数好你的钱，小心别丢了。"

大学四年，我几乎每个周日都会去逛书店，即便口袋里没多少钱，也要计算着买几本书。那是一个特殊的年代，你妈妈虽然比我小两岁，却比我早毕业了几年，留在了大学任教，一不小心，我们还谈起了所谓的"师生恋"。她工作后第一次发工资，就花掉全部薪水买了一套合订本的《辞海》。她不但给自己买，还要给我买。大学时，我热衷于写诗，于是，她就经常给我买些新版的诗集，像雪莱的、惠特曼的、歌德的、席勒的、艾青的、闻捷的、闻一多的、郭小川的……书架上的这类书几乎都是她为我买的。有一年，她在北京师范大学进修，隔上十天半个月的，我准会收到她寄书的邮包。

这种家庭读书氛围想必也熏陶到你们。果然，你和哥哥从小都承袭了父母读书的爱好。最初是我领你哥哥逛书店，我惊奇地发现，你哥哥对书中的童话世界有种特殊的痴迷。当年在内蒙古居住时，我几乎每个周日都带他去附近的书店。多少次，他都对路旁卖冰砖、冷饮的吆喝声无动于衷。我要给他买瓶饮料，他却摇摇头："我不要，还是给我买本书吧。"他平日积攒的压岁钱、零花钱，一分钱都舍不得花，大都买了书。于是一本本装帧精美的儿童读物走进了他的房间。到了小学四年级，他有了自己

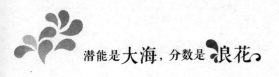

的书架，像《十万个为什么》《上下五千年》《365夜故事》《希腊神话故事》……足足有几百册之多。

你很小的时候也学着哥哥的样子喜欢上了书籍。我至今保存着一张你两岁多时的照片，你坐在地板上，抱着一本童话书，很像那么回事儿似的，还念念有词地指点着，其实你当时根本不懂上边都写了些什么，不过是模仿大人和哥哥的样子而已。为了锻炼你的语言表达能力，妈妈将旧的绘画图书里边的图片剪下来，然后把图片按顺序摆好，让你看图编故事，这既提高了你的语言表达能力、思维能力，又提高了你的理解能力和发挥能力。

瑶瑶，我一向认为阅读是净化灵魂、升华人格的捷径，尤其对孩子成长而言，养成一个喜欢阅读的好习惯，将终身受益。做父母的虽然不能给你们留下许多物质财富，但可以给你们留下许多精神遗产，我们将父辈喜欢读书的习惯传承给你们小兄妹，这也是最值得欣慰的事情。当前许多在校生除了读教科书都很少去读课外书了，可你们没有，你们对书籍的酷爱甚至超过了我们。作为理科生，你能在大学时代和留学期间忙中偷闲，阅读大量课外书籍，尤其是文学书籍，真是难能可贵。

但凡喜欢看书的人，一般讲都会有开阔的视野、充实的心境和高远的志向。犹太民族有着痴迷的读书传统，孩子生下来，父母会用蜂蜜涂在书上，让孩子去舔，告诫孩子读书才能甜蜜。就是这样一个酷爱读书的民族，近代历史上出了三位非常伟大的人物：革命导师马克思改变了人类对社会的看法，科学家爱因斯坦以相对论确立了崭新的宇宙观，心理学家弗洛伊德以精神分析法让人更准确地了解自身。

难怪有人说：一个人的精神发展史，就是这个人的读书史。但我也对中国当今青年人的阅读量深感忧虑。有资料说，同为拥有悠久历史和璀璨文化的民族，犹太民族每人年均读书60本，而我们中国每人年均读书，按照2014年由中国新闻出版研究院组织实施的第十一次全国国民阅读调查结果为：国民人均纸质图书阅读量为4.77本。这不能不引起人们的忧虑和警醒。请相信爸爸一句话："一个不爱读书的人是难以在人生之路走得很远的，一个人的学问与他是否拿到大学文凭也不存在等比例关系。切记，读万卷书才是你真正的大学，走万里路才是你命运的归宿。"

11 兴趣将引导你去选择未来

瑶瑶，我想对你说：对享有青春的人来说，兴趣是你最大的隐形资产，如果没有兴趣的诱惑，你的生命将会缺乏创新的动力，生命也会随之贬值。如果你恰当地拥有了真正的兴趣，并义无反顾地亲近它，你的生命之花就会夺目绽放！

我知道你也是个爱梦想的女孩，兴趣也是随着年龄的变化而变化：幼儿时喜欢摆积木，抱布娃娃；上了小学喜欢上了动画片；上了初中喜欢上了流行音乐；上了高中居然喜欢上了化学……我知道你对很多事物都有着浓厚兴趣，这是一个可喜的现象。因为，人生的追求多来自于兴趣的诱惑，兴趣多了，人生未来规划的选项自然也就多了。

你哥哥的小名"星星"是你姥爷起的。也许是巧合，从儿时起他就对观看星星产生了兴趣，在夜晚常常让我领着到外面看星星。稍大后，又自己跑到外面去观看满天的星斗。我发现你哥哥对星空渐渐产生了深厚的兴趣，对培养想象力很有好处。他在观看星星后，思维变得很活跃，会问许多个"为什么"，像"银河系有多大？""流星雨怎么来的？""人类能登到火星上吗？"我和你妈妈回答不上来，他就从《十万个为什么》或科普书上找答案，从而也丰富了许多相关的知识。他上初中时，有一年我到北京出差，还特意到北京天文馆为他买了一架简易的天文望远镜，他高兴得连跳起来，到了晚上就跑到楼下看星星去了。你哥哥从对天文的兴趣中，认识到了世界的丰富多彩，人生的奇妙无穷，知识的益智有趣。他上大学虽然没有选择天文专业，但这个兴趣对开发他的智力，启发他的思维

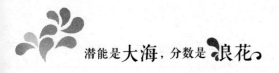

也起了很大的辅助作用。

历史上，许多科学家都从对天文的兴趣中找到了科学的真理。从托勒密的地心说到哥白尼的日心说，从伽利略的自制天文望远镜到哈勃发现宇宙膨胀的星系，从爱因斯坦的狭义相对论到霍金的《时间简史》，都离不开对星空和宇宙的兴趣和钻研。兴趣就像奇妙的阿拉丁神灯诱惑你去选择未来，无论你是否日后成功，你都将从兴趣中寻找到幸福和快乐。

当然，父母对孩子兴趣的培养是负有责任的，兴趣在某种程度上也决定孩子的未来。回想起来，爸爸小时候在你爷爷的影响下喜欢上了文学，爱读诗歌，也爱看小说。书籍构筑了我心灵之塔。我徜徉在书海里，眼前喷出万斛细珠，激起阵阵涟漪，令我痴醉其间。这也是我日后报考大学中文系的关键因素。如果说，日后我这个所谓"初中毕业生"能考上大学有什么奥秘的话，那就是得益于我爱读书、爱买书的兴趣了。

那年高考在冬季，复习时间很仓促，仅有一个多月，工作时间内绝不允许看一眼复习书籍。我也只好抓晚上的时间，匆匆吃完晚饭就急忙登车去李荣哲老师家补习数学，十点钟回来后，还要看一会儿其他科目的书，几乎搞得焦头烂额，但我咬咬牙，还是挺过来了。高考发榜后，我惊喜地发现考分居然超过了大学本科录取线近20分。

瑶瑶，当年爸爸若没有读书的兴趣，没有上大学的诱惑，就不可能改变自己的人生命运。现在许多人都在抱怨命运的不公平，殊不知，一旦机遇降临，你凭借什么去把握它？我想，兴趣与机遇一样，就像一阵失季的风，看不见、摸不到，却在不知不觉中光临你的身旁，恰如一位哲人说的，人不能两次踏进同一条河流。若你不能及时拥抱兴趣，那兴趣的诱惑就渐行渐远。如果听到兴趣敲门声，你却酣睡在睡梦中，兴趣也会悄悄溜走，只留下一串长长的脚印……看来，机遇就像时间一样对所有人都是公平的，关键在于有准备的头脑。机遇有时像暌违已久的绿洲，望见了会给你意想不到的惊喜；机遇有时像转瞬即逝的闪电，不待你省悟已无影踪。

机遇时而轻盈若絮，时而飞扬若风，时而不期而至，时而梦般遗落。

年轻时，我曾写下过这样的诗句："扯起梦想的那叶风帆，去寻觅未来的那片云彩……"而今，爸爸早已走过了青春的芳草地，梦想在我心中，更多的已是一种憧憬。可你呢，正值青春芳华，还有更多的时间和精力去做自己感兴趣的事，去选择自己的未来。兴趣和机遇就像是一对情侣，一旦碰撞起来，就会擦出幸福的火花。在今后的日子里，你还会见证兴趣与机遇碰撞所带来的惊喜。

12 ▶ "无痕教育"源于良好家风

女儿，爸爸儿时读过你爷爷送我的《三字经》，我印象最深的是开头两句："人之初，性本善。性相近，习相远。"最初我读得懵懵懂懂，后来上了小学，老师也讲过《三字经》，包括"孟母教子"和"孔融让梨"这些脍炙人口的故事。《三字经》与《百家姓》《千字文》一道并称为三大国学启蒙读物。

很多年后，我为人父，对《三字经》有了新的解读。这缘于最近几年网络蹿红的新词，像有些"富二代""官二代""星二代"狂妄自傲，惹是生非，时常会上社会新闻的"头条"。这些孩子肇事的极端行径和匪夷所思的言行给受害人及其家庭带来深深伤害，也触犯了人类道德的底线，其结果是大众舆论将矛头指向了肇事者的父母，将其推到风口浪尖上。这也应了《三字经》里"养不教，父之过"的话。做父母的，无论有多高知名度，无论你有多大成就，若摊上"坑爹"的孩子，都难脱干系。即便有一千个理由、一万个理由，家长都无法掩盖家庭教育的缺失，起码也是不称职的父母。

瑶瑶，你当初刚进幼儿园，总是用左手握笔，怎么说也改不过来，妈妈说：你爸爸小时候也曾用左手写字，总挨老师批评。你听了后，马上改用右手握笔了，嘴里还边写边说道："妈妈，你看我用右手写字了，老

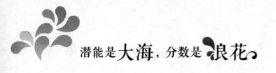

师不会说我了吧？"很多时候，孩子只是一张白纸，往上面写什么，就留下什么印记。爱子之心人皆有之，但这爱有真爱与溺爱之分。父母从小就提倡你从力所能及的事情做起，如鼓励你平时自己洗手绢，在吃饭时搬凳子、拿筷子、端饭等。从小让孩子多吃苦、多历练，养成健全的人格和独立生存的能力，这是父母的真爱。反之，从小让孩子享安逸、疏管教，任其滋长骄横、自私的个性，这是父母的溺爱。长此以往就会惯坏了孩子。

女儿，你上次回国度假，我们还探讨过这一话题，爸爸自愧那会儿由于工作忙，照顾你们兄妹俩的总是妈妈，我是个不称职的父亲。你哥哥小时候，为方便接送，上的是市委机关幼儿园，我通常是上班送、下班接。有次我临时下乡，居然把接哥哥的事儿忘了。哥哥那会儿才三岁多，看到小朋友一个个都让父母接走了，自己却没人接，冬天夜色黑得又早，心里害怕，就号啕大哭起来，害得幼儿园老师也回不了家。由于20世纪80年代，移动通信工具还不普及，在我晚上回家的路上，才猛然想起孩子还没接呢，心急火燎地赶到幼儿园，才知你哥哥让妈妈接走了。这事儿让我内疚好长时间，愈发感到平时陪伴你们、关心你们的时间太少了。那会儿应酬多，也不能常陪你们玩儿，幸亏有个好妈妈，平日里关怀备至，弥补了我育儿的"漏洞"；幸亏你们还算争气，也没给我这个父亲找麻烦，否则就真是"父之过"了。

"老爸，我看您做得挺好的，身教胜于言教嘛。"你当时笑了笑说，"再说，您和我妈也挺搭的，一个主内一个主外。"

"父亲的责任是无法替代的呀。"我说，"从当上父亲那天起，这就应当是一个终生的职业。"因为，为人父要见证儿女的第一声啼哭，第一次微笑，第一次走路；要分享儿女在磕磕碰碰成长时的快乐与忧伤，成功与失败。当孩子用期待的眼神看着父亲时，你懂得儿女需要的是什么吗？当孩子用疑惑的表情看着父亲时，你了解儿女想的是什么吗？

话说到这儿,我不禁回想起和幼年时的你共同度过的美好时光。印象中,你在四岁左右特别可爱,周末我也很乐于逗你玩,时常叫你"小猫"。这话,你挺乐意听的,但听多了就有点腻了。一日你说:"爸,我还是啥?"我灵机一动,说:"还是小狗。""还是啥?"你不满足地问。"还是小马驹。"(你属马)"还是啥?"你穷追不舍。"还是小猴、小鹿、小熊猫……"我一连串说了好多小动物。你听后咯咯笑了:"爸爸,那我不就成你的'动物世界'了吗?"我也憋不住乐了,一下把我的这个"世界"抱了起来。

孩子就像家庭的一面镜子,会真实反映出一个家庭的幸福冷暖,也最直接反映出父母的"身教"。幸福而和睦是家庭之福,恰如俄国著名作家列夫·托尔斯泰在《安娜·卡列尼娜》书中所言:"幸福的家庭都是相似的,不幸的家庭各有各的不幸。"如果孩子成长在一个不完整的家庭,或是冷战中的家庭,对他幼小心灵的伤害是可想而知的。

我庆幸自己从小就生长在父母爱的怀抱里。多少年过去了,孩提时享受的爱,还会像天边那轮圆圆的月亮灼灼闪亮。瑶瑶,爸爸孩提那会儿生活在部队营区的军官宿舍里,院里有个白墙绿瓦的月亮门和月亮门引出的碎石铺就的小径。从蹒跚学步起,我便认识了那道弯弯的月亮门。每逢周末,你爷爷就会领着刚满三岁的我走出月亮门,到营区外散步。我依稀记得营区外的不远处,有一道潺潺的小河,河上有座不太宽的小石桥。望着那湍急流去的河水,你爷爷和我时常会在小桥边待上很久。你爷爷有时就倚在桥栏杆上,津津有味地听我咿咿呀呀地哼曾风靡一时的电影《柳堡的故事》的插曲《九九艳阳天》。唱够了、玩够了,你爷爷就抱起我沿着原路往回走,并习惯在路旁的小餐馆喝上一碗豆腐脑……就是这段儿时的幸福回忆,至今仍闪现在我的眼前。

有人说:父爱如山,母爱似水。这就是说当父亲要有大山一般厚重的爱,深沉而又充满无穷的力量;母爱要有水一般的柔情,无私而又流淌浓

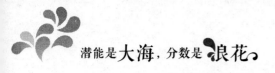

浓的爱意。子女就像家庭的一面镜子，映照出家风，最直接的反映就是通过父母言传身教的"无痕教育"体现出来的。道理显而易见：因为子女从小就会模仿父母平时的一举一动。无声的身教要远比言教更重要，在你爷爷的身上，我学到很多做人的道理，老人家一辈子的正直为人让我终身受用。

你奶奶曾告诉我，你爷爷1958年转业时是40军某师后勤部政委。部队首长曾征求他的意见，提到两个地方，一个是辽宁阜新市，一个是内蒙古通辽市。你爷爷选择了后者。首长说，不要忙着做决定，先去看看。那次，他是和另外两个团级干部一道来的。结果他们眼中的通辽市，没有像样的街道，没有像样的楼房，也几乎没有汽车，大街上坑坑洼洼，尘土飞扬，连像样的饭店也没有。那两人二话没说，连夜就返回去了，只有你爷爷决定留下来。他回到家后，还把那里夸得天花乱坠，结果把已转业到锦州市图书馆工作的你奶奶也"骗"来了。你奶奶一下火车就气哭了。在你爷爷的眼里，吃着人民的俸禄，对工作是不应当讲价钱的。这就是你真实的爷爷。

我也渐渐明白这样一个道理：影响孩子一生的是父母的身教。孔子曰："其身正，不令而行；其身不正，虽令不从。"孟子曰："行有不得者，皆反求诸己，其身正而天下归之。"这些话用在教育子女上，都在说一个道理：做父母的只有自己行得端、坐得正，才有资格去要求儿女，并去影响儿女。

第四章
挤最好的学校，不如做最好的自己

13 ▶ "化腐朽为神奇"也不都是神话

人都是有梦想的，父母梦想着儿女成龙凤。但有的人梦想实现了，有的人梦想却胎死腹中，于是便有父母抱怨儿女不争气，没考进好学校；抱怨自己无能，无法帮儿女挤进好学校，因而输在了人生起跑线上。甚至有的父母还不厌其烦地罗列一道数学公式：重点幼儿园+重点小学+重点初中+重点高中=重点大学。

先姑且不论这道公式的科学性和可信度如何，我只想问一句，你是"金子"吗？如果是的话，那没有问题，倘若不是的话，对不起，那化腐朽为神奇也不过是神话。道理显而易见——是金子总会发光，不管是掺杂在沙窝里，还是摆放在殿堂上。如果是块铁，即便你把它供奉到神庙顶礼膜拜，也终归会生锈的。

讲到这儿，有的父母也许心灰意冷了，说我的孩子就是块破铜烂铁，是烂泥巴糊不上墙的。这就是家长教育儿女的误区了。儿女就是一株小树，日后成才与否，与家长的修剪关系极大，没有哪个孩子一出世就注定是"金子"或是"沙子"。决定孩子成长的首先是家庭教育环境，然后才是社会教育环境和学校教育环境。的确，好的学校对培养孩子关系极大，

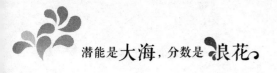

但很多时候也只能算"锦上添花",如果家长这第一任老师都没做好,却把孩子能否成才,出人头地,寄托在上好学校上就有点不公平了。当然,除了外部环境,还有最重要一点,那就是凭借自身努力,做最好的自己。我曾说过,人生是一场马拉松,来日方长。如果错过孩子培养最佳期,那就把关注点放在学校培养阶段吧,"亡羊而补牢,未为迟也"。如果做到这一点,再凭借着自身拼搏,那么"化腐朽为神奇"也就不是神话了。

瑶瑶,你父辈这一代人由于众所周知的原因,也算先天不足的一代人。但恰恰就是这一代人,在机遇来临时,以时不我待奋发,成为当今时代的佼佼者,这一代人出了党和国家的最高领导人,出了享誉世界的科学家和诺贝尔文学奖得主,他们中间又有多少人有幸在中小学阶段上了重点学校呢?

以你爸爸的大学同学为例,有三分之二以上的人上大学前生活在农村,甚至没有读过高中,但是作为恢复高考的第一届大学生,他们却凭借自身的努力考上了大学。那会儿,中文系的大学生都有个作家梦,全班五十位同学几乎有一半课余时间都在写诗、写散文、写小说。我上的大学所在的当地报刊差不多每周都刊发班上同学的作品。三十多年过去了,一个班出了三个中国作家协会会员,在这所大学中是史无前例的。尽管大多数人最后没能圆作家梦,但每个人都工作得很出色,都生活得很精彩!

当然,我只想告诉你,去做最好的自己,在任何环境下也不要怨天尤人,更不要自暴自弃。对于家长,我想说,父母们望子成龙、望女成凤的心理可以理解,但也易使家庭教育出现偏差。很多父母认为自己"少壮不努力,老大徒伤悲",将没能实现的梦想都转嫁于儿女身上,难免会产生不切实际的幻想,以致超出孩子所能达到的能力,这只能适得其反。

有人说过:"爱孩子,这是连母鸡都会的。"但是,如何爱孩子,却不是每个家长都很清楚。有的父母年轻时或忙于事业,或忙于赚钱,或忙于享受,疏忽了孩子的教育培养。在他们看来,将儿女小的时候甩给爷爷奶奶，大了交给学校，推给社会是天经地义的事，父母只要提供丰厚的物质条件足矣。他们就没有想到，鱼与熊掌是不可兼得的。对子女的期望值与子女的表现大都存在落差，对子女的梦想与眼前的现实也不可同日而语。生活中，真正实现梦想的人并不多，大多数都不过生活在梦想的天空。即使你的孩子在未来某一天实现了父母的梦想，那也只是因梦想与现实贴得很近而已。所以，若想化腐朽为神奇，就要脚踏实地。要懂得不是每个孩子都能读清华上北大的，这就像是中国宇航员可以绕月飞行，我们却只能从卫星直播中分享快乐一样。

因而，人生的最大的成功是做最好的自己，勤勤恳恳地服务社会，快快乐乐地享受生活。有句老话："三百六十行，行行出状元。"只要你有真本事，就算你是位清洁工，你也会成为时传祥；就算你是位公交售票员，你也会成为李素丽。做最好的自己，你的辛勤劳作就一定会得到全社会的尊重和支持。

14 ▶ 就近上学也是不失明智的选择

在京城生活了几年，我印象最深的当属北京的房价了。前些时候，我在报上看到了一则新闻，说是北京实验二小附近一间16平方米的学区房要价竟达450万元。我探寻一下才得知，北京实验二小被称为"北京最牛小学"，每年都有许多家长挖空心思想把自己的孩子送到那里，于是乎，这里的学区房就炒到了天价。

我国城市在小学入学政策上，采用的都是就近免试入学政策，教育部门对哪条街道，哪一栋楼房里的孩子可以进入哪一所学校，都是有规定的。这样一来，重点小学划片内的房子便成为家长日思夜想的一块大蛋糕，也就有了倾家荡产也要为孩子上好的小学弄套学区房的疯狂举动。据说，北京学区房按照重点学校的知名度，在北京老百姓心中也有类似于福布斯那样的排行榜。北京学区房的价格通常要比周边非学区房的价格高出

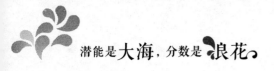

20%以上。根据有关部门的监测数据，很多出售学区房的业主都是孩子在上低年级的家长。这些家长提前几年把学区房买好，然后一满五年就立马出售，形成了一条经营学区房的"产业链"。

写到此，我不由再喟叹一声："可怜天下父母心！"为了孩子能上一所最好的小学，当父母的可谓煞费苦心，甚至拿出宁可倾家荡产也在所不惜的"气魄"，给人的感觉似乎是，一旦真的进了最好的小学，就意味着进入金榜题名的"保险箱"了。

有时我就在想，倘若你从小就生长在北京，我会这样做吗？思来想去，结论是否定的。让你去上最好的小学，接受最好的教育，也是我企盼的事情。如果你恰好生活在这个学区范围内，当然最好，但如果仅仅就为上那所小学，不考虑家庭经济能力，不考虑孩子上学的远近，不考虑由此带给孩子的压力，那就得不偿失了。

当年我们在内蒙古生活时，你就读的是区实验小学。这是一所在当地很不错的小学，除此之外，名气还有略高的市实验小学。我们之所以选择区实验小学，也仅仅因为离家很近，家长接送方便而已。只需步行五分钟左右就能到学校，一二年级时我们需要送你去上学，到了三年级以后你就自己上学了。

你在升初中时又面临选择哪所学校的问题。按照当时中考升学率和家长心目中的排名，依次是市S中、Q中、SY中、R中，很多家长都想法子把孩子往S中送。若让你报考S中，你的成绩应当不成问题，但我们考虑到S中离家远了许多，而且上下学要路过繁华闹市区，还是选择了只有五分钟自行车程的R中。

那会儿，身边有许多亲戚朋友不理解，劝我为了孩子中考，还是把她送进S中。我说了我和你妈妈的想法：一是R中离我们家近，又是学区，上下学路途短，节省时间；二是R中也是重点初中，教育质量也不错，没必要只迷信一所学校；三是我们相信女儿的实力，是金子在哪儿都发光，去

R中也会以好成绩升入理想高中的。本来学生在学区内升初中是不必忧虑入学成绩的,但你为证明自己的实力,还是认真参加了入学统一考试,并以总分第四名的成绩进入了R中。

事实证明我们的选择没错。你初中三年,学习成绩除了初一上学期有些波动外,在班上一直稳定保持在前五名,中考时又以全市第十一名的成绩考入了内蒙古重点中学Y中。而当年小学时,和你一个班,成绩不相上下,后来进入S中学习的几位尖子生,居然都没有你的中考成绩好。于是,我就思考这样一个问题,假如你当年去了S中,你还能取得比在R中还要好的中考成绩吗?结论是:也许能,也许不能。

世界上永远不能有如果,但有一点是可以肯定的,那就是进最好的学校莫不如做最好的自己。当初中升高中时,我们又一次遇到了上Y中,还是上W中的两难抉择。这两所学校同为内蒙古首批重点中学和"自治区示范性普通高中",在报考时,两所学校为了竞争生源,在摸底后,都对各校尖子生开出了优厚条件,包括学费全免,给奖学金,重点培养等。我与你妈妈考虑再三,选择了Y中。我们并没有考虑学校的名气大小,只考虑一个女孩子要上晚自习,为了路上安全,也为了节省路途时间,希望孩子上学能更近一些。

瑶瑶,爸爸说的是十年前的往事了,那会儿你还没有长大,都是家长替你做主,也许没让你去最理想的学校,你不会有什么抱怨吧?当时父母只是针对你的具体情况做出的决定,也许只是个例,不足以证明什么,也不能以此让那些望子成龙的家长不去选择最好的学校。但是,我只想说,大可不必把孩子这块"宝"押在一所学校上,在许多时候,就近上学也是不失明智的选择。古人有言曰:"临渊羡鱼,不如退而结网。"与其羡慕重点学校培养出来的出众孩子,不如从小加强对孩子的培养,做最好的自己,那么,无论他最终出自哪一所学校,都会是让家长骄傲的优秀孩子。

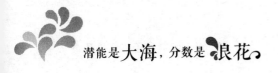

15 ▶ 选好的学校不如选好的老师

一向不追求时尚的你，2014年那次回国，给妈妈买了一款寇驰（COACH）女包，给我买了一副普拉达（PRADA）太阳镜。看来，你已经自觉或不自觉地与品牌亲密接触了。你可能不爱穿品牌服饰，也可能不喜欢吃品牌快餐，但你和我们一样，活在这个世界上，再也无法游离于当今的品牌时代，就像千千万万与我们一样的家长和正在成长中的孩子，谁也无法拒绝品牌时代的品牌教育一样，即使你结伴平凡，也无法去拒绝有品质的东西，理由是，平凡不等于平庸，谁也不想拥有平庸的未来。

名校与名师其实都是一种品牌。品牌时代，不光商品名牌化了，教育的机构和教育者无疑也名牌化了。这也客观地反映家长们为何要那般挖空心思上名牌学校，请名牌教师来教授自己的孩子。毕竟普通学校多于名牌学校，普通教师多于名牌教师，才造成教育资源的"洛阳纸贵"。在中国，一谈到中学品牌，人们自然会想到北京四中、人大附中、黄冈中学、北大附中、南开中学……一谈到大学品牌，人们自然会想到北京大学、清华大学、复旦大学、南京大学、浙江大学、中国科技大学、上海交通大学……这就出现了一个难以解决的矛盾，作为家长，该为孩子做一个什么样的选择呢？当然，最好的选择就是有条件让孩子上一所最好的学校，选一个最好的班，家长的心也就尽到了，至于孩子发展成什么样子，那就只有天知道了。

当然这只是家长一个美好的夙愿，最好的学校和最好的教师可谓最好的搭配组合，但平心而论能有多少家长和孩子有这般幸运呢？且不说偏远的边疆少数民族地区，就是教育资源最为集中的北京，如果不是孩子有本事，家长也要过五关斩六将才能将孩子送入像北京四中那样的一流名校。但即使进入了一流学校，若想授课者都是一流教师，那也是很难的事。试想，有哪个学校会把鸡蛋都放进一个篮子里呢？如果那样，其他孩子的家长也不会答应的。

教育资源分配不公，这是当下中国教育的一个顽症。但摆在眼前的现实是，积重难返，问题的最终解决尚需时日。孩子还要继续念书，还要不断去做出无奈的选择。究竟选择相对好的学校，还是选择相对好的老师？这倒让我想起孟子的一句名言："鱼，我所欲也，熊掌，亦我所欲也；二者不可得兼，舍鱼而取熊掌者也。"

你留学不久，曾给我讲了这样一件事，说你的两个师兄原本进入了宾夕法尼亚大学攻读博士，却一先一后突然转到你所在的罗格斯新泽西州立大学就读。我听了就很诧异，这就像是一个考入了北大、清华的学生转到北京科技大学去读书一样，令人不可思议。宾大声名赫赫，不光缘于它的创始人是著名科学家本杰明·富兰克林，还在于它是享誉全球的世界一流研究性大学。在2013年度《美国新闻与世界报道》杂志的全美大学排名中，宾大排名第五，与斯坦福大学、麻省理工、加州理工以及芝加哥大学并列齐名。而你所在的罗格斯新泽西州立大学就要逊上一筹了，尽管这所大学是美国第八个成立的高等学府，前身是1776年成立的"皇后学院"，但在全美大学综合排名也不过第68位。你告诉我，这两位师兄其实是奔导师来的，他俩的情况不同，之前也没想那么多，只是觉得在他们研究的领域，这所大学的导师可能更适合他们。

你说这种情况在美国学校是司空见惯的，鞋子合不合适，只有自己的脚知道，从学习钻研的角度，与其选择好的学校，莫不如选择好的老师。因而，很多留学生在选择学校或专业时更看重导师在那个领域的成就，而不仅仅看那所学校的知名度。但也有另一种情况，就是根据国内对名校品牌的崇拜心理，往往选择一所世界知名度更高的大学，而不太在乎专业和导师。

我不由想起你申请出国时，也曾经有机会去更好的学校。当然，除了

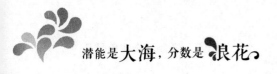

喜欢如今这所学校的专业特色，还有爱情的因素，你和男友最终都去了同一个州的同一所大学。在这所大学，你也缘于各种因素，几经选择，最后才师从你的博士生导师。

选择好的老师胜过选择好的学校，这在国内是很难做到的。孩子自从背起书包，从小学到初中，到高中，再到大学，几乎所有人都只对孩子是否上名牌学校感兴趣，鲜有人问及孩子的老师如何？倘若孩子上了当地最有名气的学校，即使是普通班，或是所谓的"慢班"，家长脸上也赚足了面子，在人前人后也能满足了他们小小的虚荣。

这也是中美教育思维上的差异。中国有些家长拼命为孩子能上个好学校而奔波，除了为追求好的教育环境，也不排除有攀比的因素。其实，国内很多重点中小学人满为患，甚至教学环境和师资还不如二流中小学。我从你身上总结出一条经验是：名校的魅力在于名师，好的学校是好的老师顶起来的，所以选好的老师往往要比选好的学校更重要。你初中和高中阶段之所以能保持良好的学习成绩，除了自身的努力外，老师的培养也功不可没。说来也巧，你初中和高中时的班主任都是数学老师，又都是女性，她们的一个共同特点就是热心、敬业和业务强。这就使得你在学习上少走了不少弯路，顺利考上理想的大学。

16 ▶ 最佳的教育模式是"私人定制"

时而有家长问我，你两个孩子都考上了国内名校，当初是怎么培养的？我竟一时语塞，不知道如何来解答这个貌似简单，实际有点复杂的问题。儿女教育本不该有固定的教育模式，套用当今因一部电影片名而走红的时令词汇，我对儿女培养当属"私人定制"，如果换到别的孩子身上，也许并不十分合适。但家庭教育还是有章可循的，也有其共性，总结起来就一句话：从培养孩子的能力入手，因材施教，注重张扬孩子的个性发展。只有这样才能保证你的孩子将家长先前看不到的潜能开发出来，才能让孩子真正做最好的自己。

　　我想大多数家长都不会相信市面上小广告中"三个月包会英语"之类的话,但很多家长却偏偏相信那些"江湖教育郎中"兜售的教育模式,以为"照此办理",就会"点石成金",就会"千年的铁树开了花"。如果机械照搬所谓专家的教育模式,那你也许会输得很惨。反观我的子女教育,就没有参照过什么专家高论,也没有看过此类书籍。你和你哥哥原本就出自平凡的家庭,接受的又是平凡的教育,对那些所谓"高精尖"的教育理念,确实有点水土不服,也就没逐一奉为"圣经"来拜读。

　　女儿,这个道理其实很简单,即使出自同一所名校,师从同一位名师,教出来的学生知识水平也会五花八门,良莠不齐,取得的成绩和获得的能力自然就大相径庭了。有位名校的老师对我说过,他所任教的同一班级,临毕业时,学习非常出色的学生足以做差生的老师了。这就出现一个疑问,为什么会出现这种状况呢?我想,这是由于学校和家庭都不是批量生产同一型号产品的工厂和车间,也不可能按照一种通用教育模式来培养学生和孩子。现在很多孩子家长都希望把孩子送进最好的学校,遇到最好的老师,但对一些孩子来说,这并不一定适合自己。譬如,你的孩子接受能力差一些,你却硬要把孩子塞进教学进度相对快的"尖子班",以为有"尖子生""领跑",对孩子提高成绩有好处。其实,这招对有的孩子灵验,对有的孩子适得其反,反倒害了孩子。这就像是举重比赛,如果不是一个重量级的运动员,去参加那个级别的竞赛,肯定会输得很惨。但如果参加下一两个级别的竞赛,却有可能拿到名次,甚至拿到第一。

　　你上初中的时候,你的外语能力相对差一些,这让我不禁想起在幼儿园时期,很多小朋友都参加过周末英语培训班,你却从未上过这类补习班,受过这类系统训练。为此,我和你妈妈也商量过是否也让你参加一下英语补习班。不过,当你表现出不情愿的样子时,我们马上打消了念头,只是加强了对你的英语学习的督促。针对你的语文和数学相对好的特点,

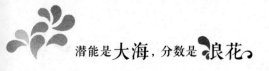

我们引导你对掌握了的知识就不必投入太大精力反复练习，而是多抽出时间弥补外语上的不足。我们为你买来了一套《洪恩英语》初中版教材，重点训练你的英语学习中最薄弱的听力环节。通过督促，再加上自身努力，从初二开始，你的英语有了明显的进步，不但体现在成绩上，日常会话能力也有所提高。

对孩子教育的"私人定制"，要针对孩子的特点，量身打造一个最适合孩子自己的教育模式。就像孩子上课时离不开的课桌椅，高度是否合适直接影响孩子的坐姿，甚至视力。一般课桌高70厘米，椅子是38厘米，这对1.6米左右的学生刚好合适，但对于1.5米左右的学生就有点高了，而对于1.7米的学生又有点低了。这就造成有的学生看书写字要扬着头，有的学生看书写字要弓着背。这就犹如我所比喻的举重比赛，有的孩子在名校"尖子班"读书有些吃力，但他如果在普通学校或名校普通班读书就可能得心应手，这就要根据不同的学生，使用不同的"杠铃"。家庭教育也是如此，做家长的要从幼儿起就尝试个性化教育，要从日常生活中善于发现孩子的闪光点，并重点加以培养。

我们身边将来或许有一天会出现"私人定制"的学校，为不同学生量身打造不同的教育方案。在这样的学校里，孩子们可以充分展示自己的特长与优势。如果要用课桌来类比，就是根据不同学生人群，打造可调式桌椅，让学生找到与自己个人成长相等的契合点。在家庭教育上，父母要帮助孩子对未来做出理想选择，并通过家庭教育的"私人定制"去实现。家长可根据自己孩子的天赋来定位他们未来发展的趋向，培养他们的业余兴趣和爱好，说不定有一天兴趣真就成为他所喜欢并追求的事业和职业。

有专家说，其实教育理论很简单，简单到早在两千多年前，孔子用"因材施教"四个字就囊括了。但我要说的是，学校教育和家庭教育又是非常深奥的，深奥到"世界上没有两片相同的树叶"。每个孩子都是上天赐予父母的礼物，千万不要埋怨自己的孩子智力差、反应慢、不成器。儿女们成才的途径是多元的，绝非是文化课成绩所能包容的。儿女们成长有不同渠道，这是由他们不同的智力类型、气质类型、性格类型、能力类型所决定的。孩子培养的"私人定制"就是借助基本教育原理，和学校一道为孩子们选择适合孩子自身发展的教育方式和方法，让每一个孩子都在快乐中长大，在快乐中成才，这样岂不皆大欢喜？

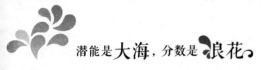

第五章

何必去拼抢排行榜的第一

17 追求完美并非最优教育取向

"分、分,孩子的小命根。"这句话我听了好多年,话从不同年龄段的大人和孩子口中说出,各自都有着不同感受。从幼儿园起,很多家长就把目光盯在了孩子成绩单上了。我还记得你上小班时,第一次拿到小红花时的兴奋表情,那是一种孩子天真无邪的快乐,也不知从何时起,这种快乐就变成了压力。

有一次,我去幼儿园大班接你,看到有个叫天天的女孩儿正抹眼泪呢,一问才知道,天天在做20位以内加减法时,做错了两道题,只得了4分。后来我才知道,她妈妈很看重女儿的小测验,每天都要检查天天的作业本,得了5分就奖励一块巧克力,做错一道题就要训斥一通,这次她一下做错了两道题,实在是给吓哭了。

你回家的路上说,小朋友哭过好几次了,就这次哭得厉害。我问你:"如果错了两道题会哭吗?"你却反问我:"爸爸批评我吗?"我明确回答:"爸爸是不会批评你的,爸爸小的时候也经常做错题。"你说:"不批评我,我也会难受的。"我听了这话,心里有点沉重。你刚刚五岁就已经在承受学习压力了。

第一篇　潜能源于本色平凡

我在想，一个孩子从出生到幼儿园这段时间，可以说是最无忧无虑的快乐时光了，他们可以在父母的怀抱里撒娇，在院子里蹦蹦跳跳，享受着最无私的呵护和爱。那几年是孩子脸上洒满阳光的岁月。

随着孩子一天天长大，伴随而来的烦恼就接踵而至了。尤其进入幼儿园大班，就要为入学准备了，家长会把学习看得比天大，似乎一次成绩不好天就塌下来似的。我时而听到身边好多父母在津津乐道，昨天给孩子报了什么特长班，今天又要给孩子请什么家教，就忍不住在想，为什么我们家长不能让童年的孩子在游乐、玩耍的活动中快乐地学习呢？为什么只有请名正言顺的教师，让孩子在书房和课堂正襟危坐才叫作学习呢？有多少孩子在这种氛围中渐渐泯灭了童年的天真和快乐，甚至开始厌烦"学习"这个词了呢？

思来想去，还是家长对孩子追求完美的苛求惹的祸。他们往往拿成年人的眼光来看待自己的孩子，似乎孩子考什么都要拿100分，都要争个前几名，以为孩子只有从小养成竞争意识，追求完美的成绩，将来才有出息。我真的很想说，100分真的就那么重要吗？如果计算起来，一个孩子从入学到走向社会一般要经过十六年才能大学毕业，若要继续深造到博士，至少还要五年，若再读博士后，二十几年就过去了。你可知道，这漫长岁月，一个人要经历大大小小多少次考试吗？想必就是天才霍金也难免有"马失前蹄"的时候，而我们的家长却如此看重孩子的每一次考试，居然不允许孩子偶有闪失，这公平吗？

瑶瑶，追求完美是人们永恒的目标，譬如，神舟航天飞船如果不追求完美，一丝小小的误差，就会酿成惊天大祸。但是，我们要看到，这个世界上从来就没有绝对完美的事物，完美在很多时候只是一种追求的目标。因其不完美，人们才会去追求；因其不完美，人们才会去改变。

我在生活中看到有许多人为追求完美，舍弃了许多本不应舍弃的东西，浪费了许多本不应浪费的时间，到头来依然不完美。本来文武之道一

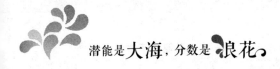

潜能是大海，分数是浪花

张一弛，可我们做家长的，偏偏从孩子小的时候就在他们耳朵边唠叨要"追求完美"，要认真对待每一次考试，要拿100分……结果呢，成长发育期的孩子，每天都处在一种极度紧张的情绪之中，每天都要接受各科老师一轮接着一轮的考试。不要说孩子，就是科学家的神经恐怕也难以承受得了这般密集的"轮番轰炸"了。

现代的应试教育，把孩子当成了假想敌，我们的家长却站在了孩子的对立面，为老师督战。孩子从小具有的那份无拘无束、敢想敢为的可爱童真，从小发掘出的创造力和想象力就在这日复一日的应试中磨去了棱角。机械运算，死记硬背造就了许多高分低能儿，很多天才少年之星就是在这"追求完美"的美丽口号下陨落了。为此，我要大声说：救救孩子！

事实上，追求完美并非最优的教育取向。我见到身边有太多非常聪明的孩子，小学时从来都是"双百生"，而升上初中，尤其到高中，这种神话就无法延续下去了，相反，那些在小学考试并不十分优秀的孩子却"异军突起"，笑在了最后。

这让我不禁想起一个典故《伤仲永》。宋代王安石笔下的神童方仲永最终"卒之为众人"，也是个教育的悲剧，方仲永的父亲错在"贪图小利"式的目光短浅，而现今有的父母则错在"追求完美"式的目光短浅。二者都有异曲同工之错。

家长的出发点是好的，但往往对孩子教育的方式还存在误区。家长应鼓励孩子提升学习潜能，不必把眼睛只盯在分数上。尤其在小学阶段，课程相对简单，语文和算术的100分与80分之差，通常是孩子粗心大意造成的，没必要苛求孩子每次都拿100分，只需教育孩子细心做好每一件事，失误自然就减少了。在我看来，让孩子在快乐中学习，在快乐中成长，这才是最优的教育取向。如果我们的学校和家长能够把思维转到快乐教育方面上来，很多教育上的顽疾就会迎刃而解。

第一篇　潜能源于本色平凡

18▶ 成长的第一法则是培植潜能

今天是周末，你又与妈妈视频聊天了。你说，昨天刚刚完成了一个化学实验，想放松一下，晚上就和你男友东去了健身房。此时，正值春日，北京各大公园的桃花、杏花都开了，远在万里的新泽西也正春花烂漫。你向妈妈秀了秀你刚在校园里拍的垂枝樱花，飘逸柔美，万般妩媚。你妈妈让我过来观赏图片，我却借题发挥，谈起了花的哲理。有诗道："你知道/你爱惜/花儿努力地开/你不知/你厌恶/花儿努力地开。"你笑了，说："老爸好逗，我回您一句吧，'我不能左右冬春/我可以改变心情/我不能改变容貌/我可以把握自己/我不能预见未来/我可以珍惜当今'。"

你的话启迪了我。的确，在子女教育上，人们也许左右不了社会的大环境，但人们可以改变身边的小环境，从自己儿女身上做起。即使你的孩子是株小草，注定成不了参天大树，但可以做最绿、最有生命力的小草；即使你的孩子是一滴露珠，注定成不了碧海浪花，但可以做最纯洁、最晶莹的露珠。

人们往往倾心于空谷幽兰的遗世独立和高洁清幽，但那种境界毕竟可遇而不可求。所以人们在春日不妨去欣赏身边的桃花、杏花，寻找它们身上的清新淡雅和赏心悦目。我们不要指望我们的孩子都去做空谷幽兰，做寻常百姓家树枝头上的桃花、杏花不也很惬意吗？

爸爸认为：既然原本平凡，就有理由从平凡做起，无论何时何地，都要让孩子切忌好高骛远，做最好的自己才是最重要的。当孩子有了这样的理解力，培养的过程就简单多了，父母就会"量体裁衣"，完善儿女的成长法则。

瑶瑶，还记得吗？你很小的时候，我就说过，你只是一个普普通通的女孩，既没有过人的智商，又没有骄傲的资本，你的优势就在于女孩的细心和韧性，你的努力方向就是培养学习的能力。由于你幼儿时就开始识字和进行简单的运算训练，所以我们优先培养你的是自学能力。譬如，鼓

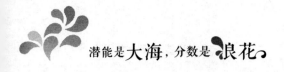

励你预习功课,培养你由被动学习到主动学习的自觉性;多读一些课外读物,有意识地拓展你的综合知识面。

在我看来,你由被动学习转变到主动学习,是你小学阶段成长的最大成绩。当前,许多孩子都是在家长和老师的督促下进行被动式学习的。课堂上,老师讲什么,学生就听什么;老师讲多少,学生就听多少;老师启发什么,学生就思考什么;老师思路到哪儿,学生就顺跟到哪儿。这样的弊端是孩子成了一个电脑硬盘,拷贝了大量老师课堂灌输的知识,遗憾的是这些知识没能及时转化成能力,稍微变更一下语境或数据,就会让孩子茫然不知所措。遇到考试,如果是老师讲授过的知识或者原题,很多孩子就能拿到满分,而只要稍微变换一下题的角度,孩子就束手无策,不知如何应对了。

这就是人们常说的"死读书"或"读死书"的弊端。我做过语文老师,也曾领教过这样教学所造成的危害。那时,我刚从师范院校毕业分配到我所在城市的Y中,教高一语文课。当时高一有四个班,一班二班是从Y中原有的初中班选拔上来的,三班四班是外校初中班选拔上来的。从生源上讲,由于Y中是重点中学,前两个班生源好,自然就成了尖子班。由于缺乏教学经验,我也只能教三班四班的语文。

刚走上讲台时,我也偶有机会给一班二班代过课,确实感到班与班之间学生的差距。同样一篇课文,归纳主题,"尖子班"略加指点就能达到教学目的,可到了普通班,无论你怎么引导都有人理解不了,到了期中考试,"尖子班"与普通班的语文成绩更是相差了一大截。我刚当老师,还有股"初生牛犊"的劲,课上课下我都在琢磨提高学生语文成绩的路径。但凡有时间就去听老教师的课,看他们都有什么妙招。渐渐地,我总结出学生之间的差距不在于记忆力的高低,也不在于课堂上认真听讲的程度,而是在于自身潜在的学习能力。那些稍差的学生,也许能很认真地听讲,但却不善于思考,老师反复强调的知识重点,也不能很好地学习。

我大彻大悟，原来学生之间的差距就是自身能力的差距。不解决这一问题，无论你给学生留多少作业，练多少试题也无济于事。于是，我开始改变教学方式，从培养学生潜在能力入手，在课堂四十五分钟时间内，减少了浪费时间的课堂作业，加大了学生理解能力的训练，到了期末考试，我教的那两班学生成绩果然有了大幅度的提高。

后来，我把这些体验用来培养你和哥哥，也收到了很好的成效。你哥哥在读高中时，有一次大学同学聚会，有位还在Y中教学的大学同学对我说："你那个儿子挺聪明，但就是不听话，我在课堂讲语文，他竟然在课上做物理作业。"我问："那他语文成绩如何？"他说："还不错，要不我早就收拾他了！"我笑着说："那一定是他没完成物理作业，怕老师罚他。"

到了高三备战高考，毕业班也都在实行题海战术。你哥哥开始反抗了，面对每天发的一张张需要回家做的训练题和高考模拟试卷，他常常"偷工减料"地完成。老师一开始还罚他，也没见多大成效，后来在摸底考试中，他的各科成绩都位于班级前列，老师索性就放任不管了。直到高考过后，你妈妈为他整理房间时才发现，没做过的试卷足足有一尺多高。你妈妈质问你哥哥为什么不做卷子，他说："我只看看卷子，若是我会做的就扔到一边去，太浪费时间了，做的都是无效功。"

我并不赞成孩子不去完成作业，只是感到我们的孩子太苦了。为了提高学习成绩，没完没了地答题、做卷子，却不去关心学生能力的提高，这就是为什么很多学生做了等身高的模拟卷子，高考成绩仍很差的原因。你哥哥之所以敢那么做，是因为他觉得已经掌握了这些知识，再做是重复劳动，得不偿失，不如抽空看点别的。

当今中国在走创新发展之路，需要培养千百万创新型人才。科技创新源于科学假设，科学假设又源于丰富的想象力，丰富的想象力又需要年轻人的朝气。因而，这是一个摆在我们面前亟待解决的问题。如果我

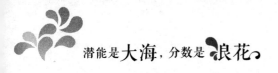

们的学校不能把培植学生潜能作为第一要务，国家的创新发展到头来就缺乏活力。

19 ▶ 曲径通幽更容易实现目标

　　女儿，你在学习上和哥哥完全是不一样的类型。从小学到中学，从来都是一个乖孩子，总是认认真真地领会老师讲授的每一个知识点，做好老师布置的每一科作业。也许是"勤能补拙"吧，你从智商上来讲不如哥哥，但学习成绩却并不比哥哥差，甚至有所超出。这就出现了一个问题，或许有人要问，如果你儿子像女儿那样读书，学习成绩岂不更好一些吗？

　　对此，我和你妈妈也讨论过，结论是，孩子的成长也是不可统一定制的。个性对一个孩子的发展至关重要，兄妹之间在个性发展上都有各自的优势，也都有各自的不足，但对孩子不能过于追求完美，否则就把个性丢失了。

　　事实上，如果将自身的个性都"优化"了，反倒会妨碍孩子的成长。总结一下：你哥哥的缺点是学习随意性强，有些我行我素，在某种程度上的确影响到他的成绩；他的优点是不盲从，举一反三的能力强，在创新思维上有明显优势。你的缺点是在学习上过于按部就班，每个学习阶段都照章做事，在某种程度上约束了个性发展；你的优点是做事认真，学习刻苦，是个要强的女孩子，对课堂知识点把握很准确，紧跟老师教学却不盲从，总能及时将课堂知识转化成能力。

　　记得你刚上初中时，对新的学校、新的环境和新的教学方式有些不适应，期末考试成绩不很理想，你的情绪一度有点低落，有一天甚至问我："爸，我是不是不如他们聪明呀？" 我笑了，说："谁说我宝贝女儿不聪明啊？不要看一两次班上的排名就对自己丧失信心，我的女儿是最棒的！"你的脸上浮现出了笑容，说："真的吗？"

　　我于是给你讲了一个小故事：一个刚下火车的外地旅客上了一辆出租

车,告诉司机要去的地方。师傅没有马上开车,而是问道:"您是要走最快的路,还是要走最短的路?"那人有些迷惑不解地问:"最快的路与最短的路有什么区别?"师傅解释说:"最短的路堵车,可能耗费的时间更长些,还有一条路虽说远了点,但路上跑的车少,可能更快一些,只是你要多花上几块钱。"

听完后,你说:"爸爸,我明白您的意思了,您是说条条大道通罗马,我不要走提高成绩的捷径,要先扎扎实实地打好基础,最后迎头赶上去。"我说:"对,这就叫磨刀不误砍柴工,你不要考虑考试的成绩和名次,要考虑你的弱项和提高的方法,有时,改变一下自己的惯性思维和行为方式,采取迂回的策略,也许更容易实现自己的目标。"

我和你妈妈分析了你的状况,感觉从小学升初中对孩子是一个关键节点,这一时期孩子心理素质往往影响到她进入青春期甚至一生的心理品质。初一是中学初始阶段,也是孩子在学习、生活及交往等方面容易出问题的危险期。家长在这个时候更应对孩子多关怀、多帮助、多指导。

小学期间,孩子的主要课程只有语文、数学、外语三科,从初中开始,学习的难度加大了,一下变成了十几门课,由于初中课程知识点繁多,讲究系统,所以好多学生因不会学习而很难适应快节奏的教学。一般来说,女孩子更容易出现问题,遇有成绩波动,便会紧张,若处理不好知识与能力的关系就可能产生学习滑坡。考虑到你从小打下了良好的学习基础,成绩下滑只是对学习环境不适应所造成的,凭借你平日养成的良好自学习惯,我们对你还是蛮有信心的。我们意识到,一个刚进入初中的学生,伴随着生理的快速成长,荣辱感、自尊心也随之增强,开始以审视的目光来看待这个世界,看待自己的父母和老师。我们就以过来人的经验传授如何尽快适应初中的环境,如何注重人际交往,如何学习他人的长处,如何更快地融入班集体,如何养成良好的行为习惯。

我们加大了对你自信心的培养,鼓励你要敢于迎接挑战,告诉你挫

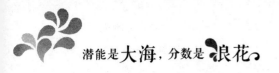

折和失败是人生道路的常客，随着年龄的增长，所学知识的深入，这种挫折还会有，甚至更大。这就要在心理上有足够的准备，不要去做一遇到风雨就躲在壳里的小蜗牛，要做高尔基笔下的海燕去经历风雨，去迎接彩虹。

你很快从失败的阴影中解脱出来，并找到一套适合自己的学习方法。尤其在自学能力上有了明显的提高，你会时不时向哥哥请教并探讨一些理科方面的知识，不断充实综合知识的积累。到了初二，你适应了初中那种紧张学习生活，不但学习成绩稳步提高，而且自学能力有了明显增强，理解能力有了质的发展。就在很多学生家长都在为孩子请家教，进辅导班时，你却能够很好地消化所学知识，学会了主动学习，独立思考，为下一步的成长进步，寻找到一个努力的方向。

20▶ 提升自我比提升分数更重要

梦想与现实永远是有差距的，否则也就无所谓梦想。自从孩子一出世，父母对孩子就充满了期待与梦想。梦想着孩子将来能考上最顶尖的大学，找到最满意的工作，拥有最美好的爱情，度过最瑰丽的人生。为此，当家长的可谓殚精竭虑，呕心沥血。孩子还没出生，母亲就开始胎教了；孩子嗷嗷待哺的那天起，父母就在琢磨如何给宝宝启蒙了；孩子进了幼儿园，家长就把目光聚焦在孩子的成绩上了。孩子们从学校拿回来的每一张成绩单都牵动着父母的心弦，似乎一次没有考理想，天就要塌下来一样，成绩不好，能害得父母吃不下饭，睡不好觉。

不过，我要说孩子的分数真的没那么重要，自古成大事者，大多并非金榜题名的状元。中国校友会网最新发布的《2014中国高考状元调查报告》指出："整体而言，高考状元的整体职业发展高于非状元群体，但出类拔萃的行业'顶尖人才'阙如，高考状元多属'高级打工仔'；高考状元成才率低，职业成就低于社会预期，与其当年高考场上战胜成千上万莘莘学子、勇夺第一的辉煌相去甚远。"由此可见，对孩子来说，提升自我远比提升分数更重要，潜能是超越分数的飞翔。

　　有人也许会讲，你孩子成绩好，是站着说话不腰疼，这却是我这么多年来感悟到的一句心里话。我不想列举什么"北大毕业卖猪肉""清华毕业当城管""比尔·盖茨退学创微软"，这都是个案，不足为训，我也承认学生的分数很重要，看到孩子取得了好成绩，我也很高兴。我只想说的是，分数只是纸面的数字，只有知识才是自己的。光注重分数，忽视了提升自我，那个分数是有水分的，迟早要蒸发掉。

　　你初中三年，每个学期都带回家一张全班的成绩单，上边注明了每个同学各科的成绩和班上的名次。十年过去了，上次你回国期间回到家乡看望奶奶、姥姥，无意在自己曾生活的卧室里发现了初中时的那些成绩单，便指点着告诉我，哪位同学出了国，哪位同学读了研究生，哪位同学考上了职业学院，哪位同学中途退了学……我接过这几张成绩单感慨颇多，如果单从成绩单排序上看，绝对不可能推论出今天这样一个结局。

　　这也让我多了几分思考。以前，许多家长把中考看成仅次于高考的大考，如果孩子考好了，全家人皆大欢喜状；如果没考好，父母脸上就乌云密布的样子。可实际情况是，有些人中考赢了，上了重点高中的"尖子班"，却在高考中"败走麦城"，反之，一些中考成绩并不理想的同学，高中阶段却异军突起，考上了全国一流高校。究其原因，还是一个自身潜能的问题。为了分数而分数，人就成了考试机器，如果碰上运气好，恰好撞上你反复练习过的试题，就可能得到好成绩，反之就"死定"了。而那些聚集了潜能，会学习的人即使"马失前蹄"，也有可能高中阶段来个"咸鱼翻身"，重振风采。

　　既然梦想与现实是两重天，若想让寄托在孩子身上的梦想变成理想，再化为现实，就要在提升孩子自身潜力上下一番功夫了。当然，潜力的提升绝非一朝一夕的事，要从娃娃抓起，若错过了最佳时机，"亡羊而补

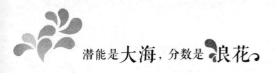

潜能是大海，分数是浪花

牢，未为迟也"。人的潜能与人的智慧息息相关，具体囊括了：语言、数理逻辑、空间关系、理解能力、音乐、身体动觉、人际交往和自知之明等。文化知识课考试，只是其中一部分，远远不能证明一个人的真正价值。但一个人若真正具备了这些潜能，对书面考试也会得心应手。这有赖于平日孩子的知识积累和对事物的理解、分析和判断能力。换句话说，知识的获取是一个过程，犹如水滴石穿；潜能的发挥也是一个过程，犹如水到渠成。很多知识平时看起来并没有实用价值，可一旦和实际结合起来就产生了成功的马太效应。只有平时注重积聚潜能的人，才有可能成为最后的强者。而我们许多家长恰恰没看到这一点，只是头痛医头、脚痛医脚，结果医来医去，还是没有找到病根。

孩子的成绩单就像一张X光片，反映的是影像，而不是本质。至于病根在哪儿，是要请行家来鉴定的。孩子一次考试成绩大幅下滑，有的家长看到成绩单就紧张，以为孩子得了"急性肺炎"，其实不过是"感冒"而已，吃上两剂药就好了，但如果有病乱投医，一味吃抗生素，就有可能无意中损害了孩子的"肝功能"。

女儿，我记得上初中那会儿，你认识的一位同学很聪明，学习也很好，平时测验和期中考试都能拿前几名，只是一到期末大考就考得一塌糊涂，从来都难进入前十名，家长为提升他的成绩，也费了不少的心思，可到了中考时，还是没发挥好。对此，我的看法是：那位学生输就输在心态上了。家长只是看到了孩子遇到大考就"砸锅"的现象，却没有看到他心理素质差的本质，很多时候都是细节决定成败的。初中三年，他最需要历练的不是提升分数，而是提升心理方面的潜能。"状态大于方法，方法大于苦干。"考试期间，同类学生之间最大差距就是状态了，这也像是打网球，状态好了就容易赢，状态不好就容易输，就连李娜那样的世界顶级球星都是如此，况且普通孩子了。当初，那个同学若能及时把心态调整好，本应能将潜能发挥出来，取得好成绩的。

我想，家庭教育很重要的方面就是培养孩子健全人格和心理素养。读书期间，家长往往关注孩子能否得高分，学习好的孩子就被看作好学生，不好的就被看作差学生。但实际上，分数并非最重要的，决定孩子未来的是好的品德和好的人格，这也是提升自我的关键。要让孩子懂得为什么好好学习，为什么尊重师长，为什么与人为善，为什么树立理想；只有让自己的孩子快快乐乐地学习，快快乐乐地生活，快快乐乐地成长，才是最重要的。

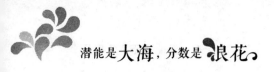

第六章
兴趣的隧道直通学习的欢乐谷

21 ▶ 不奔波兴趣班才会有兴趣

多年前，我看到一个非常滑稽的现象，许多招揽学生的课外辅导班、补习班对外都别出心裁地打出"兴趣班"的金字招牌。且看那些"兴趣班"都囊括哪些呢？舞蹈班、音乐班、数学班、英语班、美术班……每逢周末，许多小学生在家长陪伴下，抄起画板，拿上小提琴，背上双肩包，简直像赶场子似的跑了一个又一个班。我听说有的家长能一口气给孩子报四五个班，这还不算平时给孩子请的家教。天啊，我真搞不懂了，孩子平时学习就够辛苦了，连节假日都不给个喘口气的机会，这样的节奏，孩子的兴趣又何在？

许多孩子还没太懂事，就在家长"指导"下，开始"寻找"兴趣了。在有些父母眼里，他们的宝贝孩子个个都是未来的"杨丽萍"，未来的"郎朗"，未来的"陈景润"，于是乎，他们开始对孩子未来进行"顶层设计"了。

到了中学，许多家长对孩子寄托的"天才梦"开始破灭，终于痛苦地意识到，自己的孩子原本不是"天降大任"的那块料，于是让子女转向实用型的兴趣班。你不是文化课不好吗？那就上"美术班""音乐班"，毕竟艺术类的学生，文化课要求要低一些。以上是"战略性"转向，还有"战术性"转向：你不是英语不好吗？那就上"英语班"；你不是数学不好吗？那就上"数学班"。岂不知那些孩子原本就对英语、数学没兴趣，家长又将他们像牧民赶羊那样轰到了没兴趣的"兴趣班"里"圈养"，想想里面有多少人能静下心来听讲呢？搞不好，反而会起逆反的负效应。

有家长跟我抱怨说："从小学到中学，家教没少请，课没少补，班没少上，怎么孩子还那个样子呀，真是孺子不可教啊！"我直言不讳地说："这不怪孩子，这是治标不治本的后遗症。"想想看，那些打着"兴趣班"招牌者，有几个是真心培养孩子学习兴趣的呢？英国有句谚语："兴趣是不会说谎的。"将一群本来就对某些科目没兴趣的孩子集中到一块，硬去灌输没有兴趣的课程，能产生兴趣吗？本来，孩子们一周下来，学习就够辛苦了，你再用各种兴趣班来层层加码，孩子能硬着头皮去上课就很给家长面子了。

女儿，爸爸和妈妈在家庭教育上一个最值得欣慰的地方就是从来没有逼迫你们兄妹俩去学什么，不学什么。应当说，你们的家庭教育环境是宽松的。你和哥哥从上幼儿园算起，从小学到中学，除了学校强行补习课程之外，就没有上过一个"兴趣班"，也没有请过一个家教。看到身边社区中那么多家长每周都忙忙碌碌地送孩子上各种班，请家教补课，我也曾问过你们，喜欢什么班？给你报个名吧？你们俩的头都摇得像拨浪鼓似的，哥哥还说："爸爸，您开开恩，就饶了我们吧。"我从你们身上得出一个结论，若是家庭民主投票，是绝少有愿上"兴趣班"的孩子。

且看看那些伟大成功者怎么看待兴趣吧。大文学家莎士比亚说："学问必须合乎自己的兴趣，方可得益。"大教育家布卢姆说："学习的最大动力，是对学习材料的兴趣。"大科学家爱因斯坦说："兴趣是最好的老师。"大哲学家卢梭说得更为直接："问题不在于教他各种学问，而在于培养他有爱好学问的兴趣，而且在这种兴趣充分增长起来的时候，教他以

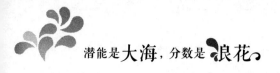

研究学问的方法。"

现代教育注重的是兴趣教育。自古以来，儒学就推崇学习的兴趣和快乐，认为学习的快乐源于学习者本身，用的是"时习之"的方法，其前提是对所学东西有兴趣。可我们许多家长在子女教育问题上是违背教育规律的。在"逼子成龙""逼女成凤"的压力下，采取的是忽视孩子天分的填鸭式教育、强迫式教育，无视了孩子的兴趣和爱好，干涉了孩子选择未来的权利。这不仅破坏了孩子先前好不容易积攒的那一点点学习兴趣，还会进一步遏制孩子的成长空间，扼杀孩子的想象力和创造力。即便有的孩子在这般重压下，成绩上去了，名校考上了，但未必心里就快乐；即便有的孩子在这种教育模式下，学历很高，很给家长长脸面，但未必日后成才。

如果把这些过错都归咎于家长，也是不公平的，这都是应试教育惹的祸。可叹的是，许多父母们却随波逐流，把自己儿女当成了"望子成龙"的试验田，而且还要"广种薄收"，这势必就存在"颗粒无收"的风险。每到周末和节假日，都市里的孩子奔波于"兴趣班"的热度，犹如赶"春运"的架势，让孩子疲惫不堪，即便原有的学习积极性也给打磨得差不多了。对此，若想不重蹈覆辙，家长们就要注意前车之鉴。我们不能改变大环境，我们可以改善小环境；我们不能改变世界，我们可以改变自己。

其实影响学生未来发展的因素，分数并不是最重要的，起着制约作用的是品德、品格，是学习的兴趣，是做人的快乐，是受人欢迎、尊重的性格特点，而不是知识学问。这点点滴滴的影响，将会对儿女人格健全发展，起着决定性的作用。家长千万要说服自己，从内心淡化分数竞争对孩子所产生的冲击波，真正想明白，大多数时候，考多少分真的没那么重要。家长的义务是引导孩子对学习逐渐产生兴趣，用一种积极向上，快乐阳光的心态去迎接未来的挑战。

22 ▶ 写作文的秘诀究竟在哪里

女儿，2007年6月7日是你参加高考的第一天，还记得父母当时的心情吗？那天一大早，爸爸乘车送你去考场，妈妈虽说在家负责你的午饭，也送你到楼下，还忍不住又叮嘱你几句，那种感觉倒有几分送女上前线的气氛。后来，我目送你走进考场，看得出你有几分紧张。当你进了校园大门，回过头冲我笑了笑，又摆了摆手，就淹没在人流当中了。我没有动，久久站在那里，心头涌动着思绪的波澜。我陡然发现，老爸也像个应届生处在高考涡漩里了，一想三十几年前，我不也曾经历过高考吗？不过那会儿，我远没今天这般紧张。有人说，高考是在考家长，也多少有那么点道理的。高考首先考的就是语文，也是我最为关注的一门考试。这不光因为我曾做过高中语文教师，还在于我身上所担负的那份使命感。

你高二时，在一次家长会上，班主任姜莉老师对我说，你的孩子各科成绩都不错，要说有加强的方面，你就在作文上多费点心思吧。话说得很客观，我心知肚明，翻了翻你那一阶段的考卷，发现语文的基础知识一直不错，拉分的主要是作文。150分的卷子，作文占60分，女儿通常都得40几分，很少能上到50分。你妈妈听到老师这么讲，也开起我的玩笑了，看你这个爸爸当的，还做过语文老师，还是个作家呢！我一冲动便夸下海口，说："不是还没高考吗？从今天起，女儿的作文我包了！"

从此，我每周都抽时间对你进行一次有针对性的作文能力训练，对作文从选题、选材，到结构，到立意，到语言都进行了综合演练。我告诉你，写作不是教出来的，靠的是一种悟性。为什么从小学起，学生就写作文，到了高中仍不能写出好文章呢？这就是症结之所在。不过，作文还是有自身规律的，爸爸平时疏忽了对你这方面能力的培养，现在是补过的时候了，要说作文也没什么可怕的，就是一层窗户纸，一捅就破的。我对写作有一句感悟："看一百本作文选也不如写出心里所想的话。"你的优势在于有良好的语文基础，至于将来写作上有多大造诣，爸爸不敢说，但过

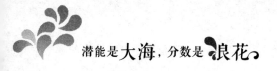

潜能是大海，分数是浪花

高考作文关，应当不成问题。

我通常每周拿出一篇短文素材，让你从不同角度，分别写出记叙文、说明文，或议论文。这包括独立命题、归纳要点、运用不同的笔法来营造作文的意境，或阐释鲜明的观点。往往一篇习作写出来，我要点对点地进行评价和讲解，然后再让你重新写一遍，一般要几番折腾，才最后验收并存入电脑。经过一年多的模拟演练，我发现你的写作有了很大进步，一个重要的体现就是对写作不再是那种应付态度，而且有了一定兴趣，有时会主动多写两篇习作，来让我帮助把脉。我看到了你写作的进步，甚至认为你足以有实力应对高考了，但至于高考临场发挥如何，在没得到验证前，我还没有绝对把握。

回到家中，我打开电脑找到你作文训练的文件夹，倏地产生了一个冲动，就将你训练时写的一篇习作《进一步，海阔天空》发到我的新浪博客上，并在文前写下这样几句话："今天是高考的第一天，第一科为语文。我将女儿在几个月前高考模拟语文试卷中写的一篇作文发到我的博客上。这篇习作是根据模拟试卷提供的一个素材，自拟标题而作。卷子发回后，我在帮助分析这篇作文时，对若干处进行了修改。"

人生总会遇到许多磨难，其实生灵也都是如此。最近我看了一则蚂蚁故事，就深受启发。蚂蚁在前行中遇到了人们用樟脑球设置的防线，几度绕行，但最后还是陷在樟脑球的圈子里，不得不做最后的突围。由此可见，许多障碍刚刚开始时，在我们眼里都是那么沉重，等我们鼓足勇气克服掉以后，才发现不过如此。

于是，我想起了一句耳熟能详的格言："退一步，海阔天空。"但是如果遇到了磨难，都需要这样做吗？答案是否定的。有时候进一步，才能海阔天空。在喧闹的街市，抑或静谧的村庄，在朦胧的雨夜，抑或灿烂的晨曦，我在静静地深思，人生的路该如何走？联想到那些声名赫赫的文艺名人，都能给我这方面的启示。

进一步，海阔天空。是海子吗？那个面朝大海，春暖花开的男孩，却一味喊着"从明天起，我要做个幸福的人"在不自觉中把幸福交给了明天，而将今天本应得到的幸福投进了大海。他为自己筑起了一道心墙，幻化为自己无法逾越的障碍。但实际上这多么可叹，只要他肯进一步，那障碍也就荡然无存了，何必轻生，不必面朝大海，一样春暖花开。

进一步，海阔天空。是凡·高吗？那个看似热烈而积极的人，却把生命的全部激情都给了向日葵，让它去抓住最后一点行将远去的太阳光辉。而面对自己面前的人墙却无力地选择了逃避。实际上那道人墙并不会伤害到自己，他若继续坚持自己的"偏执"，向前一步，不理会世人的嘲讽，也足以与向日葵相拥，感受这美好的海阔天空。即便这般受人尊敬的艺术家也无法越过那心墙和人墙阻碍。可见有的生命在面对阻碍时是多么脆弱，但我却看到了进一步，海阔天空的美丽人生。

进一步，海阔天空。女作家张海迪从五岁起就高位截瘫，但命运并没有让她屈服和退缩。她没有进过学校，但她自学了小学、中学、大学的专业课程。她坐在轮椅上写出了长篇小说《轮椅上的梦》，她躺在病床上翻译了名著《海边的诊所》，她在病痛折磨下写出了散文集《向天空敞开的窗口》……她怀着"活着就要做个对社会有益的人"的信念，面对人生大海，放声歌唱，书写了壮丽的人生。

无论是"安能摧眉折腰事权贵，使我不得开心颜"的李太白，还是"竹杖芒鞋轻胜马"的苏东坡，抑或是海明威笔下的那个老人，都在生命遇到障碍时毫不退却，向前一步，走出更加灿烂的人生。我想，人生在遇到磨难时告诫自己：进一步，海阔天空。相信你的生命就会像莫奈的《日出》一样，一定会是一个崭新的开始。

博客发出了，我看了一眼，时间是高考当天的8时40分，博文随即在网上产生了反响，收到诸多网友的评论。爱玥儿说："一篇非常不错的议论文，从另外一个角度，给'退一步，海阔天空'作了一个全新的

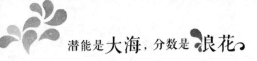
潜能是大海，分数是浪花。

解释。"萧晓说："写得真好！孩子一定能取得最理想的成绩，等待好消息！"冬子诺说："凡事都不是绝对的，该退的时候退，不该退的时候一定要像你女儿说的那样进一步才可以海阔天空！"科学中国人刘德英说："难得这么小，就有如此见解，就能如此思考人生，真是后生可畏！"浪漫记忆说："哎呀，高考作文题是'超越'，您这儿有点相似呢！"

当天中午，我到考场去接女儿，女儿微笑着朝我跑了过来，我没有问考得如何，但从她的兴奋的脸庞找到了答案。果然，女儿语文试卷得了一个很高的分数，我不知道这其中作文占了多少分，但这已不重要了。如今，这篇习作和另外两篇习作仍保留在我的博客里，与博友一道分享着一位父亲曾经有过的那份快乐！

女儿，我一向认为写作最不易学，又最易学。如果作家能够批量培养出来的话，那么北大中文系出来的都应当是作家了。作家写作不是手艺，可以传给下一代。如果真如此，那么李白的后代，曹雪芹的后代都一定是大文豪了。想当年，鲁迅在遗嘱里就对爱子周海婴有过这般表述："希望后代万不可做空头文学家。"海婴遵从了父亲的寄语，考进了北大物理系，从此走上严谨的科研道路，开始了默默无闻、淡泊名利的无线电通信工作者生涯。不过，我仍然认为，写作是有秘诀的，但只可意会，不可言传。子女可以从父辈那里学到写作的精神，却学不到写作的灵感，写作的兴趣。如果儿女想学会写作，那就全靠自己的悟性了，女儿，在这方面，我看你做得还不错，可以打个80分了。

23 一个喜欢化学符号的女孩

你前几天发过来一条微信，说你将在六月中旬去费城参加"美国化学会表面与胶体科学研讨会"。现在正在设计海报，以便在研讨会期间展示自己的科研方向和进展。我问你，你的导师去吗？你说，导师因为要参加另外一个化学研讨会，就派你去了，同行的还有个师兄，也带着自己的课题参会。你高兴地告诉我，同宿舍住了四年的闺蜜洁洁也去参加那个研讨会，你们又有机会见面了。洁洁和你同一年来美国，她就读于美国伊利诺伊大学，上一次见面还是一年前的事呢。

中国有句老话，叫作"隔行如隔山"，几次询问你读博研究的方向，也没能搞明白子午卯酉，只知道我女儿做的课题为"界面上的专性离子效应"，你对之解释是，主要做界面，做水和油的界面，譬如牛奶是水和油混合体，乳浊液会有个界面，既不是水，又不是油。其专性离子反应的研究是理论性的，很多成果也许无法预期什么时候开展应用，但未来却可能派上大用场。我想进一步了解这一课题，但那些专业术语听得我云山雾罩，索性就此打住了。

八年前，我没想到你读大学时会选择化学专业，我曾想理科女孩子可能更适合学金融，学医之类的。高考后，你的分数上了北大医学部分数线，但你却因对医学不感兴趣而放弃了。这让我不得不叹服兴趣的魅力，你初三那年开了化学课，就此竟迷上了奇幻的化学方程式，更早的时候还让我猜过一本儿童读物里有关化学元素的谜语："左侧月儿弯，右侧月儿圆，弯月能取暖，圆月能助燃，有毒无色味，还原又可燃。"你后来在高考的理综试卷中，化学部分得了满分；进入中国科技大学读书时，学的又是化学专业；即便出国留学了，选的依旧是化学专业。我不知道你未来的职业规划是什么，也许会选择与化学相关的工作，也许会选择其他的职业，但我相信，无论你选择什么职业都一定会和兴趣有关的。

从你身上，我领悟到兴趣是学习中萌发的，而不是硬性培养的。我们做家长的从未有意识地向你灌输过化学知识，也没鼓励过你朝这方面发展。相反，我们倒希望你能选择更适合女性特点的专业。我至今也不知你是如何喜欢上化学这门课的，兴趣从何而来？因为我看到在许多女孩子眼

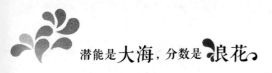

里，化学是一门既抽象难懂，又枯燥乏味的课程，很多化学反应看不见、摸不着，让学生很难掌握。但在你眼里，化学却是由无数个跳动的符号所组成的精灵。你能够从化学元素里认识奇妙的世界，并获取渴望得到的科学知识。这也让我看到了自然科学独特的魅力。

最近中国图书市场流行一本书《元素生活》，这是日本畅销图文作家寄藤文平创意十足的趣味科普图书。这本书以独创的视角、颠覆性的幽默漫画，引领读者一步一步揭开化学元素在构建人类美好生活过程中的神秘力量。譬如，地球上的生命之源是哪种元素？哪些元素像妈妈那样忙碌于厨房和客厅中？什么元素具有降低血糖的神奇功效？什么元素才华横溢，却又具有致死毒性？构成世界上第一种抗生素的元素如何形成"酸雨"，破坏人类环境？总之，从家居生活到核物质反应，从保健食品到放射性元素……都能寻觅到化学的身影。我想这种神奇也许是我女儿喜欢化学的原因吧。

兴趣是孩子学好一门课的关键因素，是推动孩子探索宇宙奥秘的最直接、最活跃的原动力。如果我们家长和老师能够用鲜活生动的语言和故事来启迪儿女的学习兴趣，那么学习就会成为一种乐趣和动力。我把这本书推荐给一个孩子的家长，他买给刚上初中的儿子看，果然引起了孩子的兴趣。他前几天打电话说："一本书可以把中学课本原本枯燥无味的化学元素写得那么形象和生动，好像童话一般诱人，太让我佩服了，我儿子也很喜欢，相信日后开化学课，他一定会有学习兴趣的。"

这话也给我一个启示，兴趣是主动学习和被动学习的分水岭，兴趣的这一边是"风景这边独好"，兴趣的那一边是"山重水复疑无路"。兴趣与潜能是一对孪生兄弟，他们若携手并肩就会从学习的必然王国走向自由王国。所以，我们家长要从引导儿女对学习的兴趣入手，来提升儿女学习的潜能，从而引领儿女进入到"从要我学习，到我要学习"的知识乐园，最终达到"莫愁前路无知己，天下谁人不识君"的学习境界。

24 ▶ 兴趣在于引导而不在于安排

女儿，爸爸在写这本书中有关"兴趣"的章节时，脑子里突然蹦出一句话："兴趣是梦想与现实结合而生出的孩子。"我相信这话是我的原创，在百度上一搜，果真如此。大诗人歌德也说过类似的话："哪里没有兴趣，哪里就没有记忆。"原来兴趣不光在于平时培养，也在于父母的引导。前不久，京城有位作家叔叔对我说，当写作成为职业时，往往是件很痛苦的事情，不想写，又不得不写。爸爸没有那种"很痛苦"，从来也没因为写作而厌烦过，却总有种驰骋草原的快乐。文学真有那么大的乐趣吗？也许有人不以为然。我就听人讲过："都什么年代了，傻子才搞文学呢。"初听这话不无道理。在市场经济的今天，搞创作是件很艰辛的事，玩文学倒有可能成为一种时髦。可爸爸真的就喜欢写作，并把对文学的兴趣变成了酷爱。我喜欢那种释怀的写作，让我有了"一写为快"的情趣。

文学只属于那些耐得住寂寞的人，文学只属于那些对人生深有感悟的人，文学只属于对生活有追求的人，文学只属于那些对创作执着的人。法国大作家大仲马活到了六十七岁，毕生著书一千二百部，他每天坚持从早七时一直写到晚上七时，中间只有一顿午餐，其寂寞可想而知，可见那是真正的一种乐趣。巴尔扎克一拿起笔就着了魔似的，常常对笔下形象产生幻觉，有一次，一个朋友去他家，在门外听见他正在大吵："你这个恶棍，我要给你点颜色瞧瞧！"朋友急忙推门进去，却见只有巴尔扎克一人，他是在痛骂作品中一个人物的卑劣行径，可见那真正是一种乐趣。

古人云："人若志趣不远，心不在焉，虽学无成。"那么，志趣从何而来？想必你也心知肚明了。学习分为主动学习和被动学习。主动学习，其乐无穷；被动学习，苦不堪言。我之所以说，兴趣在于引导而不在于安排，皆因兴趣不是一朝一夕形成的，不是老师布置的课堂作业，兴趣是在家长和老师的引导下，逐步培养起来的。在幼儿园里，幼教老师要懂得换

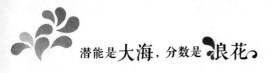

着花样和孩子沟通，以启发他们对所学知识的兴趣。如果把沟通的形式换成了"说教"，只能让孩子感到厌烦和走神。因而，父母才要用寓教于乐的小故事来引导孩子对学习的兴趣。

等到孩子升入中学，随着认知能力的提高，对学习兴趣的引导就变得不那么容易了。孩子自有成长中的烦恼，面对未来的不确定性也心存迷茫。家长想提升孩子的学习兴趣，已经不可能再用一两个小故事就将其引入"剧情"了，因为孩子早已将学习的兴趣和人生的兴趣紧密联系到了一起。为让孩子们懂得人生追求与学习兴趣是一个密不可分的共同体。家长要以平常心对待孩子成长所遇到的问题，并遵循孩子成长规律，积极引导学习兴趣，而不是刻板安排它。

你上初中那年，妈妈为了开阔你的视野，陶冶你面向未来的志趣，暑假时领你来到了北京，这是你头一次出远门，也头一次见识了外边世界的精彩，看天安门、游故宫、登长城，让你在快乐中领略到了中华民族的悠久历史文化，游北大校园，让你在兴奋中播种下对未来美好憧憬的种子。这次旅行让你的思维和学习发生了显著的变化，你明白了人生之所以从懂事的那一天起就要学习，就是为了在未来的某一天能伸展翅膀在天空中自由飞翔，也知晓了知识的力量和学习的付出是要成正比的，不会有捷径可行。学海无涯，路无止境，面对崎岖坎坷的人生之路，一个学子要付出毕生的追求，才能实现自己的人生梦想。

一个人最大的幸福莫过于去做自己有兴趣的事情。哪怕是危险的攀岩，哪怕是寂寞的行走，只要有兴趣，就有人喜欢做。这也与学习同一个道理，兴趣就是追求梦想和实现梦想的加速器。在陈景润的眼里，冰冷的数字就是他心中最浪漫的音符；在钱学森眼里，枯燥的力学数据就是他心中最优美的伊甸园。

女儿，爸爸一向认为，学习兴趣既然对孩子的未来成长如此重要，那么引导孩子兴趣的捷径就是培养他们的自学能力。所谓自学能力，就是指独立获取知识的能力。如果有了自学能力，他们的学习兴趣就会进一步得到加强，远非注入式教学所能相比。古人云："善学者教师安逸而功倍，不善学者教师辛苦而功半。"兴趣的目光常常可以使人看到比他所期冀的更多的东西，这也是一个成功者的秘诀，因为对所学知识产生了兴趣，就一定会转化为学习的动机，这种力量足以冲破一切阻力，将希望送到现实的彼岸。

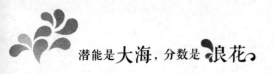

第七章
承认平凡但不要承认平庸

25 ▶ 平凡是心态

女儿,爸爸很喜欢明代作家洪应明的一副对联:"宠辱不惊,闲看庭前花开花落;去留无意,漫随天外云卷云舒。"这位籍贯不详,著述不多的文人,却有一部奇书《菜根谭》传世,这对联先是收入该书,后又为陈眉公的《幽窗小记》辑录。一位早年热衷于仕途功名,晚年归隐山林的文人骚客,寄居南京秦淮河一带,潜心著述,在历经四百年之后,人们忘记了他曾经的官职,却记住了他的名联。

"我本平凡"这是很多人挂在嘴边的口头禅。话从不同人口里说出,却有着截然不同的含义。有的人把它当作了进取的动力,有的人把它当作了后退的理由;有的人把它当作了人生的理念,有的人把它当作了混世的借口。看起来,一个人若想把自己的人生定位到"平凡"也绝非易事,因为平凡是心态,而不能只挂在嘴上。

人的心态是多样的。遥想当年,汉高祖刘邦一统天下,衣锦还乡之时,开樽畅饮,击筑高歌,心态是何等的慷慨激越。当时尽管大风搅天,冬云飞扬,丝毫也不能影响到他的兴致。他一边引吭高歌,一边离席起舞,并令众弟子唱和,歌声激昂,响遏行云。看起来,人在情绪好时,心

第一篇　潜能源于本色平凡

态也会好的，人逢喜事精神爽就是这个道理。

　　但心态往往是变幻莫测、琢磨不定的东西。一个人平凡地生活在这个世上，哪能天天碰到顺心的事。人生的种种不如意会时不时地撞击人们的心灵。这时，如果不能保持一个平和心态，便会招致许多不必要的烦恼。有的人眼睛总往上瞅，看到人家比他强，心里就受不了，总想着"我当年比你阔多了"。

　　爸爸希望你也选择与平凡为伴。即使日后获取了国外的博士学位，也没有什么可值得炫耀的。我给你讲个博士的笑话吧。有个名校博士毕业来到一家研究所，成为全所学历最高的一个人。有天午休，他到研究所后边的小池塘钓鱼，看到两位同事也在那儿钓鱼，他佯作不见的样子，一屁股坐在了两人中间，心说两个硕士，有啥好聊的呢。没一会儿，左边的那个同事放下钓竿，伸了伸懒腰，竟从水面快步越过池塘，进了对面的厕所。博士睁大了眼睛："不会吧？这可是一个池塘啊！"没一会儿，那同事又穿过池塘回来了。"怎么回事？"博士欲问又止，怎么说，自己也是博士啊！过一阵，右边的同事也站起来，如法炮制了刚才的一幕。博士这次彻底晕菜了："天啊，怎么到了一个江湖高手云集之地了？"说也怪，想着想着，他也内急了。小池塘两边有围墙，到对面厕所要绕路，回所里又太远，博士又不愿"不耻下问"。他忍了会儿，实在憋不住了，也起身往水里跨，心想："我就不信硕士能过的水面，我博士就不能过？"咕咚一声，博士栽进了水里。两位同事忙将他拽了出来，问他为啥跳水？他吞吞吐吐地问："你们怎么可以过去呢？"两人哈哈大笑，说："这小池塘有两排木桩子，这两天下雨，水涨出来，没过木桩子的顶面，但还可以踩着过去的，你怎么不先问一声呢？"博士这才发现水面上果然若隐若现有两排木桩。博士的脸羞得绯红，这就是"自命不凡"的代价。

　　瑶瑶，爸爸知道你从来没有过"自命不凡"，一路走到今天，也得益于你那一以贯之的平常心。想起你读书那会儿，每当考了好成绩，评了

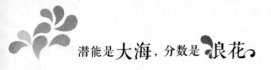

潜能是大海，分数是浪花

"三好生"，或得了奖状后，面对周围人的夸赞，你总是面带羞涩，连连摆手，甚至会捂着脸跑开。你总对父母说，班上的同学有多么优秀，你有多么大的差距。你以锲而不舍的努力来做平凡的基石，以自强不息的追求来做平凡的阶梯，你就是结伴平凡才走到了今天。

人生的长途跋涉中，辉煌只是短短一瞬，唯有平凡才是永恒的。女儿要永远切记：成绩只能代表过去，不能代表未来。这就像繁华的街市，灯火辉煌，热闹非凡，身在熙熙攘攘闹市，可体味到生活的五彩缤纷和享受鲜花的惬意，可这种热闹往往是短暂的。有道是："好花不常开，好景不常在"，谁也无法永久陶醉在热闹和繁华里，鲜花和掌声过后，人总还要回到平静而又简单的生活中来。知女莫如父，老爸相信你将来无论做出什么成绩，也不会改变你的一颗平常心。

26▶ 进了尖子班更要带颗平常心

曾有人问过我，平凡与平庸的区别何在？我想起了有位大学同窗说过的一句话："在这个充斥着'伟大'的世界上，一个人的存在，哪怕如蜗牛般微不足道，也应该努力爬出属于自己的人生轨迹。每个人都想使自己伟大，但事实上你的确伟大不了，真的很平凡。"后来这位同学在出版散文集《感动了自己》时，执意要我作序，我便引用了这句沉甸甸的话。我在序言里写道："其实，为同学或同事写序，应是为文者大忌，况且我又何德何能，斗胆'大言不惭'呢？几经推辞，还是应了下来，并很阿Q地想：权作大学时代上写作课，完成一篇读后感吧。"

当读罢老同学的作品，掩卷沉思。我不禁对她有了一个全新的了解。大学期间，她是个很内敛的人，平时鲜将自己写的东西拿出示人，但从她的追忆中，我方知道早在中学期间，她的文笔就很不错了，写的作文常常是老师课堂上的范文。恰恰像我这样的人，在当时居然不知天高地厚，时常在报刊上卖弄自己，还自我感觉良好，现在回想起来真有点脸红。

第一篇　潜能源于本色平凡

　　瑶瑶，爸爸这位老同学你也认识，她是你的老师，就在你的高中母校任教，虽然没教过你，但一直很关注你的成长，而且她的女儿和你同班。我想，平凡并非平庸，它们之间最大的区别是：平凡可以孕育伟大，而平庸只能陷入沉沦。爸爸在这里所说的"伟大"并非世纪伟人的那种"伟大"，而只是一种内在的"精神"。它会让你的心灵得到净化，在遇到人生的挫折时，以积极的心态，面对艰难险阻，去奋斗、去搏击；在人生得意时，以平和的心态，面对鲜花与掌声，去思考、去前行。

　　我知道你在这方面一直做得不错。从小学到初中，再到高中，你一直都在鲜花与掌声中，你所在的班级都是人们所称的"尖子班"，可你却始终带着一颗平常心，保持着清醒的头脑。这也缘于在你身边，永远都有比你更优秀者，你的目光永远都在朝前看。我还记得你上初二时，有一次回到家，高兴地说，你最好的朋友这次期中考试拿到全班第一。你说："太棒了！"我在一旁看得出，你是真心为好友高兴，丝毫没有因为她先前成绩不如你，这次却意外超出而心理不平衡。

　　从初三起，你做了班上化学课代表，每逢周末总会有同学打电话或找上门来向你请教难题，你都颇为认真，生怕有知识点被疏漏掉。这方面，你继承了妈妈的基因，拥有同一颗热心。妈妈在大学任教这么多年，与好多届学生都交上了朋友。看到新生家境困难，她会送上衣物。看到学生生病，她会送上药品。有一次，一位学生得了病，她还亲自将其送到医院。妈妈的这种爱心，使得学生们都喜欢和她沟通，向她倾诉学习、就业、恋爱等方面的问题。有个女生谈了恋爱，也拿着照片问她："老师，这是我男朋友，您看看咋样？"有位学生在毕业晚会上，谈起往事热泪盈眶，竟脱口而出叫了声"妈妈"。如今，我从女儿你的身上也看到了如此的爱心。

　　写到这里，我就在想，很多爱心都是平凡所铸就的。离开了爱心，平凡也会失去光彩；而离开了爱心，优秀也会缺乏说服力。例如，一年前的"复旦投毒案"。看来，拥有一颗平常心对尖子生尤为重要。不管他如何

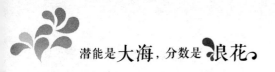

才华横溢,智商超群,没有好的心态,也是缺陷,甚至是危险的。平和的心态、温暖的爱心、简单的生活才能构成幸福的人生。人生要进取,也要知足。我们都很平凡,但恰恰如此之多的凡夫俗子铸就了一个不平凡的世界。

时光之河湍急而又平淡地流逝着。看潮涨潮落,观花开花谢,生活在日月的交替中变换着多姿的色彩。从朝霞斑斓,到落日黄昏,碌碌百年,在宇宙长河中也不过沧海一瞬而已。无论天之骄子,还是莘莘学子,都要有颗平常心,这样就足以去追求人生的快乐了。

27 ▶ 坚守与奋斗之间连接着信念

甲午年央视春晚,一曲《时间都去哪儿了》几乎搅动起所有人心海的浪花。父母在感叹岁月流逝催人老的无情,也在感叹儿女风华正茂一天天长大;儿女在感叹花样年华的多彩多姿,也在感叹青春芳草地也有尽头。时间对老人可能是悠闲的别称,但对儿女来说,却意味着奋斗。你周末刚刚来过电话,又考了两门统计学的专业课,一会儿要和男朋友开车去外面吃饭,好好慰劳慰劳自己。原来,在攻读博士的同时,你还在攻读统计学硕士。我恍然发觉,今天的你面对考试坦然多了。

我眼里的你,从来都不会满足于现状,永远都在追求。这是一个平凡女孩的坚守,是一个锻炼心智的过程,也是坚守与奋斗之间连接起的信念。这个信念不需要更多的金钱,不意味着出人头地,只是为了不虚度时光,不愧对美好人生。

对父母来说,信念相对就简单得多了,父母希望儿女的,恰如一句歌词所唱:"只要你过得比我好。"从儿女呱呱坠地那一刻,父母就承担起了养育儿女的神圣职责。这中间,有一朝一夕的变幻,也有一生一世的期待,谁也无法计算,伴随儿女一路走过了多少沟沟坎坎,又凝聚起多少的酸甜苦辣。

你是带着荣誉的光环走进高中的，名列全市第十一名的中考成绩，让你进入了Y中的"尖子班"，一入学便感受到了浓浓的学习氛围和激烈竞争的火药味。两个月后，面临升入高中后的第一次考试，同学们都铆足了劲一试身手，我知道你也暗下功夫想证明自己。考试成绩出来了，还不错，但你脸上却看不到欣喜，甚至先前还为数学考得不理想而落泪。我和你妈妈意识到你对自己要求过高了，你应该开开心心才对。我想让你知道，调整心态让自己快乐起来才是最重要的，如果过于看重每一次考试，就无法感受到学习的快乐。换句话说，当一个人的心灵境界保持宁静与平和状态，才能保持旺盛的学习精力与斗志，心智锻炼到什么程度决定了一个人的快乐或痛苦。

恰逢这时，班主任老师布置一项任务，让每位学生给自己的家长和老师写一封信，谈谈入学两个月来的感受。你在信中坦率地谈了自己进入高中的心理变化和压力，尤其对这次期中考试也作了分析和反思。我意识到这是一次与你进行情感沟通的好机会，很多不便当面说的话，都可以通过文字表达出来，于是才有了我的这封回信。

瑶瑶，亲爱的女儿：

信收到。从信的字里行间，我看到了一个渐渐长大的女儿，看到了一个充满希望的女儿。这是你进入高中阶段写给家长和老师的第一封信，是你心灵真实的写照，也是你迎接未来挑战的宣言。

当你以骄人的成绩迈进这所美丽的校园，迈入这个众人瞩目的班级时，作为父亲的我为你感到骄傲。中考之后，我和妈妈没有问你考得如何，因为我们相信你的实力。这些年来，我们看着你一天天长大，知道你的每一分辛勤耕耘，都将会有一份沉甸甸的收获。在初中阶段，你是在老师和同学们的呵护下成长起来的。你的勤奋好学，你的善解人意，你的聪慧睿智，你的温文尔雅，你的助人为乐，都博得了周围人们赞许

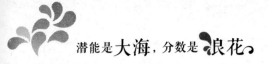

潜能是大海，分数是浪花

的目光。

　　大家喜欢你，并不完全由于你的学习成绩在年级一直名列前茅，而是在你身上洋溢出的那种蓬勃向上的精神和诚实守信的品格。初中三年，你没有请过假，每天总是早早地来到学校。回到家里，你从来也不需要家长督促，总是主动安排好自己的课余时间。在家里，在家外，你总是让家长放心的孩子。毕业时，班级只有一个市级优秀毕业生名额，但同学们都一致把票投给了你，这是对你三年初中生涯最大的褒奖。

　　当你以全市第十一名的成绩迈进十五班教室时，你在兴奋之余，也有了一种无形的压力。全年级前三十名学生，你们班占了二十四个，他们都是非常优秀的学生，未来名牌大学的预备生。回家后，你对我们说："班里的同学都太优秀、太勤奋了，尤其住宿生，简直都快学疯了，我真担心我会落伍。"于是，我们看到你买回来一摞摞的参考书，我们也看到你在晚自习回来后，还要坚持再学习一会儿。

　　我们清楚，你在初中阶段学得还是比较轻松的，除了考试，很少开夜车。可进入高中，一切都在默默地发生着变化。看到你这样刻苦，我们除了心疼，还能说什么呢。俗话说：响鼓不用重锤敲。对你这样的孩子，是用不着家长来操心的。这次期中考试前，你在患感冒，但你还是坚持去上课。

　　记得考数学那天中午，你回来后，情绪很不好，说自己没考好，本来很简单的一道大题居然做错了。我们安慰你：没考好也没什么。可你还是落下了眼泪。孩子，你就是太要强了。其实，你期中的总成绩不错，达到了815分，排在了班级的第十一名，年级的第十二名，即便你说没考好的数学，也得了132分。

　　你在信中客观分析了学习状况，找出你的弱项是外语、语文。另外，你对自己的物理和化学也不甚满意。我们知道，你所指的弱项是相对于班级最好成绩而言的。如果让我们来分析，你的外语是个弱项，这次仅考了112分，在班级也只能处于中等水平，你的数学也有待于提高。至于你的语文和化学，这次考得都相当不错。当然，我们这样说，并不等于对你这个成绩就满足了。学海无涯，永无止境。在你身边有许多优秀同学，都是你学习的榜样。

女儿，未来的三年是你人生中最重要的三年。你将以你的勤奋和努力，为自己描绘出一幅通往理想之路的画卷。我们知道你心里装的目标是什么。这所中学，是爸爸曾任教过的地方，这里有全市最优秀的老师，这里有全市最优秀的同学。两次参加家长会，我们知道，你的班主任姜莉老师正在倾尽全力培养你们。我和妈妈有充足的理由相信，你会在这样一个优越的环境中茁壮成长，也期待着你能取得更优异的成绩。

当然，学习成绩对一个高中生来说是相当重要的，我们会关注你的每一次考试，关注你的每一次成绩。但是，作为家长，我们更关注你能够在高中三年德、智、体全面发展。我们不会只盯着考试的分数，尤其不会仅凭一两次成绩就说三道四，品头论足。谁笑在最后，谁才会笑得最好。我们衷心祝愿你会成为那个笑在最后并且笑得最好的那个人。

你的爸爸
2004年11月15日

时隔不久，在一次家长会上，姜莉老师动情地读了这封家长回信，我静静地坐在那里倾听着，由于隐去了姓名，许多目光都在搜寻写信的那位家长。后来我将这封信放在了博客上，有位叫"净心使者"的网友在读后留言："原来剑钧老师您还有这么一个可爱的女儿啊！文中可以看出，父母不以成绩论英雄，基于这种观点的评价，基于这个理念的关注，我认为这是对儿女最大的关注，这是他们从父母身上得到的最大的精神财富，真为您女儿有位好父亲而高兴！"

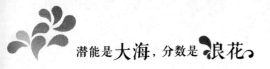

28 ▶ 平凡衣着的背后其实是美丽

女儿，北京的春天是美丽的，当春天像一个步履轻盈的小女孩，携着神奇的花篮，把五彩的鲜花撒向京城、撒向原野、撒向公园、撒向绿地的时候，虽说人们还不时被PM2.5的阴霾所困扰，但面对凤凰岭的杏花，将军坨的山桃花，慕田峪的梨花，大觉寺的玉兰花，天坛的丁香花，景山的牡丹花，人们还是对未来充满了憧憬。

周末，我和你妈妈去了一趟宋庆龄故居，站在那株两百多年树龄的海棠树下，看到枝头开满粉红色花朵，很是惬意。京城四月间，海棠花不少，花姿潇洒，花绽似锦，海棠花自古便是雅俗共赏的名花，素有花中神仙、花贵妃之称谓。

生命之花是美丽的，但美丽的背后却是平凡。经过一冬蛰伏，在花飞草长、浅草泛绿的春天，京城各种花卉相继盛开。人们在欣赏美丽之余，可否想到它曾历经的风霜雨雪呢？面对赞美与鲜花时，有的人不认为那是辛勤劳动的成果，而是上天的恩赐，与辛勤与劳作无关，这样的人生观值得欣赏吗？我想答案是否定的。一个人做最好的自己，是人生的一种追求，是一种自然的美丽。

瑶瑶，爸爸一向认为"美丽"这个字眼有着丰富的含义，美丽不是外表，而是内涵。华美是种美丽，质朴也是种美丽，我的女儿当属后一种。从步入校门那天算起，你整整穿了十一年的校服，小学五年，初中三年，高中三年。对一个女孩子来说，穿校服可以说是最无奈的选择了，邻家女孩，每逢周末都要脱去那千篇一律的校服，换上各种美丽的衣裙，像花蝴蝶一样在院子里开心地走来走去。爱美之心，人皆有之，何况女孩子？闲暇时，你也会偶尔换上妈妈给买来的衣服对着镜子试一试，但又很快放了回去，除去逢年过节，很少穿出去。

女儿，你可否知道，自从你初中开始骑自行车上学后，这么多年来，你妈妈每天都在做同一件事情么？那就是每当清晨，你背起双肩包，走下楼，再骑上车上学时，窗边永远都有一双眼睛在默默追随你。这就是母爱，平凡的母爱，无言的母爱。你妈妈有时会扭过头对我说："看我女儿一年到头就这一身校服，从来也不主动说添件新衣服，心里真有点不落忍的。"我说："那还不是跟你学的，在穿衣上永远都是落伍者。"

瑶瑶，你就在妈妈慈爱的目光里一天一天成长起来。在穿着上，你也确实受了妈妈的影响，谈恋爱之前，你从来也没有对衣着有太多的要求，这么多年了，我们做父母的也的确很少为女儿添置衣服。初一或高一发放的校服都很宽松肥大，为了一件校服能穿满三年，妈妈在校服的裤脚和下摆都要做一些缝制才不至于太肥大。从经济上讲，不是不能之，而是不为之，想必你也不会埋怨我们吧。

有人说："母亲的爱细腻、轻柔，好像潺潺的溪水。"天底下的母亲对儿女的爱是一样的，但爱的方式却各有各的不同。孟母三迁是一种母爱，岳母为儿背上刺"精忠报国"四字是一种母爱，薛母纵容薛蟠胡作非为也是一种母爱。孰是孰非，不言而喻。一个家庭即便家徒四壁，只要有一个善良、慈爱、节俭、乐观的母亲，儿女们就会从中受益，不光是生活中充满阳光和快乐，更重要的是心灵上所受到的熏陶。

我在你身上总能看到你妈妈的影子，那种善解人意，那种乐善好施，那种聪颖贤惠，那种坚韧不拔，都让我心生自豪之感。你从小到大，不光受到了母亲甘甜乳汁的滋养，也受到了母亲美丽心灵的熏陶。姥姥时常说你的眼里特别有活儿，你小的时候，每当看见姥姥搞卫生，刚把地扫完，你就把小簸箕递到姥姥跟前。生活中的点点滴滴就像一颗颗晶莹的露珠，不为人所注意，但集中起来，不仅能映照出太阳的光辉，也能折射出心灵的美丽。

你从妈妈身上学会了她的坚强，在困难面前绝不怯懦。幼儿园的时候，从来不能迟到，有时我们送晚了，你会急得大哭；初中的时候，遇到狂风暴雨，你也风雨无阻去上学，无法骑车就披上雨衣，脚趟在没膝的雨

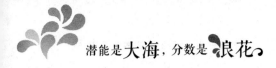

水中；高中时，有一次发烧，带病也要坚持上学，三年里没有缺过一堂课。这一幕幕往事仿佛就发生在昨天一样，让我这个做爸爸的在揪心的同时，也感到骄傲。

　　生活中，人们通常给女性冠以柔弱的代名词，似乎只有男人才配得上"坚强"二字，但从你和妈妈身上，我看到了女性柔弱的另一面，那就是柔中有刚。无论狂风暴雨，还是是非成败，都无法阻挡行进的脚步，脚步声永远带着勇往直前、荣辱不惊的自信。这就是平凡的力量，也是平凡中的美丽。不经意间的平凡更是人生路上永恒的美丽。

第八章
勤奋才是打开梦想大门的钥匙

29 ▶ 每一株小草都有碧绿的理由

春天来了,我和你妈妈来到郊外踏青,累了,席地而坐。我悠然观察起小草:原来从远处看到的一片碧绿草地,近处细细观察,发现它们的绿色深浅各异。刚钻出来的小草是嫩绿的,长得壮的小草是油绿的,营养好的小草是墨绿色,水分少的小草是黄绿色,阳光充沛的小草是深绿色,背阴处的小草是浅绿色……原来,每一株小草都有其碧绿的理由呢。

这就像人生一样,每一个人都有他成长的理由,犹如夏天有夏天的美妙,冬天有冬天的奇异。夏天花红柳绿,万顷碧透,心驰草原,总能让人心旷神怡,激情飞扬;冬天冰封万里,银装素裹,高山滑雪,照样使人意气风发。

你和哥哥有很多相像的地方,应当说,哥哥对你影响蛮大的,那种爱读书的习惯,那种为人朴实的习性让你俩有很多契合点。但是,你们也像郊外的小草,有着不同的绿色。他喜欢天文、足球、音乐,你喜欢历史、影视、旅游,在你们身上,父母能找得到一根支脉下的不同个性。

一个人生下来就要接触外面的世界,牙牙学语时,母亲便会拿出彩绘的书,引导孩子看。从走进幼儿园,孩子便与书结伴同行了。如果能读到大学的话,一个人起码要系统地读上十五年的书。这叫知识积累。至于走

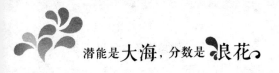

向社会后，人们就更无法离开书本了，知识就是一张通行证，让你畅通无阻地游历四方。不读书，没有科学文化知识，就像小草离开了阳光雨露，那才是真正的悲哀。

瑶瑶，你大学毕业时，将一些用过的物品都处理掉了，却把许多书籍托运回来，我打开一个个箱子才发现，原来你这个理科生在大学四年间竟买了那么多与专业无关的文学书籍：《古文观止》《资治通鉴故事》《论语》《老子》《庄子》……像这些大学中文系学生都不一定买的书，你都买下了。我真不知道，你怎么有时间读这些书的？我霍然悟出了"功夫在诗外"的道理。我接触过许多品学兼优的学生，他们无一例外都对中国历史文化有着浓厚的兴趣，那是中华民族的根和血脉，离开了它的滋养，小草都会枯黄的。

这一点，你和哥哥何其相似！他从事IT业，在北京一家高科技公司搞遥感卫星软件开发，但却对天文类图书有着近似痴迷的喜爱，其中很多都是从国外邮购的原版书，几乎隔些天就有这类书籍寄过来。原版书价格奇高，有的一本书折合成人民币就要上千元。如果再加上他在天文观测设备上的投入，真是个很大的数字。最近，他又利用业余时间翻译英文原版天文书，真难想像他对天文会痴迷到这种程度。可每一种痴迷自有它的理由，就像作家将早春的小草夹在日记本里，为的是让记忆保持一片久远的绿色，让情思躺在茫茫的绿海里，用一支笔撑起一叶扁舟云游四海。

平凡的人生聚合起来，就会造就不平凡的世界。从这个意义上讲，历史是人民创造的，我们应当做其中一分子。多少莘莘学子学海无涯苦作舟，贵在一个"勤"字。细想起来，现代社会，人的一生几乎无法同书绝缘，不管你愿意不愿意读书，你都无法选择离开书，除非你想与世隔绝。

女儿，人生短暂，光阴荏苒，在读书上人们有许多选项与抉择，但我的理解是：勤奋比聪明更重要。勤奋是一生用不尽的财富，当你消费时，才能领悟到这种财富的真谛。

30 ▶ 播种勤奋者才可能收获成功

瑶瑶，你妈妈至今还收留着你当年一条床单，那上面留下了斑斑点点的墨迹，那是你在备战高考的最后一搏中所留下的"勤奋"见证。多少次，我们半夜醒来，看到你卧室灯光还"疲惫"地亮着。妈妈推门进去，看到你已抱着书本睡着了，钢笔还攥在手里，笔尖却戳到了床单上，留下墨迹一片。妈妈眼含泪光，从你手中抽出笔，又为你盖好被，谁知你突然又醒了，说还要再学一会儿，此时已是午夜两点。女儿，在学习上，你从来也没让家长操过心，从来都会安排好自己的学习计划，迎战高考，你用了从未用过的拼劲儿，反倒是父母劝起你，催促你早睡了，但那条床单的墨迹依然在不断扩展外延，以至连缀成一个多点多面的"地图"。

爸爸从没想到女儿有这般的"心劲"，也愈发对你放心了。你是一个拿得起放得下的孩子，闲暇时可以玩疯了，紧张时也可以学疯了。自古就有"有志者，事竟成""在心为志""三军可夺帅也，匹夫不可夺志也"等励志名句。生如逆旅，痛而善言。从你的身上，我得到这样一个验证：大可不必轻信那些"轻轻松松考名校"的神话，只有勤奋才是打开梦想大门的钥匙，只有播种辛劳才可能收获到成功。

我想说，勤奋和磨炼是一对孪生兄弟。不管你曾多么踌躇满志，不管你曾多么青春张扬，如果不去耕耘，不经风雨，也不会有收获。有一次爸爸陪外地的朋友到故宫游览，看到了作为珍品陈列的红珊瑚，有的像树枝，有的像花朵，有的像灌木，有的像鹿角……当听说那漂亮的红珊瑚竟然是珊瑚虫用自己分泌出来的石灰质建造的"公寓"，我惊愕了！原来珊瑚上有许多小孔，每个小孔都住过一个小珊瑚虫。它们在这个"公寓"里群居，每当降生一个幼珊瑚虫，就会"勤奋"地造出一个新"房间"，在珊瑚上添个小孔，看似微小，但随着珊瑚虫不断繁衍，珊瑚在悄悄长高长大，分出好多枝杈。

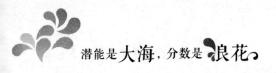

潜能是大海，分数是浪花。

女儿，磨炼是勤奋者的试金石。你虽没受过父亲当年的苦累，却经历了另外意义上的磨炼。在父母眼中，你曾是"草地上，那穿粉裙子的小女孩儿，像朵娇嫩的花，出没在野花丛中，美得委实惹眼"。这话最早出自爸爸的一篇散文，后来收入我的《多梦的花季》一书，如今重读竟生出别样一番心境。那个"穿粉裙子的小女孩儿"，那朵"娇嫩的花"，在勤奋的汗水浇灌下，如今已是花瓣怒放，并将在夏日结籽了，这也正是父母的欣慰之处。十年寒窗，知识的积累也像美丽的珊瑚一样，要花一点点慢功夫才能成型，也要经历风浪的反复洗礼。高考，是你人生的第一次大考，你用你的勤奋收获了成功，风雨过后也焕发出珊瑚一样的光彩。

31 ▶ 谁笑到最后谁才会笑得最好

女儿，爸爸想告诉你这样一句话："无论你的天赋如何，无论你的梦想是什么，都要原地从容出发，在现实与梦想之间搭建一座桥梁。这个过程也许是漫长的，但有行动就意味着有希望。"很多时候，梦想都似乎遥不可及，但只要你像燕子衔泥垒窝那般去专心做一件事，就有可能成为笑到最后，也笑得最好的"那一个"。

女儿，尽管我从来也没问及你的梦想是什么，但知女莫如父，爸爸知道你的人生梦想是什么。从进入高中的那天起，你仿佛一夜之间长大了，学习的刻苦程度远非初中阶段所能比拟的，你会不时走进书店买回最新的高考升学辅导书，也会在假期向哥哥讨教如何应对复习中的难点。有一天，你突然问道："爸爸，猜猜我最想报考哪所学校？"我信口说："应该是北大吧？"你没有回答，只是一笑。我想是说到你心里去了。你妈妈也私下告诉过我，你自从那年游了北大校园之后，似乎成熟了许多，那一湾让莘莘学子魂牵梦萦的未名湖，那一座与碧湖遥相呼应的博雅塔，那一个享有"亚洲高校第一"美誉的北大图书馆，还有那与古木苍虬相依的燕园，那留下大师身影的幽静小径，那坐在湖畔林荫下苦读的学子都给女儿留下了很深的印记。

我当时还鼓励你说："瑶瑶，只要努力，一切皆有可能。"私下，我也和你妈妈探讨过报考北大的可能性。我们的分析是："考北大有可能，但有难度。"其可能性是你就读的那所中学是内蒙古重点中学，考入国内一流名校的概率一直很高，曾多次出过自治区高考"状元"，那几年每年升入北大、清华的考生都在六七名左右。你所在的班级本身又是Y中的尖子班，全校前十名的学生几乎都出在你们班里。经过高一、高二阶段的系统训练，你的考试成绩基本稳定在了前十名左右，有几次摸底考试还进入了前五名。实际上，尖子生在分数上的差距不是很大，往往仅有几分或十几分之差，这就等于说，谁在高考时临场发挥得好，谁就有可能拿到进入北大、清华的入场券。

有梦想是好事，有梦想才能有激情，才能有动力。随着高考的日益临近，我们和你进行了一次认真对话，帮助你分析报考北大的难度和应对的第二套方案。我们的建议是，努力考入北大化学系，如果达不到分数线，就选择中国科技大学的化学专业。

选择中科大的理由是：其一，当年国家教育改革发展纲要明确提出建设世界一流大学任务的大学只有三所：北京大学、清华大学、中国科学技术大学。中科大也是全国唯一得到"211工程""985工程""知识创新工程"三大工程重点建设的大学。其二，它凝聚了国内一流的师资队伍，当年有两院院士32人，第三世界科学院院士9人，博士生导师618人，国家级教学名师6人等。其三，它是近年来国内唯一没有扩招的名校，科大学子有不浮躁、不跟风，勤奋学习的优良学风，故素有"学在科大"的美誉。其四，中科大以理学见长，无机化学专业是国家级重点学科。

我们当时担心你会因为合肥地处偏远，没有北京大都市的气派而不愿

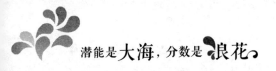

选择，但你却爽快地听取了父母的意见。你的人生梦想的第一张蓝图就这样绘就出来，下一步就看你如何圆梦了。因为，任何孩子都不能生活在家长为其规划的蓝图里，最美妙的梦想，不在于蓝图的诱人，而在于实现过程中的激情与快乐；最美妙的人生，不是永久的辉煌，而是平凡中蕴藏的奋斗，谁笑到最后谁才会笑得最好！

32▶ 女儿的眼泪为何突然洒落

高考过后，你痛痛快快地大睡两天，你实在太累了，就像一个刚刚从硝烟弥漫的战场归来的士兵，睡梦中都一脸倦容，还带有几分兴奋。高考那两天，你显得很淡定，考完一科，回家吃过饭，就钻进小屋抽时间看一眼接下来考试的关键知识点，门外边，我们反倒有点紧张了，总担心会临场发挥失常，一个小小失误，丢了那宝贵的几分，就有可能与放飞的梦想失之交臂，毕竟十年寒窗苦读，父母只希望换来你能考上心仪的大学。与此同时，我和你妈妈还有一种别样的心绪：你真的要离开我们远行了，是高兴，还是失落？我们说不清。

在高考后的第三天，我将那篇许多年前写你的小文《童心是诗》发布到博客上，并感言："高考结束了，女儿也仿佛一下子长大了许多。不久的一天，女儿就会像飞出的小鸟，告别家长，飞向蓝天了，我真有种说不出的感觉，期盼中夹杂着依恋……"博文一时引起众多网友的反响，"伊人在岸"留言说："和女儿分别，难免要伤感。孩子就是一只栖息在父母身边的燕子，该飞的时候，飞得越远越好。"

是啊，作为父母，有谁不希望自己的孩子实现梦想，憧憬未来呢？梦想是非常迷人的，而现实却往往有落差。你考过数学后，曾遗憾地告知妈妈，你错了一道本应答对的题。这意味着有可能丢掉了进入北大化学系的关键分。参照前几年北大在内蒙古的高考录取线，通常应在670分左右，这个分值在高考总分750分中，应当是很高了，若处在这个分数段边缘，一分之差就会落选。

梦想与现实是有距离的，尽管这中间有时只差那么一点点，但你也要接受这个现实。你拿着老师给的标准答案，在家里估分了，得出的结论是只能得648分，你显得很失望，眼里含着泪花。我们听到之后心也一凉，不是为了那个分数，而是为了你辛勤的付出，却没能得到应有的回报。但作为父母，这个时候也只能是安慰了。我说："瑶瑶，考得不错，应该能上一个非常不错的学校了。"我的后半句没有说，那就是，"上中科大恐怕也危险了。"因为参考上一年中科大在内蒙古的最低录取线是654分，我和你妈妈开始为你考虑其他选项了：北京理工大学、北京航空航天大学、南开大学、吉林大学……如果真是这个分数，进上述大学应当不成问题的，但关键还要帮你选一个喜欢的专业。

细细想来，人的一生会遇到许许多多困难和失败，但这也只能算人生旅途中的一个小插曲，我相信，有一分耕耘就有一分收获，你毕竟只有十七岁，即便一个梦想破灭了，也会为下一个梦想积蓄起能量，而你反过来还安慰我们："没啥，高考的遗憾，四年后读研再补回来。"你妈妈当下就打开这一年的报考指南，一页页翻找着理想学校和专业。同时，我们还抱有一丝幻想，你的估分会不会有误差呢？我们当然希望是分数估低了的误差。

等待高考分数和录取线公布的日子，对家长和学生都是一种煎熬，心灵在希望与失望中徘徊，在企盼与遗憾中焦躁。为了早点得知分数，我还将你的考号告诉了在电信局工作的朋友，希望能第一时间得知高考成绩。

2007年6月24日的夜晚，一阵急促的电话铃声传来，朋友打来了久盼的电话，第一句话就是："恭喜啊，你的女儿得了663分。"听到这一消息，我喜出望外，差点蹦了起来，你和妈妈也高兴地抱在了一起。这个分数高出了自治区高考重点线103分，在自治区24万考生中位列第98位。这

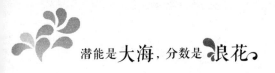

潜能是大海，分数是浪花

意味着女儿有实力进入中国科技大学了。因为，近几年来，中科大在内蒙古的录取线都低于这个分数。这一分数尽管进入不了北大化学系，但进入北大医学部还是有希望的，因其近年的录取线和中科大大致相当，前一年是656分，但你并不喜欢医学专业，也就没有考虑。

峰回路转的高考成绩让你朝梦想又近了一步。从分科成绩来看，数学成绩的确不很理想，但语文成绩却有了意外惊喜，获得130多分，不用说，占60分的作文是功不可没了。而你在估分中恰恰对语文试卷，尤其作文分把握不准，只估了个保守分。我不禁想到了那句"宝剑锋从磨砺出，梅花香自苦寒来"，这是对你高中三年苦学的一种回报。虽说梦想之路充满曲折，但只要付出了坚韧与勤奋，你前面的路就会更宽，女儿看到的天就会更蓝。

那一年，内蒙古实行了网上报名和录取，考生可以体验录取的全过程。中科大在内蒙古有十个招生名额，其中两个涉及化学专业，分别是材料化学和物理化学。录取前夕，北大、清华、中科大、浙大等国内一流高校都对内蒙古派驻了招生老师，动员高分考生报考其所在学校。中科大负责内蒙古地区的是黄大庆老师。他在来通辽市Y中做招生宣传时，我们有了一面之缘。我当面表达了你上中科大的强烈愿望，还探讨了提前录到化学专业的可能性。黄老师看到你的高考成绩单，尤其化学成绩满分后说："你女儿录取没有问题，但因网上录取，我没有提前录取的权力，但可以考虑你女儿读化学专业的愿望。"

一块石头落了地，我回到家一说，你妈妈和你也挺高兴的。进中科大化学专业似乎没有悬念了，但就在录取中，意外发生了。当天，全家人从上午起就守在电脑旁，注视着中科大页面的录取情况。你按照先后顺序填报了中科大的材料化学、物理化学、电子工程与信息工程三个专业。起初，你的分数一直排列在这几个专业的前列，可在录取倒计时那一刻，出现了扎堆填报材料化学和物理化学这两个专业的情况。因为每个专业只录取一名，排在第二名就意味出局了。我有些急了，就给黄大庆老师打电话，提到你只想进化学专业，一旦挤下来怎么办？黄老师说，他会将这个情况向领导反映，中科大一向遵从考生的兴趣和志愿，日后可以考虑调剂化学专业的名额。就在这时，你接到一个电话，说你这个分数报考浙江大学可以任选专业。全家人开始为这事儿纠结了，在中科大与浙大之间，你最后选择了中科大。网上录取结束了，你以一分之差，没能进入心仪的化学专业，被录取到电子工程与信息工程专业。你当即流下眼泪，我和你妈妈也很难受。你那么喜欢化学，四年的心血和努力，不想却被残酷的现实碾得粉碎。我忍不住拿起电话打给远在合肥的黄老师，听到你在一旁哭得那么伤心，黄老师也很同情，当即在电话里对你说："你放心，我一定帮你实现学化学的愿望，相信我！"

接下来的时间，我们和你的心一直都在忐忑之中，直到中科大化学专业录取通知书寄过来，你和妈妈又一次兴奋地抱在了一起，全家人开怀大笑了。为了那个差点化为泡影的梦想，为了四年来不遗余力的坚持，你终于得到了应有的回报。人生有谁不向往播种后的收获，有谁不憧憬美好的未来，又有谁愿意让理想之舟中途搁浅呢？你在品尝到失败的痛苦与迷惘之后，终于靠着勤奋和坚韧，享受到了成功的欣慰与快乐，成为笑到最后的"这一个"。

第二篇 潜能结伴平凡

在女儿背起行囊的那一刻,目送花季少女第一次远行,我想对你说,任由青春随时光荏苒,无论你走到哪里,父母的那份爱都永远陪伴着你。

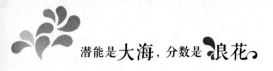

第九章
将平凡轻轻放入追梦行囊

33 ▶ 远行是女儿送父母的最佳礼物

那些天，你又恢复了活泼开朗的天性。你对未来的大学生活，充满了向往和憧憬。就像从封闭的高中校园放出来的一只丑小鸭，将带着白天鹅的梦想飞到大学校园。世界在你面前广阔起来，那是一片广袤无垠的青春芳草地，等待着你结伴平凡从上面走过。那儿也是连接大千世界的窗口，若从此放眼望去，那将是一道很曼妙的风景。

我仿佛从你身上看到自己当年的影子，为了一个心中的梦想，心灵需要经历一些挫折才能赶上成长的步伐。当年，我下乡插队时，就目睹过这样一幕：在生产队的马厩里，一头红色的小马驹刚刚降生下来，浑身还湿漉漉的。也许是天性，它没过一会儿就使出吃奶的劲儿，支撑着前肢要站起来，却很快侧翻在地上。它挣扎着爬起来，又倒下去了，这种场景演绎了若干次。这时，母马走上来，俯下头用鼻子对它喷出一股股热气，小马驹似乎受到鼓舞，扬起头，用力支撑起了前肢，随之两条后腿也立了起来，四肢颤巍巍地叉开着，可没过了几秒钟又重重摔倒了。几番折腾，小马驹好不容易站稳了，朝妈妈那儿艰难地迈了两步，又倒了下去。过一小会儿，小马驹重新挺起身来，再次朝妈妈蹒跚而去，奇怪的是妈妈没去迎接，反而在后退，小马驹每前进一步，妈妈就后退一步，直到小马驹又摔倒了。我终于看不下去了，愤愤地说："这母马怎么这样，让小马一生下来就遭这份罪！"说着就想去扶一把，却让饲养员拦住了，说："千万使不得，一扶，这马就成不了好马了，一辈子都是个软蛋！"

看来青春的脚步不管是沉重，还是轻盈，只要有勇气在跌倒时爬起，只要有信心奋勇前行，只要有朝气拥抱今天，只要有微笑面对明天，就不管从顺境里走出，还是在逆境中奋起都一定会开创美好未来。从这个意义上讲，你明天的远行，就是送给父母最好的礼物。你公示我们，女儿长大了，女儿要闯世界了！我知道你是那种甘于平淡又不懈追求的女孩儿，是那种甘于平凡又拒绝平庸的女孩儿，我相信在大学校园，你一定会继续做最好的自己。

那些日子，你妈妈每天都在忙碌着，为你打点行装，购置用品，很有那么点送女"出嫁"的味道。妈妈和你每天都在说着悄悄话，交代这个，交代那个，很是"儿行千里母担忧"的样子。

那年的金秋，我们送你来到了企盼已久的中国科技大学。校园里有许多志愿者都在忙着迎新生。我们在大门口下了出租车，迎面走来一个热情的小伙子，主动上前帮我们提行李去报到，一问才知他是电子工程与信息科学专业的研究生。他的言谈举止，充满了对科大的热爱和身为科大人的自豪感，这是一种无形的力量，构筑起一所名校的脊梁。

当天下午，我们在中科大水上报告厅参加了化学与材料科学学院的新生家长恳谈会。许多家长在发言中都说是慕名把孩子送到中科大的，并对学校寄予厚望。有家长说，来科大前，就听到过"学在科大"和"不要命的上科大"之说，如今身临其境，感触多多，"大学之大不在城市之大"，难怪日本东京大学校长说中科大是"中国的麻省理工学院"；著名数学家丘成桐说：在中国的所有大学中，最令人琢磨不定，也最有可能出

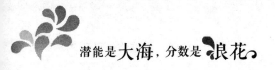

现奇迹的就是中科大。

晚上吃饭时,我问你对中科大有何感想。你说:"挺好的呀,一进校园就感受到了淳朴的校风和浓厚的学习风气。我们宿舍的三个女孩儿都很热情,洁洁来自河南,施施来自浙江,逸逸来自湖南,高考分数都比我高,只有我来自偏远的内蒙古,压力好大呀。"我知道你说的是心里话,一个从未离开家门的女孩儿,远行到一千八百公里之外的陌生城市求学,肯定要有个适应期,况且从高中生到大学生是人生的重大转变,要跨过这个坎,是需要信心和勇气的。

不过,我相信我的女儿,既然从现实赶往梦想的旅途上,走到这样一个加油站,过程本身就是一种历练。远行,就是在放飞理想;享受生命,就是在享受平凡。生命的魅力就在于不断为梦想而前行。作为后来者,在中科大有良好的学习风气,又有这么多优秀的同学为伴,我的女儿一定错不了。

34 ▶ 放飞梦想要脚踏坚实的大地

女儿,爸爸历来认为,无论理想还是现实,都离不开梦想。梦想是由一种希冀所生成的,因为希冀相信才会相信,希冀成真才会相信,希冀追求才会相信。还记得吧,那次我们在中科大校园漫步,路过了"少年班"那栋小楼,我们不由自主地停下脚步,凝神了好一会儿。前一天你到中科大报到,有人居然把你当成了少年班的新生了,其实你实际年龄也比他们大不了多少,在众人眼里,你依旧是个孩子。你来自内蒙古,在南方同学的眼里,奇怪你为什么没穿蒙古袍。还有人问你住蒙古包吗?会骑马吗?你笑着说:"我每天都是从草原的蒙古包走出来,然后骑上马儿去上学的。"

说的虽是玩笑话,但全班你是唯一的内蒙古学生,来自文化和教育相对落后的少数民族地区,没有人把你当成学习对手。要知道,中科大办学的一大优势就是有高质量的生源,学校招生极为挑剔。有资料显示:超过90%的新生在其中学班级成绩位居前5%,高考成绩在当地也名列前茅;中科大学子素以激情、苦学、钻研著称,每1000名科大学生中,会有超过700人继续攻读硕士或博士学位,还会至少有一人当选中国科学院、工程院院士。这两个比例同样位居全国高校之首。你嘴上不说,心里承受的压力肯定很大。

临别前的那个傍晚,我们在校园里散步,迎面碰到一拨拨人流涌向图书馆,涌向自习室,他们或背着双肩包,或怀里抱着书本,脚步匆匆,有点像春运时的场景。你望着这些师兄师姐的背影感叹地说:"天啊,才刚刚开学,就学成这个样子了!"来之前,有孩子在中科大毕业的学生家长告诉我,中科大学生的勤奋是出了名的,都像高考前那么用功。如今来到中科大,也验证了这一事实:走在校园里,林荫下、小湖边到处都可看到读书的身影;走进图书馆,里面是座无虚席,鸦雀无声。目睹此景,让我叹为观止。

每个人都会心存梦想,但梦想却各有不同。有人以奋斗为梦想,有人以奢华为梦想;有人以学识为梦想,有人以赚钱为梦想……梦想犹如一幅画,要层层润色才能逼真;人生犹如一首歌,要深情吟唱才能动人;人生犹如一条河,要掀起波浪才能壮阔。

你好几次谈起中科大理工科学生心中的天王级偶像,中科院最年轻的"70后"院士潘建伟教授的一句名言:"许多人问我,什么是我的梦想?我说,梦想不是你想要得到什么东西,而是你发现一个很美妙的事情,你想去做。仅仅如此。"潘建伟老师所领导的中科大实验室在国际上首次实现光子的量子隐形传态。被世界顶级学术期刊《自然》杂志誉为量子信息实验领域的开端,同时被美国物理学会、欧洲物理学会、《科学》杂志评为年度十大进展。他对梦想作了如下诠释:"能在目前的基础上将量子通信技术发展到极致,而这既对国家和民族有利,又能

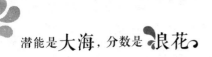
潜能是**大海**，分数是**浪花**

满足我自己的好奇心，对我来说，这是最愉快的事情，也是我目前最大的梦想。"

瑶瑶，由此说来梦想是虚幻的，又不是虚幻的，这也就像人们所熟知的古希腊神话故事。海神波塞冬和地神盖娅生了一个儿子安泰，其力大无比，谁也无法战胜他。他的力量从何而来一直是对手心中之谜。后来有人发现，安泰对生身母亲地神盖娅有着特殊依恋之情，每当他和敌人搏斗遇到危险时，只要往地上一靠就可获得无穷力量，但他的致命弱点也在于此，离开了坚实的大地，他就毫无气力了。后来，有个叫赫拉克勒斯的对手，利用这一弱点，在角斗中将他举到了半空扼死了。我想，梦想就是做依赖大地的安泰，放飞梦想就是将双脚踏在坚实的大地上，只有如此才会美梦成真。

瑶瑶，结伴平凡并不意味着可以放弃人生的奋斗。父母学的都是文科，你们兄妹却不约而同地选择了理科，这对你们也是一种挑战，父母在学业上无法助你一臂之力，你们放飞梦想所要依靠的力量只能是脚踏实地的勤奋。在追求人生梦想的大舞台上，你要做好失败的思想准备，因为失败是成功之母。成功的人总是找方法，失败的人总是找理由。一个脱离现实的梦想，多半都是异想天开的幻想，当然难以成真了，反之，你才会寻找到成功之路。

人生意义就在于：在梦想与现实的对接中闪耀出生命的价值，在创新与拼搏的携手中体现生命的力量。犹如居里夫人所言："如果能追随理想而生活，本着自由的精神、勇往直前的毅力、诚实不自欺的思想而行，则定能臻于至美至善的境地。" 古今中外，但凡有作为者无不拥有这样一种情怀，假如有一天，你成了梦想的主人，就会发现，年轻时孕育的梦想一直在陪伴你成长，在你走过的路面上都留有清晰的脚印，只不过以前没有发现而已。

35▶ 女儿在完善自我中悄然长大

女儿长到十七岁,还是第一次离开家,第一次独立生活。我不知道这迈向青春的"断乳期"你将如何度过?在最初日子里,我们在家吃饭时,你妈妈都忍不住说:"我的瑶瑶也不知吃得好不好?她瘦了吗?"每到周末,她就迫不及待地将电话打过去,可你总是"报喜不报忧",永远都是那句:"妈,我挺好的。"

那段时间,你妈妈每天都习惯登录中国科技大学官方网站,总是想从中找到一丝你学习和生活的影子。在她眼里,你还是个不经事的小姑娘,远离亲人,就像是一只孤雁形单影只地在飞,肯定遇到了许多难处,你越不说,妈妈就越放心不下。我这个当爸爸的,心粗了一点,尽管也时刻挂念着远方的女儿,却很少考虑那么细,也很少言语流露出来。

爸爸从小看着你长大,心里清楚你是那种从不言败的女孩儿,你可以承受巨大学习压力,却从来不把这种压力转嫁给父母。在这点上,你倒很像你妈妈。但我也有我的担心,中科大素来有从严治学的传统,也一向因学生考试"挂科率"高而为外界知晓,其中一个基本的原因就是老师治学严谨,打分不讲情面,这也是中科大重视教学水平,对学生负责的体现。

平常电话里你也常聊起同学是何等优秀,尤其同宿舍那三个女生,简直了不得。虽说理科班向来女生少,在学习上也属于弱势群体,但她们却个个都是巾帼不让须眉的主儿,几次班上摸底考试都进了前十名,你却给甩在了后面。

入学不久,你就告诉我,许多有心劲儿的同学从入学那天起就在为四年后的出国留学作准备了,将目光瞄准了托福和GRE。我问道:"你呢?"你说:"我还没来得及想呢,学习压力这么大,我怎么也要先琢磨把学业搞上去吧,不过,英语也绝不能松懈,一颗红心,两手准备吧。"

转眼一个学期过去了,我和你妈妈本来也没对你的成绩抱多大希望,

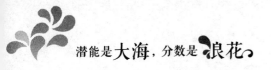

潜能是大海，分数是浪花

只愿别挂科就知足了。临放假前两周，你每天都在忙于迎战大大小小的考试，我们之间的联系也少了。在我先入为主的印象里，每次学业到了一个新阶段，你都会出现不适应的现象。刚升入初中和高中时，都有过考试不理想的现象。这就像一个怪圈，困扰着你，也困扰着我们的心。先前，你在身边，还能看着着急上火，如今远隔千里，也只能心里着急上火了。那些天，你妈妈显得爱唠叨，整天说：也不知瑶瑶考得怎么样了，不会挂科吧？

期末考试结束了，我们没想到你会发来这样一条短信："李宁：挂科，一切皆有可能；旺旺：你挂，我挂，大家挂，挂挂；好迪：大家挂，才是真的挂；白加黑：白天挂一科，不瞌睡，晚上挂一科，睡得香；娃哈哈：妈妈，我也要挂；清嘴：你知道挂科的味道吗；美特斯邦威：不挂寻常科……"

你妈妈接到短信急了，一个电话打了过去，问考得怎么样了？你在电话里嘻嘻哈哈地说："刚刚结束全部考试，明天就回家，成绩还没全出来呢，有几科出来了，还行。"你妈妈松了口气，说："你发的是什么短信，成心吧，你！"我在一边憋不住笑了，说："这真是皇上不急，太监急，如果真的考砸了，她也就没那份闲心调侃了。"

那年寒假回来，我们惊喜地发现你变成大姑娘了，先前的齐耳短发留成了长发，言谈举止也成熟多了，你会滔滔不绝地给我们讲起校园趣闻和班级逸事。在家里那些天，你快乐得像是个小燕子，有时去会高中同学，但每天大都在看金庸的书、动画片和古装电视剧。在父母眼里，你又成了一个不经世事的小女孩儿了。我私下想，瑶瑶怎么一点也不知学习呀？转而一想，拼了一个学期，也该放松放松了吧。又过了些天，你通过校内邮件看到了自己的期末成绩，在化学系那届共83名学生中，你的成绩位列第27名。尽管你从来也没言过苦，但我们从你入学的摸底成绩差强人意，到一个学期后的大幅度攀升，就能想象到你这几个月是怎么学过来的。

我和你妈妈蓦然发现你正在我们视野之外悄然长大，就像一朵远方的白云，为每一个华丽的转身而变幻多姿的风采，为每一个平凡的瞬间留下可爱的清爽。正是这无数个平凡日子，你用勤奋的汗水，凝聚成一股向上的力量，描绘了一幅实现梦想的图画。也正是在这阳光灿烂的日子里，你学会了在平淡中度过青春的时光，为了明天享受人生未知的另一番情趣。

36 ▶ 携手平凡才能做到内心强大

瑶瑶，我很庆幸你选择了中科大这样一所可以真正静下心来学习的大学。在这个浮躁的社会里，当高校一轮又一轮合并扩招风生水起之际，中国科技大学却坚守住了自己的阵脚和理念；在高校"排行榜"一浪高过一浪的喧嚣中，恪守低调教书，扎实育人理念的中科大教师们却不动摇，不跟风、不浮躁、不折腾，以"创环宇学府，育天下英才"为己任的胸襟给学子树立了好榜样。以你的性格，走进这样一所学校是再合适不过了，你可以寻找到梦想与现实的契合点。

爸爸一向认为，做人贵在踏实，对生活、对学习、对工作、对朋友、对亲人都要做到真实而真诚。人生原本就很简单：世事纷繁，你不过芸芸众生中一分子，但"万丈高楼平地起"，你又是一个添砖加瓦者，就像小草之于美妙的春天，就像小溪之于浩瀚的大海，就像白云之于无垠的蓝天……唯有生命平凡，才能体味到平凡的珍贵；唯有携手平凡，才能领略到平凡的价值。荀子《劝学》有言："积土成山，风雨兴焉。积水成渊，蛟龙生焉。积善成德，而神明自得，圣心备焉。故不积跬步，无以至千里；不积小流，无以成江海。"平时听好课堂的每一节课；平日做好身边的每一件事，日积月累，你才能内心足够强大，你才能发挥自身潜能，你才能离梦想越来越近。

为了提升自身潜能，你入学不久就选修了一门综合技能课。这是你到中科大后接触的第一门与日常生活有关的技能实践课。对先前一直生活在

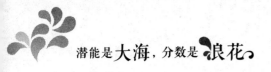

潜能是大海，分数是浪花

城市里，围绕课堂学知识的女孩子来说，很多事物是既熟悉又生疏，既新鲜又有趣。从学开汽车到拆装自行车，再到装卸摩托车的发动机；从学习做饭到熨衣服，再到分解和组装闹钟；从了解车床车螺丝到铁艺制作编一个铁丝房子，再到用电子器件安装一个扩音器，女儿短短两个多月间学到许多课本上学不到的知识。汽车、摩托车、自行车、闹钟，人们几乎每天都接触得到，却鲜有亲手拆装过。在许多人眼里，这都是没有科技含量的低端劳动，但在你看来，却是理论联系实际的必经之路。

当今时代是一个多元化世界，经济社会和科技发展的速度都很快，因而与课堂教学相比，综合技能课更能让人紧密接触窗外的精彩世界。你以前总感到缺乏自信，只因学的理论与实践相距甚远，担心走到社会还要从头学起。学这门课程，你自信心提高了，发现很多东西远非那么神秘。譬如，在车床上车一个螺丝，亲手组装一个扩音器，用铁丝编一个简易的房子……这些先前没接触过的事物，在老师指导下都很快学会了。你深有感触地说："从熨烫衣服的过程，可以想象到用电脑控制熨烫的时间；从制作扩音器可以想象到用新型化学材料来制作更精巧的产品……围绕理论知识来接受教育，并不意味可以两耳不闻窗外事，一心只读圣贤书。作为化学系的学生，所学知识仅仅局限在书本上是没有意义的，只有理论联系实际，提高分析和解决科学问题的能力，才能真正做到内心的强大。"

大学不光是知识的殿堂，也是心灵的伊甸园。入学半年后你习惯了大学生活中那紧张又活泼的氛围，课程总安排得满满的，但这并不妨碍丰富多彩的课余生活。你先后参加了中科大芳草社青年志愿者协会，惊蛰文学社和自然保护协会。作为一名志愿者，你多次参加了学校、院系和班级组织的各项公益活动。

生命的意义在于结伴平凡，并从中寻找到人生闪光点。"赠人玫瑰，手有余香"。你告诉我，这些公益活动令你感受到集体的温暖，"无论是和同舍闺蜜相处，还是和班上同学合作，我都能从他们身上学到许多知识，感悟到团队合作的精神。同学之间早已没了刚入学时的拘束与隔阂，与同宿舍的人也相处得非常融洽。看来，大学不仅是交流知识的场所，亦是我学习为人处世，接触社会的好地方。我感觉我现在所接受的教育是全方位的，我会好好利用这个难得机会，珍惜这段宝贵时间，完善自我，历练自我。"

　　瑶瑶，当平凡清淡得让自己陶醉，那就是一种人生的境界。结伴平凡，才知平凡融在情感、学业和人生之中，原来那么多姿多彩，那么璀璨绚丽。在紧张的学业和生活里，你会从平凡中感受到一种生存的神圣与尊严，你在平凡的生命之旅中悠然前行，从从容容去领略追求人生的乐趣。乐于平凡而不甘于平庸，这就是人生的价值。

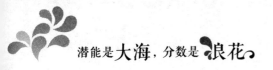

第十章
大学校园绿荫下的背影

37 ▶ 在学校优良的传统中学习

瑶瑶,自从你进入中科大读书,爸爸和妈妈先后两次去过你的学校,时间都在收获的秋日,一次是九月送你入学报到,一次是十月海南旅游归来途中绕道看你。说心里话,我很喜欢中科大校园端庄而优雅的环境,那是一个可以让人静下心读书的地方。

我们下榻的中科大接待中心就在学校东区,一出门就看到附近有两个小湖,东西对称,一路相隔,远看像一副眼镜,故称为"眼镜湖"。两湖侧畔,层林尽染,湖上曲廊蜿蜒,亭阁飞檐秀美。学子坐拥湖畔晨读,就连湖中的倒影都那般迷人、那般令人心动。

我想,你每天都要从这里走过,一定比我有更深的感触吧。选择读一所大学,远比选择读一所初中、高中重要得多。许多家长多年呕心沥血培养孩子为的就是这一天。所以,人们才把高考当作了人生的转折点来拼命一搏。高考犹如战场,总有胜利者与失败者之分。女儿,你是个幸运者,选择了这所学校。这里没有奢华的楼群,但有雅致的风景;这里没有宏伟的校园,但有古朴的校风。真可谓"山不在高,有仙则名。水不在深,有龙则灵。斯是陋室,惟吾德馨。苔痕上阶绿,草色入帘青。谈笑有鸿儒,往来无白丁"。

在你们化学系门前，有一尊郭永怀教授塑像，当年中科大创建时，郭永怀是首任化学物理系主任。1940年他留学美国，师从加州理工学院冯·卡门教授，六年后任教康乃尔大学。1956年，他放弃大学教授职位和优厚的物质待遇，毅然回国，曾任中科院力学研究所常务副所长，并为中科大的创办和化学物理系建设做出重大贡献。1968年12月5日，正在从事"两弹一星"研究的郭永怀教授带着重要数据，乘飞机从青海到北京，飞机降落时偏离跑道引起大火，当人们从机身残骸中找到郭永怀时，惊愕地看到他同警卫员紧紧抱在一起，那几乎烧焦的遗体中间夹着的绝密文件竟完好无损。三十五年后的秋天，郭永怀教授的夫人李佩教授 向中科大校史馆捐赠了丈夫的"两弹一星"功勋奖章，场面之感人，令许多来宾都流下了热泪。

这就是五十多年来凝聚起的中科大精神，能有这么好的学习环境，是你的幸运，说明你当初的选择何等正确。著名教育家梅贻琦先生曾有言："大学者，非谓有大楼之谓也，有大师之谓也。"对于你的母校，此言应是最好的注解。

中科大的先行者有一长串闪光的名字：郭沫若、赵忠尧、钱学森、华罗庚、郭永怀、赵九章等都足以让中科大学子感到自豪和骄傲。这一位位大师鸿儒为这所学府注入了无疆大爱和无限正能量，从而奠定了中科大博大的基石，因而日后即便校舍再简陋、条件再艰难、地域再偏僻，都同样能培养出杰出英才来。

进入20世纪七八十年代，中科大在国内名气非常高，高考录取分数线一直排名全国最前列，这并非中科大办学条件多么好、师资力量多么强，只是因为坚持了改革创新的中科大精神。

瑶瑶，我最近那次去中科大，印象最深的就是东湖那座"一鉴亭"，原本取朱熹诗"半亩方塘一鉴开"之意。

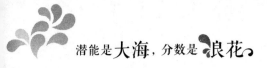

我步入亭中，坐在石凳上，放眼通往老北门的幽静小径，美丽的梧桐叶旁的红墙教学楼在光影下煞是好看。在郭沫若广场旁的草坪上，老校长的幽远目光永远注视着郭沫若路旁那些来去匆匆抑或席坐草地读书的莘莘学子。

38 ▶ 自习室的灯光为求知者闪烁

临上大学时，爸爸和妈妈给你打过吃苦的"预防针"，让你心里有所准备。你想了一下说："那就给我买一个充电台灯吧。"于是，妈妈去商店为你选了一盏充电小台灯。你说，由无数个小灯泡组合成的台灯，点亮之后，就好像有无数双眼睛在陪伴着你。

来到中科大，你方发现很多同学都不约而同地备了这样的台灯，你笑言，看来是"英雄所见略同"啊。从此那盏台灯就像接力棒一样，承接了你从自习室回到宿舍后的那段时光。原来，你课余时间大都在自习室里，尤其在夜晚，那为求知者闪烁的灯光才是陪伴你最长久的伙伴。

前两年，我在报刊上读到这样一个故事：

那是一个普通得不能再普通的夜晚，中科大校园里一片静悄悄，唯有图书馆和自习室的灯火通明，这时意外的停电搅乱了校园的静谧，有人看了一下表，离下自习还有一个小时。同学们陆陆续续从黑洞洞的楼道里走出来，像一条条长龙走回宿舍区。时间过去了几分钟，猛然，大楼的灯像接到命令似的刷地一下全亮了。"来电了！"有谁大喊了一声。霍然，人流里传来一片兴奋的回应"来电了！！"这声音就像是一道指令，那一条条长龙随即改变了方向，龙尾变成了龙头，又涌向了各自的图书馆和自习室。一位路过的外人目睹了这一幕，惊叹地说了一句："中科大的学生太可怕了！"

我把这个故事说给放假回来的你听，你笑了，说："这太正常了，如果继续往宿舍走那才不正常呢。不但我们这样做，少年班的小同学也会这样做的。"你告诉我，少年班的学生一天学习很紧张，在课余时间，班上几乎所有的人都会到自习室学习。少年班老师为方便管理，起初还提出要求，每晚7点集中上晚自习，到9点半结束，但大部分同学都要学到晚上10点半。一直到值更师傅反复催促关楼门了，他们才不情愿地离开教室。

"老爸，"你说，"少年班的小朋友都学成这样子了，我们这些师哥师姐要不学都不好意思了。"

我和你妈妈来中科大看望你时，每天傍晚都会在校园里散步，看到这儿的学生很少有在校园闲逛的，尤其上晚自习，为了节省时间，都是单个出行者居多，三三两两的少，他们每天都急促地行走在学习的路上，那种紧张劲儿，好像仍然走在备战"高考"的路上。你告诉我，上晚自习最担心的是晚到一步就找不到位置，所以才像急行军般步履匆匆。不过近两年，这种情况有所缓解，这缘于"掌上科大"为同学们提供了多项服务，只要自己的手机安装了这一软件，就不愁占不到位置了，只要看一眼手机，就知道哪个教室有空座位。据说这是国内首个校园手机智能移动平台，可以完成诸如校园地图、校车时刻表、教室查询、成绩查询、瀚海星云BBS客户端、图书馆用户系统客户端等服务。这就是我眼中的中科大学风，让每一个走进这所学校的新生都能感受到浓厚的学习氛围。

大学时代是一段最令人难忘的岁月，也是人生青春中最宝贵的时光。它与中学时代最不一样的地方就是将先前以教师授课为主，变为学生独立学习为主。中学时代学习知识更多在追求"记住"知识，而大学时代学习知识更多在"理解"知识。老师授课主要起到开启和引领作用，并鼓励学生善于提问题，对每个知识点多问几个"为什么"，进而培养学生自学和独立钻研的能力。这对提升学生的潜能自然提出了更高要求，因而，大学期间自习时间要大于授课时间，尤其理科生，有很多知识点都有不同的思路或解题角度，万万不可死守一种思维定式，让自己成为书本的奴隶，

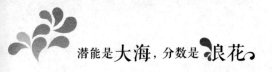

也只有如此，学生潜在的思考能力、创造能力和学习能力才能被真正激发出来。

39▶ 把握好大学时代的每个第一次

大学时代最美好的记忆是什么？不同的人自有不同的回答。有人可能说，致逝去的青春，我曾痛痛快快地谈了一回恋爱；有人可能说，致人生的梦想，我曾痛痛快快地成长了四年；有人可能说，致虚度的年华，我曾信马由缰地玩了个天昏地暗。他们都在大学里播下一颗种子，只是十年过后，或者二十年过后，他们将分别收获不同的果实。有人说，我读懂了爱情；有人说，我看懂了人生；有人说，我弄懂了悔恨。

大学时光恰好处于人生最美妙的时节，也是人生选择的关键阶段。很多步入大学校门的同学都面临着人生的"第一次"：第一次离开父母，第一次离开家乡，第一次接近梦想的世界，第一次把握自己的命运……大学时代是人生中最值得珍惜、最值得回忆的日子。当你迈进大学校门，就意味着你已经不是小孩子了，从今后，你要为你所做的每一件事承担责任。

瑶瑶，爸爸之所以这么说，是因为我也从大学时代走过，而且留下过铭心刻骨的记忆。五年前，在迈入大学校门三十周年的日子里，爸爸写过一篇散文《记忆是一条特殊的河》，其中有这样的文字：

多少次梦游校园的婆娑花影，多少次醉卧故土的草丛莹露，无论外边的世界多么精彩，也走不出永恒的校园。岁月催老了人的容颜，但我们的心还是那般年轻。

三十个春天垂柳吐丝，我虽无处寻觅当年校园弯弯的小路，但依稀记得迎着晨曦，树下晃动的身影和朗朗的读书声；我虽无处寻觅当年母校的三尺讲台，但依然记起老师谆谆教诲和亲切的目光。那会儿，我们有着风华正茂的年龄，青春是那般美好，呼吸着校园空气，吮吸着课堂知识的乳汁，为了一个美好的信念，幸福像花儿一样开放。

集合在文学院的楼前留下一张合影吧，看看能不能找回当年书生意气，挥斥方遒的感觉？重新走进当年的教室，我仿佛又步入难以忘怀的昨天。昔日的教室已无处寻觅当年的模样，可我还依然记起老师讲课时指点江山般的激情；当年一排排课桌已经换成电脑桌，可没有变换的却是同学真挚的友情，我们仍能各自找到当年坐的方位……沿着楼梯口往外走，我的心早已飞得很远很远。如果寻觅人生值得回味的往事，我会说上三天三夜的，难忘三十个夏日的阳光灿烂，青春的时日留下的是无怨无悔。

那次大学同窗三十年后的团聚，给我留下了太多太多的感动。班庆晚会上的女生小合唱，让我想起毕业晚会上，同窗依依惜别，执手相看泪眼，一曲《送别》如泣如诉，唱飞了多少动情的泪花。记不清哪位名人说过："人与人的友谊，把多数人的心灵结合在一起，由于这种可贵的联系，是温柔甜蜜的。"于是，我想起了绿的山、绿的树、绿的雨、绿的风……

瑶瑶，我将这篇散文收入了当年我主编的文集《永远的七七级》里，那年你刚好上大二，暑假回来，看到这本书后你说："老爸，我也有你书中写的那种感觉，大学时光留给我的不光是知识，也是回忆。"

你说很喜欢中科大校园里的陶艺中心。夏日里，门前有棵枝繁叶茂的棕榈树，像把大伞撑起一片蓝天。陶艺中心的屋顶上爬满了大串的紫藤萝花，人在旁边徜徉的时候，一串串紫色的花会迎风摇曳，飘来薄薄的清香。走进房廊，满墙展示的书画作品和陶艺工艺品图片，烘托出一派艺术气息。你曾在那里做过陶艺手工杯子，很享受那个制作的过程，从揉陶泥到搓泥条，再经过十几道工艺，最后按照自己的设想烧制成一个虽说粗糙，但却是"私人定制"的作品，那是何等的惬意！

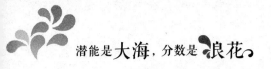

潜能是大海，分数是浪花

大学生活是美好的，走出大学校园就再难找到那么好的学习环境了，因而珍惜大学时光是很聪明的一件事，否则将悔之晚矣。网上流传着有位大学生写给一位著名成功人士的一封信，信中说："××老师，就要毕业了。回头看自己所谓的大学生活，我想哭，不是因为离别，而是因为什么都没学到。我不知，简历该怎么写，若是以往我会让它空白。最大的收获也许是……对什么都没有的忍耐和适应……"这封信很短，不足百字，却道出了很多大学生的迷茫。

当今这个世界实在太精彩了，那么多的新奇，那么多的诱惑，是我们年轻时代所无法比拟的。那会儿没有电脑游戏，没有智能手机，没有平板电脑，甚至还没流行彩电。课余生活，读书是最大的嗜好了。有人也许会抱怨，如果我生长在那个年代，我也会刻苦学习的。我承认，这种可能性是存在的，但我不认为这些就成为逃避学习、逃避现实的理由。放任自己，虚度年华，也并非当今时代的专利，哪个时代没有不学无术，享乐至上的"公子哥"？关键还要从自身上找原因。

我想，这很大的原因就在于不知道为何学习，不知道为谁学习。当诸如"富二代""官二代""星二代""红二代"……许多时令词汇甚嚣尘上的时候，那些"学好数理化，不如有个好爸爸"的沉渣重新泛起，醉生梦死，享乐主义又成了很多人眼里的一种时髦。正因迷失了正确的学习方向。再加上"以其昏昏，使人昭昭"的"专家"指导，才铸成了年轻人的大错。而后，当他们被一次次补考通知唤醒之时，当他们求职一次次碰壁之时，当书到用时方恨少之时，他们才猛然发现时光荏苒，年华已逝，悔之晚矣。如此说来，人活着总得有个方向、有个目标、有个梦想，这是你完成大学学业的原动力。把握好大学时代的每个第一次，内在的潜力才有可能得到充分的释放，内心的愿景才能更好地实现，你才可以凝聚起青春的活力，达到你人生的高度。

40 ▶ 一把开启智慧未来的钥匙

女儿，我很羡慕你们这一代人赶上了好时代。尽管如今也有"读书无用论"在摇唇鼓舌，但那毕竟不是社会主流。只要你想学习，没有人出来嘲讽你；只要你想读书，没有人跑来制止你，这是时代的进步，也是社会的进步。

因而，当我多年前走进中科大图书馆，看到了那么多苦读的身影，心里就油然升腾起一种羡慕的情愫。这里除了静谧的读书气息之外还是读书气息。我由此想到美国著名心理学家、教育家伯尔赫斯·弗雷德里克·斯金纳的一句话："如果我们将学过的东西忘得一干二净时，最后剩下来的东西就是教育的本质了。"这所谓"剩下来的东西"，其实就是一种自学能力，也就是举一反三或无师自通的能力。这对将来走向社会的大学生尤为重要，无异于领取到一把开启智慧未来的钥匙。大学期间，学习专业知识固然重要，但学习思考的方法更为重要，只有培养举一反三的能力，毕业后才能适应瞬息万变的未来世界。

人类已进入一个知识剧增、信息爆炸的时代，各种知识在不断更新。一个人在大学毕业时只学到今后所需知识的极少一部分，其余的知识都要靠边工作、边读书来获得。有专家说，今天的大学生刚毕业，所学的知识就已有60%～70%过时了。《大英百科全书》第一版是两个人编写的，但1989年版则是由125 000位专家合作来完成的。

这种知识的剧增也对大学生的自学能力提出了更高要求，这一能力必须在大学期间加速培养。有的同学总抱怨大学课程太多，老师教得蜻蜓点水，就没想一想，大学生和高中生的本质区别是什么？大学生不应再跟着老师亦步亦趋学习课本，而应当主动和老师互动。最好的方法是在老师授课之前就把基本的知识点逐一了解，然后在老师的讲解下弥补理解与认识上的不足。主动学习与被动学习是大学阶段与中学阶段的根本区别，每一

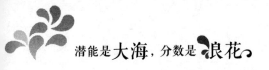

潜能是大海，分数是浪花

个迈入大学校园的人都应当掌握自学之道，注重基础知识的贯通，主动培养学习兴趣，掌控好自己的时间。

中科大在这些方面为学生提供了良好的环境和足够的技术支持。以大学生的研究计划为例，本科生"导师制"是中科大探索新的本科生培养教育体系和模式的尝试，明确要求每位具有副教授及以上专业技术职称的专任教师要指导10名左右的本科生。这种制度恰逢你入学那年正式推行，这个新型教育模式的推行，在很大程度上提升了学生的潜能，让你在日后申请出国留学时尝到了甜头。因为欧美国家的大学不喜欢只会考试的学生，往往更注重招收有研究经历的学生，你在本科期间就有很多机会进入化学实验室，有了宝贵的实践机会，同时也从导师和学长身上学到了创新思维和前沿的科研知识。

读书是灵性的陶冶，也是智慧的摇篮。人的一生除了上大学，很少有机会系统地接受教育和建立知识体系。女儿，爸爸走上社会才发现，从此再也难以拥有大段时间用于读书了。你读完大学，还可以读硕士、读博士，我肯定没有这样的机会了。

瑶瑶，你是凭借实力去读博的，这是一件很让父母宽慰的事情。再过几年，你也会走向社会，开始人生的另外一次拼搏，当下打好基础，在日后就会拥有较高的可塑性，并以理性修正自己未来的成长之路。所以，今天你可以在相对宽松的环境下，去追求自己的梦想，打造一把开启智慧未来的钥匙。在这方面，你的学长们为你做了很好的榜样。20世纪五六十年代，许多在中科大工作的大师和教授学者都是怀抱科教报国的理想来教书育人的。他们大多有海外留学经历，当年冲破重重阻力回来报效祖国，成为了"两弹一星"和科研事业的领军人物。从这个意义上讲，出国深造也是一种有价值的未来选项，学习发达国家先进的科学技术和管理水平，这于国家、于个人都是大有裨益的。

第十一章
宿舍女生聚合起化学反应

41 谁说理科的女孩不如男孩

那是好长时间的事儿了。你刚到美国几个月,一天,我坐在电脑前赶写一部书稿,你妈妈接到你打来的越洋电话,谈到你大学同舍好友施施,大老远地从俄亥俄州立大学跑过来看你,相约明天去纽约曼哈顿,到哥伦比亚大学,看在那儿读书的闺蜜,也是大学同窗芳芳,你还说昨天与男友及几个同学乘城际列车去了同在新泽西州的普林斯顿大学……

你电话里津津乐道那所像童话般美妙的城堡式学府,说在如此梦幻般的城堡里读书,也是一种享受。说话间,你妈妈将电话递给我,我聊了几句,才知晓今晚是平安夜,也是你在国外过的第一个圣诞节。原来你去美国留学的第一个学期就要结束了,前两天结束了学期的最后一门考试,所以才会有这份"闲心"。听说你和施施要去纽约过圣诞节,还要飞到波士顿,那里也有大学同学等你们呢,遗憾的是远在美国中西部伊利诺伊大学香槟分校的同室好友洁洁由于距离远没能成行。

都说女孩读书有个规律,那就是初中阶段以前拔尖的多,到了高中就不如男生了。再有就是文科类的大学女孩多,理科类的大学男孩多。对前一个"规律"我不敢苟同,对后一个规律我心悦诚服。在中科大里,可以

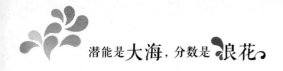
潜能是大海，分数是浪花

说男生占了80%的比例，在校园东区林林总总的宿舍楼中，只有一座女生宿舍楼，整个看上去就像男生王国中的孤岛。以你所在的化学系为例，那一届的83个学生，只有寥寥16个女生，结果一上课，男生都自觉将前面一排座位让给女生，以显示男生谦谦君子风度。

你大学宿舍里的四个闺蜜，如今三个都在美国留学，且都拿的全额奖学金，这在国内高校也是罕见的。你对我说，你的"人品好"才有幸与三个舍友度过了难忘的大学时光。她们入学成绩都比你高，也非常优秀，四姐妹的关系这么多年来相处得非常融洽，好的就像一个人似的。这也是你们"巾帼不让须眉"，携手走过大学青春岁月的重要因素。在学习上，你最佩服的当是河南女孩儿洁洁了。大学四年，她一直蝉联班上平均成绩点数的"总冠军"；大二那年获国家奖学金，毕业那年成为中科大郭沫若奖学金的获得者，这项荣誉只授予学习最优异的学生。来自湖南的逸逸是你心中思维最活跃的女孩，学习成绩也很优异，排在班上前十名之列，由于兴趣使然，大二的时候虽转到了物理系，却一直没换宿舍。浙江女孩儿施施在你眼里是最有灵气的女孩。从入学那天起，每次考试都在班上名列前茅，年年获得奖学金。你呢，在四人中算是基础差的那一个，但从大二起，受其舍友的影响，学习成绩也扶摇直上，平均成绩点数在班上的排名也比较靠前，毕业时平均成绩点数达到了3.74，位列班级第十位。在大三那个学年，你的平均成绩点数甚至还创纪录地达到了4.13，加权平均分94.14，班级排名第一名。

我啰啰唆唆地"秀"了这一大堆数据，绝无卖弄的意思，只想验证一下：谁说理科的女孩不如男孩？你妈妈在你大四那年专程去中科大看望你，回来告诉我，你宿舍的女孩个个都那么优秀，关系还处得那么好，真是不容易。众姐妹学习优异靠的是勤奋和互助，你从她们身上也学到不少东西。洁洁入学时，为了巩固知识把高中课本都带了来，逸逸上自习时，通常都骑辆自行车，车筐里放着水杯、靠垫和书本，吃完晚饭甚至都不回宿舍。施施属于很会学习那种女孩，总能有条不紊地安排自己的作息时间，快快乐乐地学习着。她们像中科大大多数学生一样，在大一的下学期和大二上学期都很轻松地过了英语四、六级，之后又顺利地通过了托福和GRE考试，为日后出国留学打下了良好的基础。

在我眼里，你宿舍里的四个女孩儿是四朵开在中科大校园中的小花，像眼镜湖里的小荷才露尖尖角，像樱花长廊春日初绽的花蕊，虽没有牡丹的尊贵，没有郁金香的高傲，但有荷花的高洁，有樱花的高雅。她们源于本色平凡，都来自小城市，但却以实力证明了自己；她们认认真真地在做每一件看似很不起眼的小事，"不以善小而不为，不以恶小而为之"。她们一路结伴平凡，都是柔弱的女孩，但却敢于挑战自我，赢得了同学们的尊重。她们在成长的路上，都遇到过艰难曲折，但从她们脸上看到的永远是乐观与开朗。青春留在她们前行的脚印里，我恍然发现结伴平凡也是一种美丽！

42 ▶ 你沾了与强者为伍的"仙气"

在我印象里，大学时光是女儿成长最快的时期，就像中科大校园里的春花每一天都绽放出新的容颜。一个来自内蒙古的女孩，来到合肥这样一个陌生的城市，我和你妈妈原本以为你会在生活和学习上水土不服，很要适应一段时间呢。真没想到，几年来，你居然连感冒都很少得。更让我们欣喜的是，你很快适应了中科大的快节奏，在学业上有了突飞猛进的进步。我们由一开始担心你会挂科，到期待你能取得更好成绩，这中间无疑有个很大跨越。大一和大二期间，你两次获得了光华奖学金，让奶奶和姥姥都非常高兴，说没想到小孙女平时不显山不露水的，还能学得这么好。你羞红了脸，偷偷跟妈妈说："这真的没什么，班里比我优秀的同学多着呢，我不过是沾了与强者为伍的'仙气'。"

你的话启发了我，细琢磨一下也是这个理儿。安徒生笔下的丑小鸭，

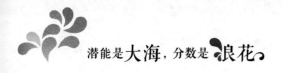
潜能是大海，分数是浪花

其实就有这样的经历，在一个春天的夜晚，丑小鸭看到了一群漂亮的大鸟从灌木林里飞出来……他们飞得很高，那么高，丑小鸭不禁看呆了，心里充满了羡慕。那群漂亮的大鸟发现了丑小鸭，就纷纷落到水里朝他游来，还用嘴来亲他。原来丑小鸭原本也是一只天鹅，与那群天鹅一起生活后，她的生活发生了根本转变，她学会了清洁，学会了飞翔。丑小鸭在天鹅大家庭里一天天长大了，终于成长为一只"飞得很高"的"最美丽"的白天鹅。

试想一下，如果丑小鸭安于现状，不融入天鹅群中，即使她是个天鹅胚子，也只有在两个鸭家族之间周旋了，永远也不会飞向蓝天。很多人生活中不也有类似不幸吗？"橘生淮南为橘，生于淮北为枳"，这是生活在春秋战国时代的智者晏子说的一句名言，其意为生长在淮南香甜的橘子移植到淮北就变成苦涩难吃的枳了，喻指环境可以改变一个人，甚至一个人的命运。"近朱者赤，近墨者黑""物以类聚，人以群分"，说的也是这个道理。如果你想象白天鹅那样在蓝天飞翔，你就要学会白天鹅的飞翔之道；如果你想成为一个思想者，你就要与思想者交流；如果你想成为一个强者，你就要与强者为伍。

女儿，人生就是一个不断攀登知识峰峦，不断超越自我的征程，青春是漫漫人生路中最充满活力的年华，这时的思想最活跃、行为最敏捷，尽管旅途中也许伴有阴云密布、伴有狂风暴雨，路漫漫有时会令你感到茫然，但只要与平凡结伴，与强者为伍，你就会坚定自己的信念，迎来阳光灿烂的日子，感悟鸟语花香的春天。

就中科大自身来讲，也是与强者为伍。长期以来，依托中科院，享受到了"所系结合，全院办校"的甜头。这儿的学生假期可以选择到中科院各个所去实施大学生研究计划、毕业论文设计和毕业实习。资料显示：60%以上的中科大本科生有过到研究院所参与科研实践的经历。你大三的上学期，有幸进入了邓兆祥导师的实验室，从事分析化学方面的工作。邓教授系中国科学院"百人计划"入选者，也是博士生导师，主要研究领域为DNA纳米技术与生物纳米分析化学。邓教授选择了DNA纳米技术这个正处于快速发展阶段的前沿领域作为主要研究方向，带领的课题组在纳米杂化结构体系的DNA程控组装以及功能DNA分子器件的设计构造等方面做出了有特色的研究工作。你来到了邓兆祥实验室，开阔了眼界，增长了知识和实践经验。

瑶瑶，在我看来，"大学"二字，"大"代表广博，"学"代表学识。一个从大学走出去的人，要有广博的学识才算得上真正的大学毕业生。最近这些年，大学扩招，很多高校急剧膨胀，所谓的大学从精英教育逐渐转向了普及教育。但是中科大却恪守着自己的理念，做着自己的事业。曾担任中科大校长十年之久的朱清时院士，曾这样评价过自己："不要问我这十年里做了什么，要看我这十年里没做什么。不扩招，不买地，不建大学城，不搞教育产业化，不让自己的教授去经商，不让自己的大学去为地方GDP拉动内需……"依我看，这样做才保持了中科大的本色，能进入这所大学实在是你的幸运。

有人说："人生其实就是一个圆。人生从起点到终点的过程，就是一个画圆的过程。这个圆的圆心是你自己，而圆的外延，是可以无限放大的。"进入了大学，就意味着你有条件把自己这个圆扩大了，当然，这是一个不断学习，突破自我，进而超越自我的过程，看看你身边的强者，你就会知道去如何做了。

大学的四年告诉你，中科大就是一个"白天鹅"的云集之地。作为中国科学院创立的名牌大学，得益于中科院120个研究所的鼎力支持，有一支以院士为支撑的强大的师资力量，是唯一拥有两个国家实验室的国内高校，再加上拥有国内一流的大学生源，使得你一迈入大学校门就感受到了压力，也感受到了动力。瑶瑶，在你这个"丑小鸭"的身边有那么多优秀的老师和同学，都从不同的侧面给了你学习的样板和示范的楷模，与强者为伍，才让你的自信插上了翅膀。

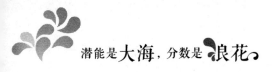

43 ▶ 挫折前敢拼者才会赢

瑶瑶，直到你申请出国留学，我才有机会看到你大学时期的成绩，这份盖有中科大教务处公章的英文成绩单专门提供给你申请留学的国外高校，也是你大学期间的学习记录。从成绩单上来看，学习成绩呈逐年上升曲线，但在同一学年，成绩也有稍许波动。在成绩单上，虽无从看到你是如何奋发努力取得上述成绩的，但我想象得到，这一成绩来之不易，整个20多门课程，都浸透着你的勤奋汗水和心血。要知道，你班上的同学可都是各地高考的佼佼者，都靠"过五关斩六将"的拼搏才走到今天。但从你口中，我和你妈妈从来也没听你谈及过挫折，也没谈及过顺利，似乎这一切都很平常，以至我们只能靠想象来推测你是如何努力才取得这份成绩的。

爸爸知道你是一个懂事的女孩，外表柔弱、内心刚强，远离父母在外求学这多年，你从不愿把学习的艰辛讲出来，不愿让父母担心和牵挂，在父母面前你总愿展露出你的微笑和自信。这不禁让我联想起上小学的第一天，你只为写字慢就哭鼻子的事，想起上初中时第一次考试就"败走麦城"的经历，想起刚上高中时，只为了一道数学题答错就流泪的情景。历经了那么多挫折和失败，你终于长大了，成熟起来了，爸爸真为你高兴！

近年来的教育领域，除了智商、情商之外，又流行起一个新概念：逆商（AQ），普通人称之为挫折商。AQ出自英文Adversity Quotient，全称逆境商数，是美国职业培训师保罗·斯托茨提出的概念。它是指人们面对逆境时的反应方式，即面对挫折、摆脱困境和超越困难的能力。如今的IQ（智商）、EQ（情商）、AQ（逆商）并称3Q。心理学家认为，一个人事业成功必须具备高智商、高情商和高逆商这三个因素。在智商和情商都跟别人相差无几时，高逆商对一个人的成功将起着决定性作用。这是因为高智商可以帮助人产生一流的成绩、生产力、创造力；高情商可以帮助人保持健康、活力和愉快的心情；高逆商则可以帮助人在逆境中奋起，产生百折不挠的精神。研究证实，高逆商是可以培养的，并且最好从小培养，因而很多家庭和学校都在提倡挫折教育。

逆商虽听之很时尚，但观点却古已有之。"盖西伯（文王）拘而演《周易》；仲尼厄而作《春秋》；屈原放逐，乃赋《离骚》；左丘失明，厥有《国语》；孙子膑脚，《兵法》修列；不韦迁蜀，世传《吕览》；韩非囚秦，《说难》《孤愤》；《诗》三百篇，大底圣贤发愤之所为作也。"可见，挫折对一个人的成功该是何等重要，有道是："失败乃成功之母。"这也是高逆商的一种表现，说白了就是要求人们有足够的勇气去面对失败。有了高逆商就犹如寒冬遇到了炉火，会温暖你痛苦的心田，会重新扬起你生活的风帆。

女儿，人的一生总会面临许多次的失败，要承受无数次的"山重水复疑无路"，又迎对无数次的"柳暗花明又一村"。爸爸这么多年有过许许多多的失败，也有过一本书稿辗转七八家出版社才最终得以出版的挫折，但这恰恰让我重新认识了自我，激发出"语不惊人死不休"的创作心劲儿。

失败是一种财富，有心人失败积累多了就有可能堆积为成功。人活在世上，无论他何等聪明，不经历失败是件不可能的事情。惠特曼的《草叶集》是一部不朽的名著，可在1855年出版时却遭遇冷落，摆在书店里的，一本也没有卖掉；送给报馆的，几乎毫无例外地受到讥笑，甚至粗野的侮辱；送给名家的，有的原书被退回，有的则附以侮辱的评语。在举世非难中，面对失败，他没有灰心丧气，而是继续写作。1856年又出版了《草叶集》的增订版，收入新作二十多首。第二版里新增的诗如《我歌唱带电的肉体》《一个女人在等待着我》，大胆地描写了爱情，引起世俗更大的震骇与攻击。有人劝他删改，他的答复是："我感觉应该更坚持并阐发我的理论。"后来，他对一个女友说："我不敢删掉或者修改那样真挚的，那样必须的，那样崇高的，那样纯洁的东西。"读者的眼睛是雪亮的，《草

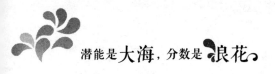

叶集》终于在人民中间传播开来，惠特曼几经失败后，获得了成功，并获得了世界性的声誉。

我还曾写过一篇随笔《感谢失败》，深有感悟地说："失败是痛苦的，但这种痛苦有时也会成为一剂苦口的良药，治愈先前并不清醒的头脑。"大发明家爱迪生曾为寻找电灯用的材料做过5000多次实验，当人们问及面对失败的感受时，他笑着说："我并没有失败呀，我成功发现了5000多种不适合用于电灯的材料。"这就包含着爱迪生的高逆商，再与他的高智商和高情商整合到一块，就产生了人类的伟大奇迹。

这也让人们领略到了"挫折前，只有敢拼的人才会赢"的道理。人生如四季，不要指望每一季都花红柳绿，想那离离原上草尚有一岁一枯荣，人岂能逃离这人生和世界的不变法则之外？人生就犹如爬山，深入到了谷底正是向上攀登的开始，像是眼前连绵起伏的山脉，起起伏伏才能走完一生。即使有一天你登上了一座山的峰顶，那也不过是攀登另一座更高山峰的序曲，你又要从头开始，也会遇到新的挫折。

女儿，你要明白：也正是这样一种探索的轮回，才是一种享受的过程。登山的魅力在于攀越中的险峻，那充满神奇的挑战让人陶醉。"会当凌绝顶，一览众山小"，这就是历经挫折后的心情释放，这种感觉只有遭遇过挫折的人才能真正体验到，难道不是吗？

44 ▶ 多交流才能取长补短

我记得英国有句很有哲理的箴言："玫瑰换了名字，它依旧芳香诱人。"这让我不由想到了中科大的女生，她们以巾帼不让须眉的勇气，以玫瑰的芬芳，在大学校园里活出了人生的精彩。以化学系那一届女生为例，就学习成绩而言，她们可以说毫无逊色于男生，甚至总体胜出。这并不证明她们有多么的聪明，而只证明她们对待人生、对待学习的正确态度：要做就做铿锵玫瑰，要做就做最好的自己。

在传统观念里，女生擅长学文科，理科则是男生的天下。很多女孩的家长也认同这一观点，因为自从高中文理分科后，男生的优势就展露出来。班级排名前列的学生，通常以男生居多。到了大学，尤其重点大学，学习理科的男女生比例就愈发拉大了，往往会达到四比一，甚至会更高。因而，高校理科女生也成为"稀缺资源"，常常会享受到男生们"众星捧月"的待遇。

不过，由此也产生一个奇怪现象，在许多高校，理科女生的人数比例很低，当属"阳盛阴衰"，但在学习成绩上却呈现出"阴盛阳衰"的现象。一般来说，女生的学习成绩比较平稳，而男生的成绩却容易两极分化，所以一到年底评奖学金，上台领奖的比例，往往女生大大多于男生。这种现象，人们最普遍的解释归结于：女生优势在于对学习更专注，笔试更适合于女生的发挥。若果真如此，我想再追问两句：其一，为何女生学习会更专注？其二，靠更专注就能取得骄人的成绩吗？

这又回到我先前所提的结论上了，证明"她们对待人生，对待学习的正确态度：要做就做铿锵玫瑰，要做就做最好的自己"。知女莫如父，我眼里的女儿在大学里是那种懂学习、爱学习、会学习的女孩。所谓懂学习就是认识到知识对一个人成长的极端重要性，所谓爱学习就是那种对知识渴望的求知欲，所谓会学习就是较好掌握了由被动学习到主动学习的方法。而在高中阶段，你还不完全是这个样子。记得你在高二时，一次家长会后，我与你的班主任交流，她坦言说："你的女儿很优秀，成绩也不错，但在学习上还有点放不开，课堂上主动提问的时候少，与同学交流尤其是与男生交流也很少，如果能放开些，可能会有更大的潜力。"

你大学四年最受益的是周围女生对你的影响。"我从她们身上学到了很多学习的窍门。"你告诉我，"刚入学时，我发现同宿舍的人都很会学习，发现问题和解决问题的点子也比我多。多和她们交流，我也开窍了，我们之间都能合得来，互相的交流也很多，时间一久，思维也开始活跃

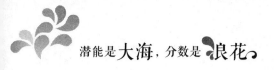

了。"

你的话启发了我,一般来讲,女生不大爱发问,喜欢自己钻进书本里学,所以有些知识尽管教师站在学生角度传授过了,但在思维上,还存在差距,因而同学之间的交流很重要。你同宿舍的四个女孩在学习上各有各的特点,互补性很强,取长补短,就产生了很大的学习效应。应当承认女生学理科的短处在于理科思维能力不如男生活跃,但这也并非一成不变。你与舍友在生活中结成了很好的朋友,在学习上结为了很好的伙伴,也正是你们之间这种相互影响、相互交流,才会产生令男生刮目相看的学习效果,才会实现学习共赢的良好局面。

当我写到这里,脑子里突然生出一句格言:"朋友就是两个月亮合在一起,可以更明亮些。"之后,我将这话微信发给一个朋友,她马上回复道:"顿悟!"多与懂学习的人在一起,你才会明白学习的道理;多与爱学习的人在一起,你才会沾上爱学习的"仙气";多与会学习的人在一起,你才会找到掌握知识的捷径。古代哲人都十分注重周围环境对人所起到的影响。所谓"性相近,习相远""与善人居,如入芝兰之室,久而自芳也;与恶人居,如入鲍鱼之肆,久而自臭也",讲的就是环境对人的行为所起到的重要作用,因为你周围的人用言语和行为暗示了你,影响了你的心态、影响了你的行动。

瑶瑶,大学时代就是一个不断超越自我、超越平凡的过程。这一过程是认可自己的过程,也是不断完善自我的过程。刚刚走进大学校园的女生,面对理科男生的优势,往往会存在心理落差,甚至会有自卑的情绪。若想改变这种状况,女生就要用开放的心态来迎接新的学习环境,万万不可自我封闭起来。要明白一个道理,虽说要一个好的分数,但不要为分数而学习,只要培养起学习的兴趣,打好大一的基础,自身的潜能就会自然释放出来。在这方面,你做得还不错。这四年大学生涯,也为未来人生打下一个良好的基础,但今后的路还很长,"革命尚未成功,同志仍须努力"。

第十二章
理科女孩也喜欢形象思维

45 ▶ 学海荡起文理兼修的双桨

  我先前的印象中，当今理工科大学生的日常生活大都单调、机械、呆板，缺乏一种人文关怀与诗人的浪漫，但自从你上大学后，这种根深蒂固的印象开始颠覆了。当我走进中科大校园，扑面而来的就是那种人文情怀。蓝的天、绿的草，树木成荫，似乎无论走到哪儿，都可以静静地读书和默默地思考。老校长郭沫若的雕塑让我想到先生原本就是中国现代文学的泰斗和浪漫诗人，他的《女神》是中国第一部真正现代意义的新诗集，曾风靡华夏大地，其中《凤凰涅槃》更开创了一代诗风，激励一代青年去疯狂追逐梦想。

  当年，我作为中文系的大学生曾痴迷地在校图书馆借阅过郭老早期的诗集，他的那首《地球，我的母亲》，至今仍留存在我的记忆里："地球，我的母亲！从今后我知道你的深思，我饮一杯水，纵是天降的甘霖，我知道那是你的乳，我的生命羹……"时光荏苒了近百年，今天当PM2.5唤醒了人们的良知，重读这首诗，是不是有点"先知先觉"之感了呢？

  瑶瑶，爸爸是学文的，也正是文学让我找到了人生的乐趣，我才得

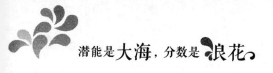

以在文学的原野上信马由缰地驰骋。不过,我还是希望我的儿女能选择理科,以弥补父母这一代人知识上的残缺。其实文理之间原本也没有不可逾越的鸿沟,也只是现今的教育体制将文理割裂开来,造成了一种奇怪现象,似乎理科成绩不好的孩子才选择学文,文科不好的孩子才选择学理。这是一个误区,迟早要改变的。

文理兼修历来都是读书人追求的一种完美境界。追溯一下科学大家,大都有很高的文学修养,否则也不会在科学的道路上走得很远。女儿,就以你们中科大的名师为例:华罗庚是数学系的首任主任,也是大数学家,但你可知道,华老有很深的文学修养,且诗文俱佳。当年他在读唐代诗人卢纶《塞下曲》"月黑雁飞高,单于夜遁逃。欲将轻骑逐,大雪满弓刀"时,发现诗中有常识性错误,便随口吟道:"北方大雪时,群雁早南归。月黑天高处,怎得见雁飞?"如此敏捷的理性思维,再加上文学造诣,怎会不令人折服?力学系首任主任,"两弹一星"元勋钱学森也有很高的艺术造诣和文学修养,他与夫人蒋英不仅感情甚笃,而且在文学艺术上、事业上也有共同语言。他们爱读书,爱弹钢琴、拉小提琴,爱欧洲古典音乐,有着丰富的内心世界和生活情趣。

还有桥梁学家茅以升能将汉代的《京都赋》背得一字不漏,将《五桥颂》《二十四桥》《人间彩虹》等散文写得恢宏大气;气象地理学家竺可桢在《物候学》一书中旁征博引了李白、杜甫、刘禹锡、王之涣、陆游等名家的诗篇;数学家苏步青一生与诗结缘,诗歌创作长达七十余年,有《苏步青业余诗词钞》传世……对此,苏老深有感悟地说:深厚的文学、历史基础是辅助我登上数学殿堂的翅膀,文学、历史知识助我开拓思路,加深对数学的理解。以后几十年,我能吟诗填词,出口成章,很大程度上得力于初中时的文理兼治的学习方法。我要向有志于学习理工、自然科学的同学们说一句话:"打好语文、史地基础,可以帮助你们跃上更高的台阶。"

女儿，理学大师的文学艺术修养奠定了他们追逐科学梦想的基础，对你来说，虽无从比拟，但文学艺术素养对一个理科生也是很必要的。因为，这种修养将直接影响你的审美观和自我价值观的形成。如今的理科生由于接触文艺类科目少，往往缺乏人文精神的启迪，这会制约你的思维和想象力的发挥，因而亟待有种强大的精神力量提升思维能力，以形成高尚的人格力量。你入学不久就告诉我参加了中科大惊蛰文学社，爸爸听了很高兴，我的女儿作为一个理科生也对文学产生了兴趣，虽说不意外，但也很欣慰，对你来说，文理兼修应是最好的选择了。

爸爸了解到惊蛰文学社是中科大现今唯一的文学社，由一群热爱文学的青年组成，像是一簇簇小花装点并繁荣着校园文学。作为过来人，我喜欢你们文学社年轻人的朝气。我也时而上中科大论坛，浏览文学社的信息："惊蛰讲坛"茶话会，一盏清茗，几处闲情，唐宋风骨，新新文学，细品方知茶滋味；"浮墨"诗文征集，那飘浮在思绪里的诗，散落在花叶间的文，趁着惊蛰的风，舞动在静美的校园，行走在烂漫的时节；"芳华轻吟"朗诵会，静谧中，总有一个声响，回响你的耳畔，低吟轻诵，流水只不过抵它一毫……在中科大理实交融的科研大氛围中，惊蛰文学社如一缕清凉的风，给莘莘学子带来清新的文学气息。现代社会日新月异，新事物层出不穷，作为理科生既不能不读文学书，也不能死读文学书，在学海之中荡起文理兼修的双桨，这才是当代大学生的应有之义。

瑶瑶，你今天留学海外，更要注重中华文化的传承，爸爸不指望你日后写出什么美文佳作，只希望你能从文学的百花园里汲取营养，享受中华文化的熏陶。但凡带有强大文学精神的作品都是艺术品，需要较高的文学修养水平去欣赏。对你这样的理科生来说，若想提升自己的品位，就要寻找美的源头，恰如宋代朱熹在《观书有感》之中所说："问渠那得清如许，为有源头活水来。"一旦找到了源头，自然是"莫愁前路无知己，天下谁人不识君"了。

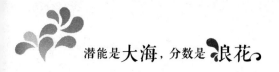

46 ▶ 假期狂补文史知识所为何

当一个人来到这个世界上,不管他日后选择了什么职业,也不管他是否喜欢文学,都不可能完全与文学割裂开来。我记得你在大一暑假那会儿,从合肥回到家,整整一个月,大多数时间都关在屋子里,看我书房里的文史书籍。你说高中这三年,很多好书都没顾得上看,这次要恶补一下了。你扔下了从学校带回来的专业书,专心致志地读你喜欢的文史书,有时甚至忘记了吃饭,要妈妈喊你几次才行。

瑶瑶,爸爸从你身上看到了我年轻那会儿的影子,"废寝忘食"也许源于先人那种痴迷读书的样子吧。但我当时读的书与专业挂钩,而你读的书却远离了专业,这就愈发让我欣慰了。当下我国应试教育的弊端,不光是片面追求升学率让学生不得不围着高考指挥棒转,还在于学习、考试通通以教材为圆心,使学生不得不围着教材团团转。这就逼迫学生从小学、到中学、到大学,甚至到研究生都泡在教材里。日复一日、年复一年地应对大大小小的考试。对文科生来说,这个过程中还可以接受一些中外文化的熏陶;对理科生来说,这个过程就意味丧失了许多接受熏陶的机会,从而造成了很令国人担忧的现象:很多理科高才生,在大学,甚至研究生阶段,学业上虽然一路高分,但却对自己的根——中华传统文化,知之甚少,"不知有汉,无论魏晋",这不能不说是一种文化的悲哀。

这不禁让我想到了"数典忘祖"的成语。《左传·昭公十五年》载:周景王十八年(公元前527年),晋国大夫籍谈出使周王室。宴席间,周景王问起籍谈,晋何以无贡物,籍答道,晋从未受过王室的赏赐,何来贡物。周景王就列举王室赐晋器物的旧典来,并责问籍谈,身为晋国司典的后代,怎么能"数典而忘其祖"?籍谈羞愧难当。

古人不读文史,丢的是面子;今人不读文史,丢的可就不仅仅是面子了。如今读书早已跨越古代圣贤所提及的内涵和外延了,那种"半部《论语》治天下"的时代也一去不复返了。历史积淀起浩如烟海的中外文史名著，历经时间的洗礼，闪烁着人类智慧的光芒，凝聚了古今璀璨文化的成果，是人类一大笔宝贵的精神财富。然而，长期以来应试教育的弊端却只注重分数而忽视能力，只注重教材而忽视原著，致使教育偏离了自身本性，让学生在不知不觉中疏离了人类精神的家园。

瑶瑶，理科生读一点文史真是太有必要了，确有百利而无一害。一部好的文史书籍能够帮助人净化自己的灵魂，帮助人感悟人生、感受生活，对于理科生提升文学修养和气质也是大有裨益的。譬如，不读梭罗的《瓦尔登湖》，就无从感受他笔下瓦尔登湖静谧与祥和的意境，也就无从领略一种精神世界的魅力；不读郭沫若的《甲申三百年祭》，就无从了解明末那段改变中国命运的历史，也就无从解释李自成领导的农民起义的原因和失败的教训。因而，你进入大学再读文史，可谓"亡羊而补牢，未为晚也"！

千百年来，我们的祖先为我们留下了浩如烟海的文学遗产，像《诗经》、汉赋、唐诗、宋词、元曲、《红楼梦》等。无论时代怎样发展，社会怎样进步，文学是不可能消亡的。这个世界可以没有豪华别墅，可以没有高级轿车，唯独不能没有文学。只要你来到了人世上，你便会与文学结下不解之缘。人生的美妙，尽在文学的描写之中，不管你是否意识到了这一点。

古往今来，大凡学问高深的人，无一不是博古通今、兼容并蓄的人。他们所从事的专业无论是自然科学，还是社会科学，都无碍于他们拥有很高的文学修养。道理是显而易见的，一个文学修养很高的人，通常对生活中的一些事物理解更透彻，从而具有更清晰的思想和理念，与人交流中也会更加深刻和完整地表述自己的观点和思想。这是相当重要的一种能力和技巧，如果再用到所学专业中去，势必如虎添翼，也就更容易取得成功。

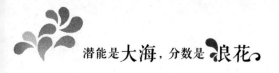

47 ▶ 喜欢动漫也爱看金庸小说的你

女儿，伟大科学家爱因斯坦说过："兴趣是最好的老师。"这句看似随意的话却让我想起了"兴趣"这个话题。一个人的兴趣往往是广泛的，也不需要什么缘由，因为兴趣在很多时候都带有偶然性，也许一次亲密接触就产生了兴趣，也许一个潮流就引发了兴趣。据我观察，像你这样的"90后"，很多都喜欢动漫，但喜欢金庸小说的并不很多，可你却两个兴趣都占了。在周围叔叔阿姨眼里，你是那种文静和爱学习的女孩，常人眼里，你应该是个整天苦读课本的乖乖女，是不大可能拥有与学习毫无相关的兴趣，况且父母也从未鼓励过你这方面的兴趣。但事情就这般奇怪，你却偏偏喜欢上了动漫，也喜欢上了金庸小说。上高中的时候，我就看到你忙里偷闲，在假期里和哥哥一道看动漫片，但在读书上，你们就分道扬镳了，他只对天文、史学和外国文学类别的书感兴趣。去年夏天，你告诉我，又买了新一代Kindle电子书，最大的特点是它的屏幕不像电脑或手机那样刺眼，更多采用了自然光，因而很护眼，读书的时候就和看纸质书一样，很方便。你告诉我，这下好了，可以把许多带不走的好书装到里面了，能随时随地阅读。

上次你从国外回来，我发现你喜欢动漫、喜欢金庸小说的兴趣依然没改，手提电脑里下载了好多动画片，让我吃惊的是，你在Kindle电子书里还装有全套的金庸小说。

在我眼里，女儿的精力有点过剩，紧张学习之余，不光喜欢孔子、老子、庄子，还喜欢金庸、琼瑶；不光喜欢《资治通鉴》《史记》《红楼梦》，还喜欢《射雕英雄传》《笑傲江湖》《天龙八部》；不光喜欢历史片、爱情片，还喜欢动画片、古装片；不光喜欢《简·爱》《泰坦尼克号》，还喜欢《狮子王》《还珠格格》。

爸爸对此有些迷惑不解，因为我虽说写小说，却从来也没看过金庸的书，我只想知道金庸小说何以有这么大的魔力，让我女儿如此痴迷？当问及这一问题时，你的回答很简单，就是里边的故事好看，人物塑造得活灵活现，阅读时可以从紧张的学习生活中跳出来，释放一下，调解一下。我问道，除此之外，就没其他吗？你说，当然有了，喜欢金庸小说还在于里边的人物和情节总能让人感受到那种天马行空、无拘无束的生命活力，看似只是武侠闯荡江湖的热闹，但却拥有一种生命的热烈。

我又参考了金庸本人的见解："我现在认为我的作品是通俗小说的类型。通俗小说就是得到大众爱好、喜欢的，大家比较了解、比较能够接受的一种小说。武侠小说基本还是出于娱乐性，人家觉得好看，看热闹。有些文化的意义、人生意义，都是我加进去的，人家对我的小说评价比较高的，就是因为除了一般性的好玩儿、好看之外还有一些意思，一些人生的味道。"

我似乎理解女儿了，看来阅读上的兼收并蓄也绝非坏事。每一部文学作品都带有一定性格色彩，金庸小说也不例外，像萧峰、郭靖、黄蓉、令狐冲等，这些人物的故事既有英雄传奇，又有浪漫色彩，那种独掌正义、铲灭群丑、扬善惩恶的虚幻，可以使人在阅读中很容易进入奇幻世界，在想象中领略生命的活力和快意。女儿读金庸小说，作为紧张学习生活的消遣之外，也会从中感悟生活中的事物和情感，对生活也会有进一步的理解。这对接触文学书籍较少的理科生而言，逻辑思维的惯性也需要一定的跳跃性文学思维来打破和缓冲，这就是文学修养的必要性之所在。

至于动漫，女儿喜欢也缘于一种美学的追求。动漫文化是以动漫形象为核心的视觉文化，也是综合性极强的艺术形式，融合了美术、电视、电影、文学、音乐、设计等多种艺术形式的精华，展示人类的文化与文明，反映人类的精神。动漫文化的核心精神是在创造快乐的同时，又传达着某种价值观念。从这个角度讲，高中时的女儿与大学时的女儿欣赏角度和欣赏水平显然是不同的。动漫里所呈现的更多是人们想象中的世界，动漫的特色就在于以虚拟性的艺术手法制造了震慑人心的视觉画面，以美感洋溢来满足人们的美好想象和意境，这也有利于学生日后高水平审美观和价值

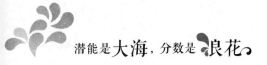

观的形成。

在生活中，有许多学生的家长却并非这样认识，总是担心这种"不务正业"会影响孩子的学习和成长。从小学起就禁止孩子发展这类兴趣，实际上有文化的家长不应该去干涉孩子这方面的兴趣，只需正确引导就行了。如果孩子升了高中，进了大学，就更没有必要这样做了。就学生而言，这种兴趣应当建立在充分自信的基础之上，将其归于开拓想象，勤于思考，发掘潜能的课外兴趣中。这是一种交叉学科的学习，对理科生尤为重要。有句老话叫"磨刀不误砍柴工"，既然我们已经生活在这样一个光彩变幻的世界里，就不要去拒绝新鲜的事物，就像平时我们用平静的心绪去欣赏《二泉映月》，以浪漫的心态去倾听"雨打芭蕉"的声音，一任思绪飞翔在蓝天，将兴趣与想象力统一起来，为了明天去创造更美好的未来而积蓄起正能量。

48 ▶ 心随优美的旋律跳荡在校园

在一个周末与你视频聊天时，谈到了明天你和朋友要去看俄罗斯皇家芭蕾舞团演出的《睡美人》。你们买的是打折的学生票，32美元，属于价格适中的那种，最便宜的门票只要15美元。你笑言道："这在美国不过是花了两顿饭的钱，平常在外很简单一顿午餐都要16美元，远不如这顿'精神食粮'性价比高。柴可夫斯基的三大舞剧《天鹅湖》《胡桃夹子》《睡美人》，应当是古典芭蕾俄罗斯学派的经典之作，这次能来美国巡回演出，也是机会难得。"我很羡慕女儿，我活到这么大，至今也没看过俄罗斯的芭蕾舞演出。

你告诉我，大二时，你曾在中科大校园里观赏过中央芭蕾舞团的示范演出，那是一次教育部和文化部主导的"高雅艺术进校园"活动，旨在"走近大师，感受经典，陶冶情操，提高修养"。"那种热烈场面至今还记忆犹新呢。"你说，"那天有1800个观众席的大礼堂座无虚席，好多同学宁愿站在过道上欣赏完整场演出。"

你接着又如数家珍般地谈起大学期间几次"艺术熏陶"的经历：一次是俄罗斯交响乐团的演出，第二次是上海京剧院的京剧《成败萧何》，第三次是学生树之表演艺术社的话剧《坏话一条街》，第四次是明星版的越剧《梁祝》，第五次是青春版的昆曲《牡丹亭》。

在你眼里，俄罗斯艺术家精湛的交响乐演奏展现了音乐的迷人魅力，奇妙的音符变成了跳动的精灵，牵动着观众的心；《成败萧何》让京剧这种古老的艺术，在与"90后"大学生的交流中又焕发出青春的活力；《坏话一条街》以幽默的语言彰显了话剧语言的艺术，让人在欢笑中体味到了老北京的市井文化；《梁祝》唱腔各有千秋，表演美轮美奂，尤其化蝶那场戏，三对演员翩翩起舞非常美；《牡丹亭》的青春版绝不仅仅是演员的青春靓丽，而且传递了传统艺术创新的青春气息。

"要说给我印象最深的有两场演出，一场是由全国十大越剧团联袂打造的明星版越剧《梁祝》，第二场是由中国台湾著名作家白先勇改编的青春版昆曲《牡丹亭》。"你回忆说，"《梁祝》组成了一流阵容，汇聚了越剧最具人气的八大流派和越剧舞台上的最优秀的演员，演出人员中王君安、李敏、孟科娟、郑曼莉、徐铭、黄美菊、谢群英等全是国家一级演员或文华奖、梅花奖、全国越剧大赛金奖得主。《牡丹亭》也毫不逊色，这部由苏州昆剧院与白先勇携手合作的昆曲精品剧目，不光阵容强大，影响也很大，自2004年在中国台北首演以来，先后在中国以及欧美等国演出近二百场，那次在中科大大礼堂绚丽登场，是全球第一百三十四场演出，也是首度到安徽巡演。"

你还回顾了观赏《牡丹亭》时的抢票趣事。这部戏在中科大是分三天演完的，运气好的同学才能看完全场。你属于运气还好的那一个。第一天成功抢到一张票，心里特有"成就感"；第二天，由于要上自习，等自习一结束就飞快奔往剧场，在过道上看了部分片段；第三天，你虽没有票，

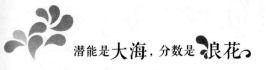

潜能是大海，分数是浪花

但居然"混"了进去，在过道上看就很知足了，没想到才站了一会儿，旁边有位素不相识的老师就给了你一张票，说有位老师没来，座位空着也是空着。就这样，你断断续续地看完了这部集诗、歌、舞、戏之美于一身，素有"百戏之母"称谓的昆曲剧目。这部长达九个小时、分三个晚上演出的大戏，竟然让你兴奋了好几天。

艺术是源于心灵的美丽，是不分国界的。大学生需要高雅艺术，是因为这是一个知识型青年群体，人的自然生命进入了成熟期，洋溢着喷薄的青春活力，充满了对未来的美好憧憬和追求，此时欣赏高雅的艺术不但能陶冶情操，还可以起到提升人格的作用。一个人若要追求美好的人生，快乐的生活，就必须首先从精神层面起步。高雅艺术的真谛就在于它是经过了人类文明发展的千年积淀，是优秀的、经典的、向上的文化艺术精品，能够起到陶冶人的情操，满足人的精神需求。瑶瑶，对你这个理科生来说，不但要增强对科学的认知能力，还应提高文艺修养，这有助于你在这个生命历程的转折期里，对人生的理想目标、价值观念、道德行为有一个清醒的认识。

当今是一个创新引领世界进步的时代。创新是一个民族发展的灵魂，是一个国家兴盛的动力。创新源于丰富的想象力和创造力，而文学艺术恰恰为创新提供了有利的条件。科学发明以逻辑思维为主，也离不开形象思维的帮助。因而，文学艺术修养和科技创新思维是相辅相成的。

许多大科学家在探索实践中都怀有很浓郁的审美情怀。诺贝尔物理奖获得者李政道说过："科学与艺术就像是一枚硬币的正面和反面，它们是不可分割的组成部分。"相对论的创立者爱因斯坦也坦言："我们这个世界可以由音乐的音符组成，也可以由数学的公式组成。"这说明艺术与科学是相通的，艺术有助于开拓人们的理性思维。作为理科生丰富自己文学艺术的修养，对丰富想象力和洞察力是非常必要的。

第十三章
享受平凡就是在享受生命

49 追寻快乐去享受平凡中的幸福

女儿，在老爸眼里你总是乐呵呵的，似乎天生就是一个乐天派。上了大学，每到寒暑假回到家，你总要开开心心地玩个够，有时还像中学那会儿，临到假期结束才想起还有好多与学习有关的事都没做完呢，就又风风火火地来了个"短期突击"。不过，我还是相信我的女儿，总能把握"火候"，知道什么时候该做什么事情，在追寻快乐时享受平凡中的幸福。这倒让我想到孙悦唱那首《幸福快车》中的歌词："一天天一年年时时刻我们都要努力/快快乐轻轻松心里想要认真去做做/不要左不要右不要后一直向前走/不要怨不要悲好的运气一定会陪伴你……"

瑶瑶，你知道老爸写到这儿想到什么了吗？我想到那年我和你妈妈去三亚旅游，转道合肥看你，白天你去上课，我们俩就在中科大校园感受校园生活。我们会坐在郭沫若广场旁的长椅上，看着静谧校园中的绿色和阳光。草坪上时而有年轻人或坐或躺，一边看书，一边沐浴阳光，如此悠闲又如此惬意；时而也有老年学者伉俪相互搀扶着，在校园小路缓缓漫步，那般清闲自然又那般优雅随性。这时，我会按动相机快门，将这些画面收入镜头珍藏起来。我豁然省悟：人生最美丽动人的幸福就在最平凡的细

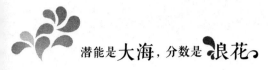

里，就在最平凡的生活中。

人一生的时光是有限的，看着儿女一天天长大，父母也在不知不觉间变老了。基于"时间都去哪儿了"这句流行语，私下我和你妈妈也在聊这个话题，年轻时忙于工作、忙于家庭，没有足够时间去享受生活，如今儿女成人，我们也暮年将至，是不是也该补上这一课，在这个世界上"潇洒走一回"呢？

结伴平凡，去草原，去荒漠，去大海，去山川，将平凡浸泡在清淡的氛围中。几盘野味，几口干粮，几盅白酒，也算怡然自得。打开画板，胡乱涂鸦，信手拈来，居然也能创造出生命的意向。

结伴平凡，人们便会觉得活得很轻松。既不会自负于满腹经纶，又不会苦闷于怀才不遇。其实，平凡是大千世界的窗口，若从此望去，很多风景都会揭去神秘的面纱，显露出平凡的底蕴，平凡的韵味。

深巷小路的背后是红墙青阶，阡陌小溪的背后是浩瀚大海。纤柔小草的背后是莽莽的荒原。说起来，实在很难区分这种平凡中的博大，或博大中的平凡。于是乎，我选择了与平凡结伴而行。

这是十多年前的旧作《结伴平凡》，也是老爸当年为自己描绘的一幅享受幸福的画卷。幸福的憧憬是美好的，幸福的体验又是无限的。因为幸福与平凡结伴，追寻的是一种平凡的快乐。

女儿，你要永远切记：人的幸福不是来自索取，也不是来自攀比，幸福并不意味与宝马、别墅有着必然联系。《红楼梦》里的贾府纵有"白玉为堂金做马"，到最后还不是"落了个白茫茫大地真干净"吗？反之，"白云生处有人家"里的农夫，不也可以享受"霜叶红于二月花"的惬意吗？看来，一个幸福并快乐着的人并非是最有钱、最有势的，但他一定是最聪明、最智慧的。他的聪明就在于与快乐同行，他的智慧就在于与平凡结伴。这就犹如一道清泉，涓涓细流，清澈见底，一路放歌顺势而下，不妒身边一闪而过的万紫千红，只为寻找融入江河的幸福。

女儿，你要永远切记：人生苦短，但花开不是为了花落，而是为了留给世界一点灿烂。人生就像一部交响乐，时而激越、时而舒缓、时而高亢、时而低沉。无论你面对的是绚烂缤纷，还是清新素雅，都是生命的珍贵馈赠。既然这世界给了我们平平淡淡的生活，又何必去杜撰睡梦中的轰轰烈烈呢？古人范仲淹的"不以物喜，不以己悲"就是他对生命的大彻大悟，遥想当年，他登黄鹤楼时"心旷神怡，宠辱偕忘"的幸福，他在清风吹拂中端起酒杯畅饮开怀，那该是何等的逍遥快乐啊！

瑶瑶，你的今天正处在青春的年华，追寻快乐尚在春天的百花园里。你的幸运就在于生活在一个"天高任鸟飞，海阔凭鱼跃"的年代。还是那句话，你可以平凡，但不可以平庸。在你的人生旅途还会有许多次选择。有句话说得好："人生不能后悔，但可以转弯。"只要你结伴了平凡，并不断用人生罗盘来修正自己的方向，即便一路少了鲜花簇拥，但你前面依旧阳光灿烂。孩子，只要以平和心态去追寻生命的快乐，你就会享受到平凡中的幸福。

50 ▶ 爱心似水却让柔弱变得坚强

人生就像在写小说，同一个故事，可以有几个不同开头，也可以有几个不同结尾。至于哪个开头新颖，哪个结尾精彩，全在于自己的造化了。这也与享受幸福是一个道理的，人的一生拥有多少幸福，这的确是个难以预测的问题，但你可以把握自己的幸福。这就是说人生之路有多重选择，走下去就会碰到许多行走在这条路上的人和风景。与智者为伍，会让你变得聪明起来；与贤人同行，会让你变得高雅起来。

追求幸福是人的本能，但幸福能否来敲门，取决于你对人生的态度。你认为求知是幸福，你就多了求知的指数；你认为享受是幸福，你就多了

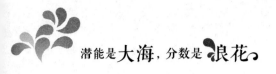

潜能是大海，分数是浪花

享受的指数；你认为奉献是幸福，你就多了奉献的指数；你认为贪婪是幸福，你就多了贪婪的指数；你认为平凡是幸福，你就多了平凡的指数；你认为高傲是幸福，你就多了高傲的指数；你认为爱心是幸福，你就多了爱心的指数；你认为利己是幸福，你就多了利己的指数。

女儿，在你行走的路上，也许有同路人嫌累而留在了原地；也许有同行人志趣不同而分道扬镳。这都是人生常遇到的事，你不必遗憾，也不必纠结，要善待曾与你同行过的人，分手的路口，道一声珍重，再挥挥手，像徐志摩说的"不带走一片云彩"。不过，你既然选择了自己的幸福之路，就要坚定走下去，中途不要掉队，更不要走回头路。爸爸相信，只要你在平凡中寻觅到自己的方位，就能享受到平凡带给你的幸福与快乐。

瑶瑶，你在大学伊始就报名参加了中科大"芳草社青年志愿者协会"，热心参加了许多校内外公益活动，看得出你把这当作了人生的幸福与快乐。大一那年，你通过邮箱发回了你和同学到合肥近郊一个福利院做志愿者的照片。你们周末到那里，为鳏寡孤独老人打扫院子，擦玻璃，清洗被褥，从照片上我看到了一张张淳朴而可爱的脸庞，洋溢着惬意而开心的笑容。大学期间，你参加了"特教爱心行"活动，定期到合肥特殊教育中心为聋哑儿童和失明儿童奉献爱心，你们为残疾学生辅导功课，与他们交流互动。你还做了特教中心的业余图书管理员，不仅为盲童贡献了自己微薄的力量，也锻炼了自己的交流沟通能力。

一个人的快乐并非完全由事情本身决定的，其实很大程度上是由一个人的心态所决定。在有些人看来，快乐是一种心境；在有些人看来，快乐是一种美德；在有些人看来，快乐是随心所欲；在有些人看来，快乐是一掷千金。而你恰恰是从奉献爱心中寻找到了自己的快乐。

大三的时候，你参与了中科大在合肥金寨地区的三下乡走访和研究生支教团在宁夏海原县的"一帮一"启明星活动，用大二获得的光华奖学金资助了海原两位贫困女生。之前，我们对此事一无所知，如果不是你大学毕业后出国，将一些资料拿回家里存放，我们也无从看到那两位女孩写给你的信。

那位来自海原县第三中学名叫林琳（化名）的女孩在信里说："我非常喜欢念书，因为父母也非常支持我。父亲说过，就算砸锅卖铁也要供我读书。所以我在学习上非常努力，只是有一特点就是胆小，这让我非常矛盾。我家里有六口人，奶奶、爸爸、妈妈和两个弟弟，我的家虽贫穷，但很幸福。我的父母都是地地道道的农民，当我告诉他们，你帮我渡过难关，父母都非常感谢你。"

那位来自海原县西安镇中学的女孩晓帆（化名）在来信中表示："我要好好学习，成为祖国的栋梁，完成自己的梦想，也要像您一样去帮助那些穷孩子们，对别人来说，这是小小的两百块钱，但对我来说，这是梦想的起点站，如果将来有一天能与你见面的话，我也许会成为一名优秀的女警察。"

当爸爸读到这两封信的时候，心里不禁涌出一股自豪的暖流，我真想大声说一句：女儿，你真棒！从外表看，你是一个柔弱的女孩儿，但做父母的却知道你内心很强大，从小到大，很少听到你在父母面前诉苦。我们看到的你，永远都带着微笑；我们所感受到的你，永远都是正能量。你奉献的一点爱心，从物质上讲是微不足道的，但却在微不足道的平凡中彰显了爱心的博大。

女儿，这个世界是丰富多彩的，可享受的快乐很多。有人说享受是金，有人说享受是土。是金也好，是土也罢，谁都无法永远拥有，因为生命只是一个过程，享受的财富生不带来死不带走，本是身外之物，但爱心是永存的，爱心带来的快乐是永存的。

的确，很多时候，快乐是无法用物质来衡量的，从生存的角度，每个人都要满足基本的生存环境，衣食住行都是人所离不开的，但是，一个人在满足了基本生存条件后，若要生活得更幸福，生活得更快乐，生活得更

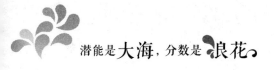

有质量,就只有先从精神层面追求。如果一个人活着只为了吃喝玩乐,那就无异于行尸走肉了。很多时候,人并不需要更多的金钱,不需要更多的成功,也不需要更多的名气,只需要享受平凡中的幸福与快乐。其实,这个幸福和快乐离我们并不远,当拥有了一颗爱心,就足以去追求人生的幸福与快乐了。

51 ▶ 从女儿身上寻找过去的影子

女儿,看到你一天天成长,我们的心总是甜滋滋的。从你身上,父母也时常寻找过去的自己。记得美国有位畅销书作家奥格·曼狄诺说过这样一句话:"孩子的一切特点,都可以在家长身上找到影子。"有朋友对我说,你女儿相貌像爸爸的多一些,性格像妈妈的多一些。

在你还是幼年时,周末傍晚时分,我常领你在楼前小路遛弯儿,我也会情不自禁地想到爸爸小时候时,你爷爷领我在部队大院散步的情景。当一轮皓月冉冉升起,树影婆娑,随清风摇曳时,你爷爷拉着爸爸的小手,踏着月华,走向月色朦胧中的月亮门。月亮门在这恬静的夜色里,仿佛躺在母亲宽大温暖的怀抱里了。儿时,我没别的感觉,只是觉得一路跟着大人挺好玩的,直到有一天我做了父亲,才明白那条小路上留下的是两个沉甸甸的大字:"父爱"。

很多人都喜欢把儿女称作父母的影子,除了遗传基因之外,还有形影相随的意味。可我和你妈妈却愿把儿女看作父母的正衣镜。因为,我们不但会从你身上寻找到父母过去的影子,也会从你的身上寻找到做父母的缺失。自你上大学后,每逢假期,我总喜欢将我创作中的小说散文拿给你看,为的就是校正自己创作的"准星"。我发现有时候,我们的思维角度是大相径庭的,往往你的想法更新潮、更前卫。我有时甚至自问,难道我真老了吗?

这么多年来,爸爸的创作方向主要以都市情感小说为主,近年又开始涉猎纪实文学和情感类随笔。你很多见解出自年轻人的直觉，对我创作大有裨益，甚至成了我的"诤友"。你曾直言不讳地说，我的小说情节不像金庸小说那么吸引人，还劝我抽空看看他的小说。这次你回国休假特意将你那装有全套金庸作品的Kindle电子书留给了我，说到美国再买一部。临走时，你还将我出版不久的长篇历史小说《天祚文妃萧瑟瑟》带走了，说要到飞机上看。下了飞机，你发来微信说："我一路都看您的萧瑟瑟呢，还挺好看的。"我看了之后，顿时有了"吾家有女初长成"的感叹。

对一个家庭来说，父母是树根，儿女是花朵；父母是第一任老师，儿女是亲传弟子。我和你妈妈却是把一对儿女当朋友来交的。这么多年来，我们将人生的经验传授给你们，你们也将成长的感悟传递给我们，我们是教学相长，共同进步的。一般来说，但凡花朵出现了问题，往往先出在树根上，或许是养料提供不足，或许是根须出了毛病。花朵在吸收了根部营养之时，也在承接明媚阳光，这也让树根分享了光合作用。想当年，父母一言一行都会对儿女产生影响，行得正则为儿女树立正面的样板，行不正则为儿女留下不良的印记。所以，当父母的不光是在为自己活着，也是在为儿女活着的。

多少年了，父母是看着儿女长大的，也从儿女身上看到了自己的影子。如今，我只想对你说，过去的二十几年是"三娘教子"，而后的若干年也许会"子教三娘"，你们年轻，接受新事物快，思维敏捷，我们则是"廉颇老矣"，尚能学否？

唐代韩愈在《师说》中谈道："圣人无常师。孔子师郯子、苌弘、师襄、老聃。郯子之徒，其贤不及孔子。孔子曰：三人行，则必有我师。是故弟子不必不如师，师不必贤于弟子，闻道有先后，术业有专攻，如是而已。"瑶瑶，我们作为"朋友"神交了二十几年，这会儿也到"平起平坐"的时候了。应当说，你现在的知识面要比我更宽、更广，爸爸已经隐隐察觉到"后生可畏"了。今后的日子，我们"朋友"间也可以互通有

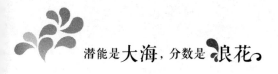

无,取长补短,并肩携手,一路同行了。

瑶瑶,你要懂得父母只能伴你走过人生的一段路程,今后的路该怎么走,完全取决于你自己。因为,父母无论多么疼爱你,无论多么关怀你,都无法帮助你找到你想要的幸福和快乐。一个人的未来只有靠自己打拼来把握。这方面,我和你妈妈都深有体会。老人为儿女所能做的就是,从小让儿女能衣食无忧,用心抚养儿女成长;出了校门后,教育儿女怎么"走路",怎样做人。我和你妈妈走向社会后,所取得的一切,包括考学、工作、写作、购房,以及养育你们,都是我们自身努力的成果。我们没有也不愿给双方老人添麻烦,有他们那份真挚的爱和祝福,就已足够了,但我们也愧疚未能每天陪伴他们,没能尽好做儿女那份孝心。

女儿,你是凭借自己的能力走上出国留学这条道路的,如今是"自己动手,丰衣足食",这是最让父母欣慰的事情了。在国外你在紧张学习之余,自己驾车去超市买日用品和食品,自己烧饭做菜,这都让远在万里之外的我们把心放在肚子里了。今天,你也在重复走父母的路,但你们的起点更高,更有朝气,老爸相信你有能力过上幸福而快乐的生活,也一定会活出人生的精彩。

52▶ 遥远牵挂何时都是一种力量

瑶瑶,你十七岁那年离家上大学,一晃七个年头了,如今,你又走得很远很远,我真想不到当年一个连夜路都不敢独行的小女孩,今天会飞到万里之外的大洋彼岸求学。当初,你到合肥读书,我们就觉得走得够远的了,爸爸在你那个年龄,最远到过的地方是800公里之外的北京。而合肥在地图上标记的距离却将近2000公里。我和你妈妈送你到中科大上学,在登上返程列车那一刻,心里竟有种空落落的感觉。列车风行在淮北大平原上,我们在夜色中还回望着合肥的方向,离开父母的头一个晚上,女儿睡得可好吗？

　　想起临行前，妈妈给你买了一年四季换洗的衣服，是怕你学习忙，没空上街去买；给你准备了种类繁多的药品，是怕你一旦生病，身边没人照顾。在父母眼里，你永远是孩子。列车驶过一座跨河大桥，我恍然觉得这渐渐远逝的桥竟连接着遥远的情思，车窗外吹进的风热吻着两颗牵挂的心。旷野外夜色朦胧，孤月高悬，是朦胧中的思念，还是思念中的朦胧？人的一生总是反复上演着离别与重逢的悲喜剧，注入了太多的沉默，融入了太多的泪水，潜入了太多的梦幻。如果说，离别是重逢的孪生姊妹，那么，牵挂就是架设在二者之间的桥梁。长长的牵挂融进了时光的分分秒秒，有红豆滴血的思念，有望眼欲穿的企盼。

　　这牵挂充满了对往事的回忆。妈妈还记得，你小的时候有次发高烧，吃了退烧药也不管用，一试体温计，体温到了39度，急得我们半夜三更抱着你往医院跑。爸爸还记得，你上小学的时候，爸爸骑车送你上学的路上，一不小心，你的脚搅到自行车圈里，在医院里看到你娇嫩的脚背露出了骨头，爸爸的心在滴血。父母还记得，你上幼儿园那会儿，一回到家就高兴地乱蹦乱跳，妈妈告诫你，吃过饭不要跳，小心得阑尾炎，不幸这话居然言中。一天下午你从幼儿园回到家，说肚子痛，起初还没当回事，没过多久，你竟痛得掉了眼泪，我们匆匆把你送到医院，一查才知道是急性阑尾炎，大夫说，如果再晚半个小时手术，阑尾就要穿孔了。我们好后怕呀！那会儿，我们就发现你是个坚强的女孩，手术第二天就咬牙下床了，旁边病床有个二十多岁的女孩好几天了还躺在床上，一痛就会大喊大叫。而你呢，护士给你的刀口换药，你痛得眼泪直在眼眶打转，却硬是不吭一声。

　　这牵挂蕴含了对重逢的等待。有了这份牵挂，游子只身远走海角天涯，也不会感到孤单，因为身后总有那几道爱的灼热目光。其实，牵挂不但有苦涩也有甜蜜，不但有忧伤也有愉悦，不但有朦胧也有明亮，不但有

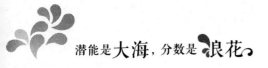

潜能是大海，分数是浪花

深沉也有轻松。父母那无所不在的眼神会助你赶走心中的寂寞，让你从此不再孤独。虽说远隔千山万水，当你想家的时候，有人牵挂你，有人关心你，有人祝福你。

多年以前，我写过一篇散文诗《等待也是一种幸福》，现在送给远行的你。

冬天在干裂的寒风中等待着春天，黑夜在漫长的寂寞中等待着黎明，慈母在纤细的针线里等待着游子，恋人在缠绵的日记上等待着知音。

于是，春天走来了，披着纤纤的一片净绿；黎明走来了，点燃了东方的一抹云霞；知音走来了，捧出了透明的一颗痴心……

由此我便推想：倘若没有狂涛，大海就谈不上壮观；没有山川，风景就谈不上瑰丽；没有等待，生活就谈不上绚烂。

只有当等待的心灵与现实撞击时，你才会从耀眼的火花中体味出这份韵致，这份激动，这份喜悦，这份真诚。欣喜重逢，又有谁能否定这等待不是一种无法替代的幸福呢？

这牵挂是遥远的，也是亲近的。给平凡的日子添上几许牵挂，就会给生活添上几分浪漫。在那遥远等待中，或用心绪去欣赏窗外几时有的明月，或用心境去聆听雨打芭蕉的音符。其实，这遥远的牵挂也是双方的，无论何时都是一种向上的力量，你可以在牵挂中梦游那片熟悉的土地，你可以在牵挂中畅想那片思念的原野。无论外边的世界多精彩，都没有故乡的花好月圆。正因"人有悲欢离合，月有阴晴圆缺"，人们才有了亘古不变的美好情感"牵挂"。也正因如此，人们才会有这般美好的回忆，才会珍惜每一次的重逢。女儿，牵挂是每一个人一生之中都要经历的美丽，她会伴着你来日自由快乐地翱翔。父母的牵挂无论何时都是一个承诺：脚下的路任你走，即使所有的路都行不通了，还有一条路可以畅行，那就是回家的路……

第十四章
优秀与平凡总是一衣带水

53 ▶ 平凡的品质本身是一种美丽

"罗马不是一天建成的。"这是一句看似通俗、实则深邃的人生格言。人的学识与品质的形成在人生中也是漫长的历程。人们知晓仰视巍峨高山和浩瀚宇宙，知晓敬佩伟大发现和崇高人格。但是惊世骇俗者毕竟寥若晨星，在这个大千世界，大多数人注定走不出平凡，因而平凡便成了我们生活的主流。

女儿，一个人可以平凡，但不可以平庸，这是爸爸不止一次说过的话。我之所以反复强调这句话，就是想说，平凡这座"楼宇"也不是一天建成的。的确，我们很平凡，平凡得就像一缕微光、一叶小草、一滴露珠。但我们不必为此惆怅，为此悲叹。微光的背后是朝阳，小草的背后是原野，露珠的背后是大海。平凡也许无法结缘伟大，但可以与优秀结伴。微光聚合起来足以照亮世界，小草集合起来足以唤来春天，露珠凝聚起来也足以汇成江河。这就是平凡的力量。

爸爸当年来到中科大校园，满眼是生命的绿色，荷、桃、梅、石榴、枇杷随处散见，这里鲜见名贵花木点缀，但就是这自然质朴的物种也足以支撑起了著名学府的气派。来这里读书的学子大都为平凡人家子弟，犹如

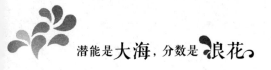

潜能是大海，分数是浪花

一棵棵小草，簇拥起校园一大片绿地。

瑶瑶，你告诉过我这样一件事，在你们学校有一个良好风尚，很多家境贫寒的同学都分享到了"人性化"的"隐形补助"，这就是中科大在全国高校中首创的对贫困生的"生活援助计划"。其做法看似简单，即通过校园"一卡通"系统，自动对每位学生就餐情况进行统计分析，对每月就餐数在60次以上，就餐费用在230元左右的学生，系统会自动生成数据库并预警。出现这种情况，无须困难学生自己提出申请，学生处就会主动核实情况，并在其"一卡通"账户中每月打入120—150元的生活补助。这在最大程度上保护了贫困生的自尊和隐私。

其实，我们大可不必为出身平凡而气馁，也大可不必为结伴平凡而喟叹。平凡是小溪流淌的生命之缘，平凡是花蕾孕育明天的绽放。一个人的平凡也是上天的恩赐，让你有时间接触平凡的生活，并对自己有清醒的认识。平凡让我们学会了豁达与宽容，人际交往中你会懂得与人方便也与己方便。你以礼相待别人，别人也会"投桃报李"；你关怀他人，他人也会"礼尚往来"。在平平淡淡的日子里，我们用淡泊的心态来对待平凡的生活，品味出人生真实的滋味，体味到平凡的独特心境。

瑶瑶，九年前，我曾随国内一个作家代表团到访过罗马。亲眼见证了"罗马不是一天建成的"传说，那是一个古老的城市，与古希腊文明一样是个让人神往的地方。走在罗马城中，随处可见的古罗马遗址，让人感受得到昔日罗马曾经的辉煌。但有关罗马还有一句耳熟能详的格言，那就是"条条大道通罗马"。听说你和朋友今年暑假也要去意大利旅游，正好去体验一下欧洲的文明。你会发现，古罗马辉煌的创造者不是恺撒大帝，也不是奥古斯都大帝，更不是君士坦丁一世，而是那些平民建设者和才华横溢的艺术家。

当年，我从古迹集中的罗马古街上穿过，其恢宏的气势让我惊叹不已。那颇具罗马风格的古老建筑，那随处可见的街头雕塑与现代城市的气派融为一体，非常大气。这要归功于罗马人发明了最早的混凝土。这种由火山岩、石灰和水混成石浆，再混入砖石碎屑以增加力度和色彩的混凝土，其坚硬足以构建罗马式穹隆，使拱顶能独立架起而不需林立的立柱。两千多年前，古罗马的能工巧匠和智慧的劳动者就发明出了很多类似现在大型建筑机械的工具。根据历史学家的研究，为了搭建古罗马斗兽场，当时人们至少使用了移动平台和可升降的罩笼，以供工人在高空作业，甚至还发明了大型"起重机"将沉重的砖瓦、石料等建筑材料运到高处。这就是平凡者创造的奇迹，他们也许没有青史留名，但他们的确创造了历史。

女儿，许多时候，潜能就蕴藏于平凡之中。大学时代，学习专业知识固然很重要，但更重要的是学习思考的方法，注重培养立足社会的潜能，只有这样，走出校门后才能适应瞬息万变的现代世界。今天在学校的一切努力都是为了明天的希望，当你穿梭在每一个平凡日子里，回眸曾经走过的弯弯曲曲的路，你会发现自己很渺小，生活也很平凡，可平凡之中，却可以用心灵去感受明天的那轮朝阳，你会发现平凡本身就是一种美丽。

54 ▶ 优秀师长是平凡人生的灯塔

女儿，当你离开父母，走进大学时代，你就会发现有种力量会使自卑的心灵自信起来，会使孱弱的身躯挺直起来，会使狭隘的眼界开阔起来，会使简单的大脑聪慧起来，会使幼稚的幻想现实起来，这就是师长的力量。

那还是二十年前的一天，我走在大街上，恍然发现很多路边的音像商店都在放一首动情的歌曲："小时候我以为你很美丽/领着一群小鸟飞来飞去/小时候我以为你很神气/说上一句话也惊天动地/长大后我就成了你/才知道那间教室/放飞的是希望/守巢的总是你/长大后我就成了你/才知道那块黑板/写下的是真理/擦去的是功利……"我猛然省悟那不是不久前

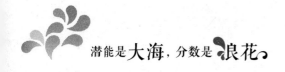

潜能是大海,分数是浪花。

春节联欢晚会上某位明星演唱的那首《长大后我就成了你》吗?初次听到前两句,我还以为是在歌唱父母,但听到后面,我听出来是首赞美老师的歌,心灵深处也不觉产生了共鸣。是啊,那支粉笔画出的是彩虹,洒下的是泪滴;那个讲台举起的是别人,奉献的是自己……这出自肺腑的话语说得何等好啊!这就是师长的力量。

人生幸运也得益于遇到好老师,一个人的成长,与老师的辛勤培育息息相关,就像阳光无时无刻不在陪伴小草,就像大海无时无刻不在拥抱浪花。瑶瑶,你就是那个幸运的女孩,从幼儿园算起,小学、中学、大学,直到留学读博,你遇到了无数好老师,正是他们的呕心沥血才使得你一步一步走到了今天。他们平凡得犹如一支蜡烛,不断在燃烧自己,为弟子点亮一盏一盏的心灯。印度大诗人泰戈尔曾说:"花的事业是甜蜜的,果的事业是珍贵的,让我干叶的事业吧。因为叶总是谦逊地垂着她的绿荫的。"的确,好老师就是一片绿叶,虽平凡但无悔,虽淡泊但无私;好老师也是人生的灯塔,虽寂寞但明亮,虽冷静但热忱。这就是师长的力量。

在中科大,每当谈及今天的辉煌,学子们无不饱含深情地提起老师言传身教之功。他们秉承了学校第一代大师们的传统,书写了"穷则独善其身,达则兼济天下"的诗篇。你能在这样温馨环境中读书成长,学到的绝不仅仅是理学知识,更多的还有为人师表的严谨与修行。在这里,平凡是泥土,孕育着收获,只要你肯耕耘;在这里,知识是细流,孕育着深邃,只要你肯积累。这就是师长的力量。

瑶瑶,爸爸喜欢上文学在很大程度上与我的小学语文老师有关。之前,我的作文一直平平,常常会为一篇作文开头而伤透脑筋。到了五年级,由于你爷爷工作调动,我转到了一所新学校。不久,在一次课堂作文上,我的一篇记叙文意外得到了宋德贵老师的赞扬,并当成了范文阅读。我在惊愕之余,也找到了自信,原来写作文也犹如一张窗户纸,本不是那么神秘的。从那会儿起,我在宋老师指导下,作文水平直线上升。我没有想到作文写了好多年,老师一句赞扬的话就扬起我希望的风帆,如果不是宋老师,我现在也许还在为写作犯晕呢。这就是师长的力量。

依稀记得小学毕业时,我远不如当今孩子们懂得多,送给宋老师的临别礼物也不过一张小小的照片,但宋老师的启蒙之恩,实在不敢忘却。当年的小学同学聚到一起,也时常深情地讲起宋老师的言传身教和为师的辛劳甘苦。终有一天,我和几位同学发起了一次师生聚会,将与我们分别已二十五年的老师请回来,三十几位同学和宋老师围坐一块促膝而谈,说不尽的贴心话,道不完的师生情,语切切,情依依,化作晶莹的泪光熠熠闪烁,此情此景,真挚动人,难以言表。在聚会前,我们就商量着该送给老师什么礼物。当然,世界上的礼物千千万万,小到一张贺卡,大到一辆轿车,种类纷繁,不胜枚举,但我觉得礼物的价值是不能用含金量来衡量的,金钱有价,情义无价。我们献给老师的礼物应是最能体现学生心愿的礼物。最后,大伙一致推选画家庞立泉为老师作幅《牡丹图》,装裱后拿到聚会上,由班上所有同学在画上签名,再郑重地献给亲爱的老师。

聚会上,当老庞展开那幅精心绘出的红牡丹,双手递到宋老师手中时,一个令人感动的场面出现了。同学们望着那幅有自己签名的画卷,使劲地鼓掌,把手都拍红了,老师那饱经风霜的眼角也流出了晶莹的眼泪。凝眸画卷,红艳艳的牡丹由无数片绿叶簇拥着,几只小蜜蜂萦绕于花间,给人一种无穷无尽的遐想,而这其中的寓意,只有我们同学自己才能更深切地体味到。

女儿,追随这片情感的绿地,我徜徉,我寻觅,我激动。人世间,还有什么能比这种师生之间的纯真情谊更完美,更高尚,更无私呢?是的,老师是平凡的,我们也是平凡的,但这更有助于师生之间那种品质的交融。优秀的师长是平凡人生的灯塔,可以照亮昨天、今天,乃至明天的路。岂不闻:宁静致远,淡泊明志,专心致志,心无旁骛吗?唯有如此才是学子对恩师最好的回报。

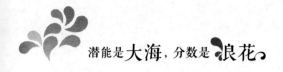

55 ▶ 平凡的内核是淡泊宁静的心

女儿，这是一个光怪陆离的浮华世界，人生的诱惑很多很多，且大都是物质层面上的。爸爸在你这个年龄的时候，时尚的词汇里还没有兰博基尼轿车、百达翡丽手表、路易·威登包、宝格丽钻戒、苹果手机、IBM电脑……那会儿，一个家庭若拥有自行车、手表、缝纫机这"三大件"就很"奢侈"了。那会儿，年轻人吃过饭可以下下棋，打打扑克，听听收音机，或是看看书，远不像今天有令人眼花缭乱的夜生活：泡夜店、吃海鲜、喝咖啡、唱KTV、听音乐会……

当现代生活方式形成一股潮流时，我们这些做父母的有几分羡慕、几分迷惑、几分担忧。我真担心当被这个无奇不有的繁华世界迷离双眼时，我们的孩子可否能听到灵魂深处的呐喊？当这个喧嚣纷乱的热闹街市浮躁着人们心灵时，我们的孩子可否能承受得住诱惑？不过，到了今天，我们这颗悬着的心平稳着陆了，因为，你和你哥哥在熙熙攘攘的喧嚣中选择了宁静；在灯红酒绿的色彩中选择了淡泊。这是一个平凡的选择，也是一个智慧的选择，因为平凡的内核会有一颗淡泊宁静的心。

爸爸也感谢大学为你提供了安静读书的伊甸园，让心灵在求知的空中自由飞翔。我知道，花天酒地只会松懈人的意志，唯有淡泊才会伴人远行。大学四年里，你没有像许多年轻人那样放歌游走，而是踏踏实实地读了几年书。在别人眼里，你也许是寂寞的，但爸爸和妈妈心里清楚，你身处其中自有他人看不到的美丽风景。

在神奇的化学世界里，你看到了化学元素的舞蹈，没有生命的阿拉伯数字也变得鲜活起来，在化学分子的大家庭里，你找到了未来化学更贴近生命、更贴近生活、更贴近社会的契合点。这就像看见太阳你会更渴望她的明媚，看见月亮你会更羡慕她的美丽，看见山川你会更热爱她的秀美，看见大海你会更感悟她的情怀。多少年过后，你会发现没有虚度大学生活该有多么重要。我想借用鲁迅先生的一句话："哪里有天才，我是把别人喝咖啡的时间都用在写作上。"

　　这四年的扎实学习将奠定你日后工作的基础，日趋丰富的学识，快速提升的潜能，愈发缜密的思维将使得你把纷杂的知识形成体系，把积攒的智慧变成能力，把模糊的意识上升到概念。到那时你就可以拨开迷雾，登高望远，去追求你人生的梦想和幸福了。瑶瑶，你要相信这样一句话："世间最好的东西都是免费的也是无价的，阳光、空气和幸福的感觉，就看你懂不懂得用心享用。"阳光平凡却光照万物，空气平凡却维持生命，幸福平凡却生活惬意。

　　漫步于人生小路上，你可以用一颗淡泊的心来品味生活，感悟人生；徜徉在人生的旅途中，人们可通过文学寻找真诚，享受乐趣。有人曾这样比喻人生：童年是一场梦，少年是一幅画，青年是一首诗，壮年是一部小说，中年是一篇散文，老年是一套哲学。

　　说到文学，我的感悟是：文学是奇妙无穷的，我从中领略到无限乐趣。我写过诗歌，写过散文，也写过小说，在这方面颇有心得，我曾说过："诗歌是心灵的一扇窗，只有情感的风才能真正吹开它；散文是大海的精灵，只有宽敞的胸怀才能吸纳它；小说是岁月的狂飙，只有燃烧的激情才能驾驭它。"

　　爸爸比你多吃了几年咸盐，但我的生活并未感到有多咸的滋味，甚至还觉得自己的生活很是平淡。观日出日落，送寒来暑往，回首往事，既无大起大落，又无人生得志；既无一鸣惊人，又无半点辉煌，竟在浑然不知间，穿梭于每一个平凡日子中，唯有写作的爱好，让我充满生活的乐趣。爸爸有散文诗为证："领略独步人生之舞的恬淡，舞起冰清玉洁的诗魂，耳边漾起一阕曼妙的旋律，心灵的舞蹈和着生活的颤音。滚滚红尘中，开屏了素洁的裙裾；月白风清里，多了几分徜徉人生的痴迷。只为心灵的土地不再荒芜，心中的太阳燃烧着诱惑的红晕。"瑶瑶，这是不是一个颇为恬淡的感觉呢？回望走过的人生之路，方知晓自身很渺小，人生很平凡，

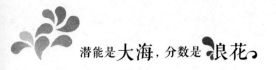

但谁可否认平凡之美呢?

56▶ 植根平凡沃土才有生长能量

说到平凡,很多人便联想到渺小这个字眼。人们大都喜欢追求飞扬的人生,但不要忘记人生的底色就是平凡。泥土是平凡的,离开了,人类就无法获取生命的养料;绿叶是平凡的,离开了,世界就没有了天然的氧吧;小溪是平凡的,离开了,大自然就没有了活力。的确,我们很渺小,在宇宙间不过是一粒尘埃,我们也很平凡,在大千世界不过是匆匆过客。但在平凡之中我们却可以感受得到生命的力量,我们就像是泰山之巅的一株小草,用眼睛去领略无限风光,用心灵去感悟大自然的魅力。

瑶瑶,你在大学累计读了七年,眼下大学便是你生长的沃土,若要拿到博士学位恐怕至少还要奋斗两年,这将奠定你日后事业发展的基础。行百里路半九十,你要做好在平凡中默默无闻的精神准备,做学问是一个静下心来钻研的过程,你需要从思考中定位自我,从学习中寻求真知,从独立中体验自主,从行动中把握时间,从表达中锻炼口才,从实践中追求创新,从枯燥中获取乐趣,从追求中积聚潜能。

其实,读书一个基本目的就是创新思维。有位哲人说过:"一个人走入社会以后,也许将大学学到的知识都忘了,最后剩下的最有用的就是习惯。"这些习惯有哪些?我看不外乎掌握七项基本技能:自修之道、基础知识、实践贯通、培养兴趣、积极主动、掌控时间、为人处世。这才是一个人潜能高低的分水岭。只要具备了这些,当你走向人生大舞台之时,俯视一路的艰辛和曲折,就会有种"会当凌绝顶,一览众山小"的愉悦了。

女儿,以爸爸这么多年人生体验,植根平凡沃土关键要有一个好的心态,切忌大事做不来,小事又不做。如果你没有拿破仑的将军之智,就去做一个好士兵,如果你没有比尔盖茨的经营之道,就去做一个好员工。人生常立志不如立长志,人的潜能是无限的,而惰性是最大的敌人。如何挖掘潜能，体现人生价值？这是一门学问。有的时候"曲径通幽"倒是一个不错的选择。以文学品味生活，感悟人生，让人生的美妙，尽显文学之中，是何等幸福！文学只属于对生活有追求的人，徜徉人生之旅，我愿通过文学寻找真诚，享受乐趣。感恩平凡的生活给了我创作的源泉。我写的多部长篇小说都与我的人生阅历和生活背景有关。我下过乡，当过工人、教师、公务员，因而题材涉猎较广泛。譬如，我任某市文联副主席时，写了文化圈红男绿女的《爱情距离》；我做公务员时，写了官场阴谋与爱情的《情人规则》；结合父辈家族史，我写了镌刻岁月梦痕的《古宅》……所以说，不要纠结于所谓的"前功尽弃"，人生经历的一切，包括成功、失败、爱情、失恋、富有、贫困、幸福、悲伤都是人生的财富，会使人变得聪慧起来。

看来，平凡也是磨炼，平凡人的日子本来就这么清清淡淡，平平凡凡，从从容容，但在清淡平凡从容之间，还是要不断磨炼自己，这才是人间正道。有句话说得好：平平淡淡才是真。既然如此，何不将心灵交给大地，尽任云烟过去，泡上一杯茗茶，品味淡泊人生，茫茫人海，寻寻觅觅，笑对坎坷人生之旅呢？

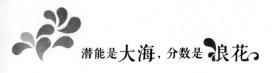

第十五章
直面突如其来的校园爱情

57 ▶ 女孩的心思父母不要去猜

女儿，古往今来，爱情是一门谁都期待，谁都向往，谁都尝试，谁都清楚，可又大都琢磨不透的学问。在当下大学校园里，有多少男生女生能真正寻觅到最完美的归属？有多少浪漫的少男少女不错过擦肩而过的美好机缘？我自不必说，你也是懂的。爸爸大学时的五十位同学毕业时结成了三对姻缘。之前，谈情说爱者至少两倍于这个数字，但却未能在爱情马拉松中一路跑到终点。多少年后，同学重聚时还在大发喟叹：爱神啊，你在哪里？缘分啊，你又在何方？我不知道你的同学在毕业时成就了几对婚姻，而你肯定是其中之一了。

婚姻是人生的终身大事，鲜有父母对儿女婚事漠不关心的。你在高中阶段，与异性交往很少，因而，我和你妈妈从来也没担心过你会早恋。但我们时而也想，未来哪一个男孩子有幸为我女儿披上婚纱呢？等你上了大学，离开了家，离开了父母，我们开始认真思考这一问题了。从大一放暑假开始，你妈妈总想从你的言行里寻找出有关的蛛丝马迹。每当谈及敏感话题，你总是嫣然一笑，说："妈，我还小呢。"妈妈总忘不了嘱咐上一句："看到有优秀的，别错过机会。"看来她是怕你有一天成了"剩女"啊。

当前，很多家长都存在这样一种矛盾心态，在高中阶段担心儿女早恋，在大学阶段既担心儿女不会谈恋爱，又担心谈恋爱影响学业。有家长对自己孩子说："千万不要在该好好学习的时候去谈恋爱，那样，到真正该谈恋爱的时候就没人爱你了，因为你没文化呀。"其实，父母这般是咸吃萝卜淡操心，儿女长大成人了，该如何做，相信会有自己主见的。况且，恋爱与学业并非鱼和熊掌的关系，也不是水火不相容的，只要处理好二者关系，会找到爱情与学习的平衡点的。

在你最美丽的年华，你遇到了谁？在你最孤寂的时候，又有谁陪在了你身边？在你最需要爱的时候，你的心为谁跳动？在你最脆弱的时候，又是谁与你同行？少男少女都生活在爱的梦想之中，有一个爱的梦想平台，就会有无数寻梦人跑到台上尽情追梦、尽情圆梦。我在一本书中有过这么一段记述：

有一次，我来到一座海滨城市，傍晚时分，一个人沿着海边的沙滩漫步。当微微海风吹来，掠过我的发际，我恍然发觉，一个人孤寂时，风是最好的伙伴。遥望晚霞似飘飘彩带，近看头顶白云悠悠，都仿佛是风儿在推波助澜。这时，我想到了远在大洋彼岸的女儿，两年前，她和男友双双去了美国留学，每周一次的越洋电话，也拴着我和夫人的心。

女儿的爱情是在中科大的大学校园编织的，当有一天，她在电话里告诉母亲她谈恋爱了，我们才仿佛发现女儿真的长大了，已经不是当年那个一头短发、一脸稚笑的小女孩儿了。女儿是个不爱打扮的女孩儿，这么多年来从来不化妆。高中三年，她几乎没买过几件衣服，竟寒酸地穿了三年有点不合身的校服，每天都骑着一辆破旧的自行车去上学。只是到了大学，母亲才给她买了几套换季的服装，穿上之后，很有一番让人眼前一亮的青春活力，我和夫人方感到愧疚，那几年太委屈她这个花季少女了。

瑶瑶，在这方面父母都是过来人。大学时代，青春年华都是最值得

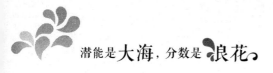

潜能是大海，分数是浪花

珍惜的，那是一个恋爱的季节，那里有一片爱的原野。爱情是不应有时间表的，也不可能规定某年某月某日就一定能碰上那个对的人。当儿女的爱情萌发时，做父母的只有祝福，而不应当有猜疑。这是因为，男孩情芽萌动、女孩情窦初绽，都是人生中最美妙的时刻。岁月沉淀的是最真挚的情感，风雨考验的是最贴心的陪伴，飘逝的只算是过眼云烟，留下的才是相亲相爱的情缘。

58 ▶ 恋爱观的本质也出于平凡

女儿，恋爱其实就是给平凡的日子加点糖，给大学生活涂上一层浪漫的色彩。青春是人生的一道亮丽风景线，走进青春芳草地，一路会遇到许多人和风景。如果你选择了另外一条人生路，就可能遇到完全不同的风景与人。大学时代如何把握像雾像雨又像风的缘分，这的确是一门学问。

缘分像是人世间少男少女打开情爱大门的敲门砖，突如其来而直扣心扉。由此从素不相识，到相知相恋，让人觉得好像冥冥中命里注定似的。就因一个缘字，让世间多少红男绿女为之癫狂。缘分就犹如一片云。我不是算命先生，也不知道缘分的天空可否有你的那片云。追求爱情的人一定要做好心理上的准备，要拥有一片微笑的云。在缘分的天空里，女孩用柔情来编织祥云，男孩就理应善待飞来的那片云。

有人说，初恋那会儿我们还不懂爱情，有时爱情来了，简单得就像风车遇到了风。生活中，爱情很单纯，就像红花配绿叶，有了感觉就好。

偏偏有的人不这么看，将爱情放了许多调味的"添加剂"，看起来五颜六色，却把感情搞复杂了。有女孩说："青春好时光就那么短短几年，千万不可随随便便就把自己嫁了。"有女孩说："找男朋友要现实，不是'高富帅'，也得是'潜力股'。"有女孩说："谈恋爱要浪漫，别的不想，先好好玩上几年再说。"

也正是在这类潮人的"忽悠"下，都市的"剩女"越来越多，恋爱的"分手率"越来越高。在许多女孩儿眼里，那种"简·爱"式的清纯爱情已经不合时宜了，她们"宁愿坐在宝马车里哭，也不愿坐在自行车上笑"。结果，闹到了最后，哭也没哭成，笑也没笑了，变成了"欲哭无泪"和"无言的结局"。在生活中，总会出现许多不该发生的恋爱悲剧，最终受伤害最大最深的莫过于自己。

看来，爱情不光是个缘分问题，也有个选择问题，鞋子合不合适，只有自己的脚才知道。女儿，你是一个平凡的女孩，所以你选择了寻找平凡中的爱情。作为父亲，我不想知道你谈恋爱的细节，但我想知道你的恋爱观。从平凡中体味幸福，从平凡中回味爱情，这应当是你的初衷。你妈妈大三那年去学校看你，你的好友沫沫对妈妈说，瑶瑶在恋爱方面好木讷，连班上其他女孩都看出了东对你追求的苗头，你自己还傻乎乎的，只缘身在此山中。依我看，这也挺好的。人把弯路走直了堪称智者，是因为找到了捷径；人把直路走弯了堪称豁达，是因为多看了几道风景。

女儿的恋爱经历告诉我，爱情是水，要清澈透明；爱情是花，要迎风绽放。校园爱情很唯美，但校园爱情又很平凡。只要握紧青春的信念去品味人生，让双方的爱情都得到贴心呵护，青春的日子就会充满了诗意和鸟语花香。

59 ▶ 爱与被爱相遇才是真正幸福

女儿，人类的情感是一种看不见摸不着的精灵，这个精灵最诱人之处就在于爱的感觉。爱与被爱相遇才是真正的幸福。相识是缘，相爱也是缘。如果把相识之缘比作云卷云舒的云海，那么相爱之缘就是潮起潮落的浪涛。相爱的男孩和女孩乘上情感之舟，行在万顷碧海，爱在浪花深处，任凭风大潮急，也痴心不改。

五年前，我和你妈妈在三亚旅行时，有天傍晚，我俩在亚龙湾那半月形的海滩漫步，我和她将鞋子放进了塑料袋，光着脚丫踩在洁白细软的沙

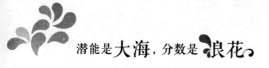
潜能是大海，分数是浪花

滩上，海湾波平浪静，海水清澈透明，椰影隐现婆娑，晚霞色彩纷纭……眼前走过来一对恋人，女孩一袭短裙，男孩T恤短裤，他们在松软的沙滩上相拥相依，看起来很开心。女孩手拿着男孩送她的那束红玫瑰，在男孩耳边似乎说了句什么，然后就向前跑去了。男孩愣了一下，好像叫了一声女孩的名字。女孩儿回眸一笑，犹如又绽放了一束鲜花。这回眸一笑，让我的脑海里倏地闪出了葛优在影片《不见不散》中的一句经典台词："啊，我又看见了，这是爱情的力量！"

人生如水，青春如梦。在短暂的人生之旅中，每一个人都渴望能得到一份美好的恋情。男孩踏浪，将爱写进了青春的梦想，女孩有情，将浪花捧在了手心。仿佛相爱的少男少女在前生就有了一种约定、一种默契，所以男孩踏起的爱情浪花才会溅湿了女孩的裙裾，一点一滴的浪漫，才会演绎出一个又一个感人至深的故事。虽说，我们早已过了浪漫的年龄，但那半月形海滩的风景却让我想起年轻时曾经有过的浪漫。我们那个年代虽说没有今天这般生活多姿多彩，但每周一次的约会也会使青春的心在萌动中充满了惬意。这世上唯一不能强求的就是爱情，这世上最让人动心的也是爱情。

那年上海开世博会，你刚好上大三，和同学从合肥赶到上海去玩，从邮箱上发回好多的照片，那时你好像刚谈恋爱，还没有告诉家里，但我从你的眼神里看到了一种幸福。后来，我们从那一堆照片里也没有找到你和东的合影，看来你们的恋爱还处在保密阶段。没过多久的一个周末，妈妈在给你打电话时，再次婉转提醒你该谈恋爱了，你这才"招供"说处了一个男朋友。这是你的初恋，一切都似乎来得很突然，却又顺其自然。临毕业那年，你的脚不小心让开水烫伤了，是东每天楼上楼下地背你去学校医院换药，每天下了课都守在你身边，还不忘把课堂笔记带给你。有人说："世界上最美妙的一件事是，当你拥抱一个你爱的人，他竟然把你抱得更紧。"一个男人也许还不够强大，在年轻时不足以给自己心仪女人充分的物质享受，但可以为她遮风挡雨，可以为她倾其所有，只是因为"爱"这个沉甸甸的字眼。

写到这儿，我就在想，爱是什么？浪漫是什么？是送上999朵玫瑰？是楼前伫立狂喊"我爱你"？都不是！如果两个人真的心心相印，倾心相爱，哪怕是相对无言，哪怕整天都柴米油盐，也都是爱，都是浪漫。反之，即便是郎才女貌，即便是爱琴海的婚礼，双方的内心也擦不出爱的火花。恰如莎士比亚所说："真正的爱情是不能用言语表达的，行为才是忠心的最好说明。"

很多时候，缘分是个很奇妙的东西，爱与被爱双方都会感到很幸福。爱情的马拉松，考验的是爱情的耐力，不可能持续保持起跑之初的那种爆发力，热恋到了最后也要回归爱的温情。生活原本就像一杯平淡无味的水，只不过有人把它放了糖，水就变成了甜的；有人把它放了醋，水就变成了酸的；有人把它放了黄连，水就变成了苦的。情感生活也是如此，全凭你自己，有人把它放进了宽容，情感就变成了甜的；有人把它放进了猜疑，情感就变成了酸的；有人把它放进了冷漠，情感就变成了苦的。说到底，爱情还是要自己来把握，幸福才会来敲门，幸福也都会伴着你，直到永远。

60 ▶ 在爱情长跑中追求比翼双飞

女儿，几天前你在北京的表姐蕾蕾请我和你妈妈吃饭，她在桌上谈起你，对你有一句很平实又中肯的评价。她说，瑶瑶总是不动声色，在适当的时候做适当的事。我理解她所说的"适当的时候做适当的事"，是指你在该考大学的时候，上了一所理想的大学；在该谈恋爱的时候，确定了个人的终身大事；在该继续深造的时候，又留学读了化学博士。每一个时间的节点，你都把握得恰如其分，都没让父母操一点心。昨天恰逢周末，第二天又是母亲节，你在视频聊天里真诚地祝福你妈妈，其实在妈妈心里，

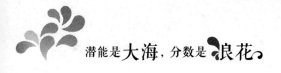

潜能是大海，分数是浪花

最好的祝福就是你和东过得比我们好，爱情和事业双美满，这将胜过任何物质和语言。我们对你们的期待是：做平平凡凡的人，干平平常常的事，过平平淡淡的日子，享平平静静的生活，达平平安安的目的，这也是父母这么多年来所追求的一种境界。

爱情是需要经营的，爱情双方都需要坦荡和包容的胸襟，这应当是门很高深的学问。我先前说过，爱情是马拉松式的长跑，考验的是爱情双方的耐力和真诚。人们在生活中，时常会看到一对男女，郎才女貌，外表给人很般配，让人有一种羡慕嫉妒恨的感觉。这对男孩和女孩若手挽着手，肩并着肩走到大街上，回头率绝对是百分之百，眼热率百分之百。可这般"天造一对，地设一双"的情侣并非都能走进婚姻殿堂，有的即使结婚又最终分手了。这是为什么呢？依我看，很多时候，眼睛所能看到的只是假象，只有心灵的感受才最为真实；耳朵所能听到的只是虚幻，只有心灵的聆听才最为重要。时间是公正的老人，它会告诉我们，在爱情的长跑中，追求比翼双飞才会行得最长远。

瑶瑶，这茫茫人海，少男少女从相逢、相识、相爱、相亲、相守，走了一道或长或短、或悲或喜的"爱情流程"，倘若有幸能走到底，走完全程，有情人终成眷属，这就是缘分。因而，世界上有很多事都可以孜孜以求，唯独这缘分是可遇不可求的，且往往还会"成也萧何，败也萧何"。

不是吗？我们来去匆匆，都是人世间的过客，惊鸿一瞥之间，也许曾有过短短的相逢。多少年后，弹去岁月的风尘，淘去记忆的泥沙，方发现，熠熠闪光的才称得上金子，就像人生难得真正的爱情。有的人生活了许多年，可到头来却形同路人；有的人不过萍水相逢，却一见如故，仿佛相识了许久。这，不能不归结为一种缘分。

有人说："爱是缘，被爱是分。缘随天意，分在人为。"如此这般才有了"十年修得同船渡，百年修得共枕眠"之说。中国台湾女诗人席慕蓉在《回眸》题记中说：前世的五百次回眸才能换得今生的一次擦肩而过，那么，我要用多少次回眸才能真正住进你的心中？"

所以，相爱就要珍视那来之不易的缘分，我行我素，以致维系情感的链条断裂，一排巨浪就会把爱情之舟打翻，最后也许会酿成爱情悲剧。反之，如果恋爱的双方珍视那份宝贵的情感，男孩懂得如何欣赏女孩，以坦荡包容撒娇；女孩懂得如何喜欢男孩，以执着牵手爱情，最后就一定会赢得完美的爱情。

爱情在人生的大舞台上占据着很重要的位置，在那里有心灵的舞蹈、心灵的遨游、心灵的飞翔。要珍惜生命的每一天，享受美好爱情带给你的快乐。瑶瑶，你正处在人生最美好的年华，年轻是你最大的资本，我和你妈妈只有羡慕的份了。因而，你要珍惜这大好的青春光阴，享受上天给予你的那份厚爱，好好地爱自己、爱家人、爱生活。要怀着一颗平常心，用真诚去体味生命中每一刻微妙的感动，如果你是小草，就做一根快乐的小草，没有人能否认你拥有的生命绿色；如果你是小溪，就做一条欢快的小溪，没有人能否认你来自生命的源头。待到许多年过后，你会发现，岁月的长廊留下了你漫步过的身影，青春的芳草地留下了你行走过的足迹。

女儿，就在我即将写完这一章时，你妈妈收到了你和东委托快递送来的母亲节礼物：一束火红的康乃馨。我也从中收获了一份感动。穿越时空，我仿佛看到了天边那飘动的白云，承载着浓浓的乡情和深深的父母与儿女之爱，即便远在天边也不会孤独，因为万里之遥的祖国，有你们牢牢的根，有你们深深的爱。

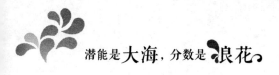

第十六章
进一步也会迎来海阔天空

61▶ 那份姗姗来迟的国家奖学金

大三那年你和东确定了恋爱关系,并相约一道出国留学。可就在大二时,你还在为究竟留学还是保研纠结着。那年暑假回家,妈妈曾问过你做何打算?你说,我还没想好呢,既想过出国,又想过保研到中科院。在中科大化学学院,留学和保研的比例是很高的,通常占应届毕业生的80%左右,而出国又占其中一半以上的比例。就当时的学习成绩,你已具备了出国留学和保送研究生的实力,而在入学之初,你远没有这份自信。

记得入学伊始,化学学院准备在这届学生中组建一个"荣誉学士班",进行重点培养。你跃跃欲试,参加了筛选考试,却名落孙山。之后两年中,你知耻而后勇,在班级的学习成绩一直呈稳定上升趋势。

在中国科技大学,光华奖学金相当于学校的二等奖学金。你同宿舍的洁洁、施施、逸逸这年也同获了二等以上的奖学金,其中洁洁还以化学系排名第一的成绩,拿到了教育部颁发的国家奖学金。大二结束时,你再获光华奖学金。你的进步给了我们一次又一次的惊喜,但你并没有就此止步,在你的内心深处还有一个新的梦想。

瑶瑶，那年暑假，你以羡慕的口吻谈到洁洁拿到了国家奖学金："洁洁太厉害了，各科的考试成绩都那么拔尖，她怎么学得那么好呢？"妈妈鼓励你说："我女儿身边有这么一个好的榜样，也错不了的。"你有点羞涩地说："我和人家可是差远了。"我说："与智者同行，与高者为伍，你就会懂得榜样的力量了。"你笑了，说："也是这个理儿。"

写到这儿，我不禁又一次想到了你当年备战高考时写过的习作题目"进一步，海阔天空"，我想你能一步一个脚印走到今天，就在于你在高中就开始形成的这般信念：无论是"安能摧眉折腰事权贵，使我不得开心颜"的李太白，还是"竹杖芒鞋轻胜马"的苏东坡，抑或是海明威笔下的那个老人，都在生命遇到障碍时毫不退却，向前一步，走出更加灿烂的人生。我想，人生在遇到磨难时告诫自己：进一步，海阔天空。相信你的生命就会像莫奈的《日出》一样，一定会是一个崭新的开始。

瑶瑶，我初读这篇作文时，就感受到了一种震撼，说心里话，这文章不像出自一个高中生之手，从选题到立意都很有特色。从文中可以看出，你不再是不谙世事的女孩子，而是有独立思考和判断能力的年轻人。你就是凭借"进一步，海阔天空"的信念，走进了大学校园，这对你来说，又面临一次"进一步"的考验。

我也猜得出，那几度寒暑之间，你是怎么学习的。每到夜晚，一家人或在客厅里看电视，或在书房上网时，你一定在图书馆苦读，或在自习室里苦学。在合肥的几年间，你很少逛超市，就连合肥的名胜古迹很多没能去看，你把宝贵的时间，都投放到了学习上，只是为了成就一个梦想。

四年后，你处理了上学期间大多的日用品，却把妈妈当年为你买的小台灯带了回来。妈妈原以为还能用，但充了大半天电，却无法点亮，原来它的充电电池早已老化，不能用了。我不清楚你为何还把它带回来，只因

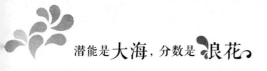

它陪伴了你整个大学生涯？我端详着那盏由无数小灯泡组合的台灯，以作家的想象，还原着当时场景：一个又一个不眠之夜，当你从自习室回来，当宿舍的灯都熄灭了，你还在万籁俱寂中与小台灯为伍，默默地与知识进行着亲密接触，进行着默默交流和无声对话。

瑶瑶，你刚谈恋爱那会儿，我和你妈妈也有过小小担心，恋爱中的女儿会不会影响到学业？结论告诉我们，担心是多余的，按照一个时尚词汇，青春的爱情是地地道道的"正能量"。就在大三那个学年，你的成绩在班上位列综合排名第一，男友也不甘示弱，摘得了全国大学生化学实验邀请赛的二等奖。看来，青春的季节，既需要情窦初绽的春天，也需要鲜花怒放的夏日，更需要瓜熟蒂落的秋季。我不知道大学四年的春秋寒暑，在你面前都有过哪些父母鲜知的艰难曲折，但我却知道不经历风雨就不会见到彩虹。你像小溪一样在流淌中不断积蓄力量，不断地冲破障碍，只为了有一天能汇入江河，成就自己的梦想。

如今名校熏陶，又奠定你日后成长的基础。我欣慰，在女儿的青春轨迹中，学业和爱情之花一起生长，大学四年的默默付出和辛勤耕耘，终于结出了丰硕的果实。毕业前的那个学期，你成了中科大那一年的国家奖学金获得者，在领奖台上接过了由教育部颁发的沉甸甸的证书。虽说那是一份姗姗来迟的珍贵礼物，但也为你的学业画上了圆满句号。"进一步"的努力和奋斗终于得到了回报，你笑了，笑在了最后。

62 ▶ 出国留学并非是为追求时髦

女儿，当父母得知你申请出国留学时，我们意识到你又选择了"进一步，海阔天空"的挑战。这么多年了，父母对你们兄妹俩采取了"放养"的教育方式，从来也不想强迫你们去做什么，或不去做什么。我们尊重你们每一次的人生选择，即便不合时宜，甚至是错误的也没有什么，毕竟你们还年轻，今后的日子还很长，还有足够机会不断修正自己的人生轨迹。

从父母内心来讲，也希望你能出国深造，但这种深造应是建立在自立基础之上的，也就是说我们不希望你自费留学。这不光因为父母是工薪阶层，这笔费用太高，也因为争取全额奖学金会促使你日后更有实力去挑战未来。在爸爸看来，出国留学并非为追求时髦，而是为了提升更大的潜能，为立足社会、回报社会打下坚实的基础。

瑶瑶，我很赞赏中科大学子出国留学的价值取向，他们大都选择了靠获全额奖学金出国的道路。你也明确表示争取不到全奖就放弃出国的选择，尽管这样做也有风险，因为一旦申请全奖失败，也会同时失去了保研机会，但你还是对你选择的道路充满了自信。在你们中科大的同学眼中，获得全额奖学金出国是光荣的，既非好高骛远，又非不切实际；既非轻而易举，又非唾手可得。这一目标经过学子的努力拼搏是可以实现的，这也是你所在中科大的金字招牌，是中科大声誉、教学水准和学生潜能的集中释放和体现。

63 ▶ 在越洋电话面试中彰显自信

女儿，你大四那年寒假回到北京，整个一个假期都奔忙于申请留学，给国外高校快递申请留学的资料，接受一个又一个视频面试、电话面试和直接面试。视频面试时，你把自己关在卧室里，我们在客厅听得到你用英语回答远在大洋彼岸考官的提问。我们奇怪的是，平时在家很少听你说英语，又是如何练就娴熟外语的？一次电话面试纽约大学时，考官很满意，当场问道，你愿意来我们学校吗？但你却提出一个额外要求，希望也同时考虑录取你的男友，结果这事就不了了之。无独有偶，在西安那边的面试中，东也向罗格斯新泽西州立大学的考官提出同样的要求，幸运的是美国方面竟很快就答应了。于是，你和东双双拿到同一所美国知名高校的全额奖学金。为此，你还放弃了拿到手的加拿大英属哥伦比亚大学全奖录取通知书。那是一所全球排名前五十位的顶级大学，其一流的学术水平和广泛

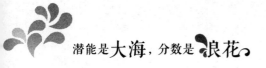

的专业设置成为众多学子所向往的大学。当你和东双双如愿以偿地圆了出国求学梦想时,我不禁想起了美国著名作家爱默生的一句名言:当一个人年轻时,谁没有空想过?谁没有幻想过?想入非非是青春的标志。但是,我的青年朋友们,请记住,人总归是要长大的。天地如此广阔,世界如此美好,等待你们的不仅仅是需要一对幻想的翅膀,更需要一双踏踏实实的脚。

父母从那一次次面试中,看到了你彰显的自信,与刚进入大学那会儿有了天壤之别。但这一切都是你用心做每一件事的结果。从大三决定出国的那天起,你就为此做足了功课。暑假时,你破例地去了北京新东方,进行英语强化训练,这在你读书生涯里是绝无仅有的课外辅导班。为了拿到更好的成绩,你一年中连考了几次托福和GRE,直到拿到让你满意的成绩才作罢。平日,但凡休闲你就打开电脑欣赏英语故事片,阅读英文原版书籍,只为了在有限时间里,做得更好更强。因为,人的一生,时间是有限的,在有限时间里,你的能力越强,目标实现得越多,人生价值就越高,相对而言,你的人生之路就要比别人走得更久远。

看来,人的成长是离不开信念的,只有不断凭借自信,磨炼自己才能提高潜能,磨炼的程度越高,潜能提升得越高。想当年,哥伦布凭借着一股执着的自信和勇气,书写了人类航海史上的奇迹。他的航海日志上,每天都会记上这样一句话:"我们继续前行!"还有与你父母同代人的张海迪,在《生命的追问》里写下了这样自信的豪言壮语:"即使翅膀折断了,心也要飞翔。"

女儿,人生就是不断挑战自我,实现自我的一个过程。人生之路布满了荆棘与杂草,人生之路充满着崎岖与坎坷。谁都曾经拥有,也曾经失去过;谁都曾经成功,也曾经失败过。风雨中,只有历经了"乌蒙磅礴走泥丸",才会迎来"万水千山只等闲"。人的潜能是无限的,惰性是它最大的敌人。为什么岩缝里的小草生存能力那么强?就是因为生存的压力迫使它要不断地抗争,不断地将潜能发挥出来,才会脱颖而出。安逸的生活只会消磨人的意志,满足于已取得的成绩,不愿再继续努力了,结果就只能是昙花一现了。现代生物学表明:冷和饿能使人延缓衰老,我想这可能也是冷和饿迫使身体细胞的活力加强,新陈代谢更好的缘故吧。瑶瑶,你在人生最美好的年华里选择了挑战自我,但出国留学绝不是去看国外的风景,而是要获取真知。在美国读博士是很难毕业的,好多人读了六七年也没能拿到学位的事情,我也时有耳闻,你那会儿是否有了足够的心理准备呢?

我从你申请留学的过程中,得到了肯定的答复,你选择了"进一步,海阔天空"。这种自信是成功的基石,不管你的潜能有多深,你的知识面有多广,离开了自信就无处施展。生活中有自信的人,才是厚积薄发的人。从进入大学以来,你将每一次选择都当成一个新的开端,一次新的体验,都充满了新的激情。走出国门,可以让你看到一个完全不同的世界,一个完全不同的学习环境。而人生的意义就在于在梦想与现实中奋斗,生命的价值就在于在创新与拼搏中闪现。爸爸希望你能朝着这个目标前行。有向往的人生才有动力,有追求的人生才有滋味,保持你的那份自信,在追求与拼搏中,你也许将得到一个意外的惊喜。

64 ▶ 听到女儿真要远行的那一刻

女儿,凭借你的努力,赴美留学已是胜券在握了,但听到你拿到录取通知书的那一刻,做父母的还是百感交集。原以为你拿了全奖就可以静下心来安心学习了,谁知这世界上从来也没有免费的午餐,你除了要攻读博士学位之外,还要兼做导师的助研,还要做大学的助教。这意味着你在读博的同时,还要打上两份工,那3.2万美元并非"天上掉下来的馅饼"。

爸爸没有留学的经历,也希望儿女弥补自己的缺憾,留学海外去看

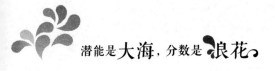

潜能是大海，分数是浪花

看世界，而今，女儿真的要远行了，且走得很远很远，我和你妈妈在替你高兴的同时，也有些纠结。那是一个完全陌生的世界，从饮食习惯到社会习俗，从地理位置到风土人情都与国内有着巨大差异。这将是一个新的挑战，你能尽快适应吗？大四最后一个寒假，你妈妈就有意识地教你做饭做菜了。你也笑言要恶补厨艺，说总不能每天都喝牛奶啃面包吧。看到你妈妈逛街时，为你买来的一套一套衣物和一件一件生活用品，就让我情不自禁地想到以"慈母手中线，游子身上衣"的名句而传世的名篇《游子吟》。

那些日子，我脑子时常会浮现这般情景：我牵着你的小手在院子里漫步，我蹬着自行车带你上学，我到车站送你去合肥。如今，你长大了，你不用我牵，不用我带，不用我送，而要插上翅膀，独自翱翔了，当爸爸的我反倒有些失落了。不过，转而一想，我又释然了，当父母的就是这样，当年你的爷爷奶奶对我不也如出一辙吗？我也让爸爸牵过手，也让爸爸用自行车带过，也让爸爸到车站送过。这汇聚起来的思绪就是令人感动的亲情。人的一辈子都在感受这最无私的情感，心灵即使在漂泊着也会追索着那份微妙的感动。对往事的追忆是一种绵延在岁月长廊的诱惑，人即便远走天涯海角也不会孤独。

那些日子，你即将告别母校，恰如你们校长在毕业典礼所讲的那样："四年的时间过得很快，就像一位同学在See You 2011毕业季留言墙上说的，'四年前大礼堂的开学典礼还历历在目，一转眼就已经坐到See You毕业晚会的现场；那时大家一起学唱校歌，而现在又要用校歌相互告别。'从字里行间，我感受到了同学们离别的惆怅，以及对学校老师、同学甚至校园一草一木深深的眷恋。我相信，很多年以后，你们肯定还会想起教学楼前的雪松，'天使路'上的小鸟，当然还有食堂伙食的味道。"这画面定格在一起就是令人感动的师生情和同学情。人的一生都将回味这最难忘的时刻。一个人无论走到多么遥远、多么生疏的地方，也会寻觅到大学校园里温暖的春风。请相信爸爸的话，有真情就会有朋友，有真情就会有歌声。

　　四年前，你还相当年轻，也许还没体味到师生情和同学情沉甸甸的分量，当分手时，真情会化为泪水、化为力量。爸爸庆幸你选择了这所学校，她尊重学生个性、特长和潜能，既注重宽口径培养，又鼓励个性化发展，让你有机会去发挥自己的潜能，取得了骄人的成绩。你留学走后，我给当年招生的老师打过电话，感谢他对你求学的一路相助。他说，你的女儿很优秀，虽然不在一个校区，但我一直在关注她，当得知她获得国家奖学金，并全奖出国留学后很替她高兴。我听了这话很感动，中科大这么多年来从学校到老师都本着以学生为本，坚持创精品大学、办精英教育的原则，从不盲目扩招，一直将规模控制在年招收本科生1860人左右，"1860"，由此被誉为"科大恒数"，从而保证了让学生接受高质量的本科教育。

　　我为写这本书曾查阅过你们这届化学系毕业生的数据，你们83位同学的去向是：出国和去中国香港读研的有40人，占毕业生总数的48.19%；国内读研24人，占毕业生总数的28.92%；工作就业12人，占毕业生总数的14.46%；一次性就业76人，占毕业生总数的91.57%。其余7人中，有4位继续申请出国读研，有2位计划继续在国内考研，还有1位正寻找工作。这些数据虽然枯燥，但彰显了你们这届学子的优秀，这种优秀缘于一种平凡，做不了星星就先做一盏小灯，做不了江河就先做一条小溪，做不了大树就先做一棵小草，挽起手来，你们就是星星，你们就是江河，你们就是大树！

　　你和你的同宿舍的三个女生一样，在平凡底色中浸透着一股向上的力量，这种力量只有在平凡的映衬下才能显示出自身的潜能与价值。你们四姐妹在同一个屋檐下同窗共读四年，一起学习、一起生活、一起快乐，成为志同道合的闺蜜，有三个一道去了美国留学，这是多么开心的一件好事

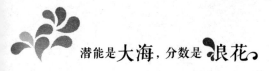

潜能是大海，分数是浪花

啊，你和你的男友在校园里共同培育了恋情的花蕾，到了异国他乡依然会保持清纯的芳香并且绽放。瑶瑶，昨天的骄傲已经成为过去时，你背上行囊，踏上了留学的征程，虽然仍选择了攻读化学专业，但无形中，你已经将自己回归于零的起点，你还须重新扬起学业的风帆，去迎接大洋彼岸风浪的挑战，爸爸祝福你！

第三篇 潜能升华平凡

女儿,一个未来的化学博士,我想对你说,父母从未奢求你去做未来的居里夫人,只期待你每天都快快乐乐地学习、工作、生活,做好人生之旅中的自己,因为,结伴平凡,享受生命也是一种美丽。

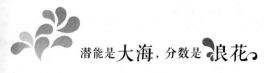

第十七章
美国东海岸思乡的感恩节

65 将感恩大写在海外的蓝天上

女儿，2011年8月21日，你和男友与几位大学同学一道途经中国香港转机飞纽约，开始了你的留学生涯。时隔近四年，我和你妈妈还清晰地记得我们在西安咸阳国际机场道别的难舍一刻。泪花在眼圈里转，嘴角还绽放微笑，目送着你和男友远去的背影，我们和一道前来送别的东的父母都有一种说不出的情感，也许有心灵的预感，多年前我就用笔写过今天的感受："即使在梦中，痴迷的双眼圆睁着大海那边，在无言的深邃和朦胧中，默默地放飞着长长的思念。在貌似平淡和坦然的背后，眼泪和心泪一块儿流，心理也难以战胜和超越自我。"

瑶瑶，你到了一个陌生的国度，在电话里说，起初那两天不光要倒时差，还要适应生活的环境。"露从今夜白，月是故乡明"，梦里不知身是客，醒来，方觉自己是在异国他乡。梦里的家园，虽然那般遥远，但仍能使人激动得热泪涌流。爸爸知道你是个不太爱袒露内心世界的文静女孩，这么多年来，你的微笑多于言语，常怀一颗感恩的心。在合肥读书的时候，每逢父亲节和母亲节，抑或父母生日，你都不忘发来一个遥远的问候。如今来到美国，这种交流似乎更频繁了，每周一次的越洋电话总会如期而至，主题永远只有一个：我这儿一切都好，勿念！

来美国的第二天，你在电话里说，走进罗格斯新泽西州立大学，印象最深的莫过于"绿色校园"了，那天清晨，你和东在校园里散步，居然看到了草坪上欢跳的松鼠和悠闲的小鹿。"我当时的心情是惊喜的，仿佛回归到大自然中。"你的话语中带着一种兴奋，只是为了告诉我们，你在这里的生活环境很不错。

不久后的一天，你又谈到了学校的餐厅。"可以吃饭的地方一共有三个：学生活动中心，学生食堂和教工餐厅。其中学生食堂我没有去过，不过据说很贵。那里并非一餐一餐地收费，而是让学生购买一年的套餐，然后每一顿都是自助，可以随便吃，折合下来学生要付近20'刀'（美元）来吃一顿饭。教工餐厅是我经常去的，但只有中午才开放，价钱要合理些，这里可以吃沙拉，煎牛排和各种排，盖浇饭，比萨，还有汉堡。这里的小面包和水都是免费的，还有免费的柠檬片、蜂蜜和各种果酱之类的。学生活动中心里的餐厅是全天开放的，包括比萨，'汉堡王''四川快餐'（一家中式快餐），墨西哥卷和咖啡店。"你说了这一大堆"吃"话，只是为了向我们说明，你在这里吃得很好。

我从你QQ发回来的图片中看到了校园景色，从你居住的学校公寓里，也看到了你的生活环境。在此之前，我并不了解这所学校，却原来是全美创建最早的九所高等院校中的第八所，1776年成立时称为皇后学院，与之同期的八所为：哈佛大学，耶鲁大学，普林斯顿大学，哥伦比亚大学，布朗大学，达特茅斯大学，宾夕法尼亚大学与威廉姆玛丽大学。但它的知名度明显落后于那几所学校，在全美大学综合排名第六十八位，有四十九位美国科学与艺术学院院士，十八位美国国家科学院及工程院院士在此任教，并有五位校友及教授曾获得诺贝尔奖，四位教授获得普利策奖。你向我们展示学校的这一切，只是为了告诉我们，女儿在这里会珍惜求学时光的。

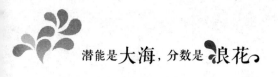
潜能是**大海**，分数是**浪花**

瑶瑶，父母理解女儿的那一份心，虽不算浪迹天涯，也算远离故乡，同为海外游子，谁没有几多风雨，几多思乡梦。但现代化的通信工具缩短了亲情的距离，心与心的沟通变得更便捷了。留学海外，是人生的一次历练，也是一次闯荡世界的机缘，只要你和东能把握机遇，静心求学，相濡以沫，我们也就放心了。

66 ▶ 万里之遥飘过一片思乡的云

你在留学三个月后，度过了海外第一个感恩节。这是美国和加拿大共有的节日，由美国人民独创。自1941年起，感恩节定在每年11月的第四个星期四，并从这一天起将休假两天，这有点像中国的春节，美国有成千上万的人，不管多忙，都要回家和家人团聚。就在这一天，你打来了越洋电话，说想起家乡的春节了。我知道，你想家了，万里之遥，隔不断的是思乡的情结，犹如思乡的梦拥挤在记忆的空间，剪不断、理还乱，用浓浓的乡情编织一件梦的衣裳，轻轻拨动思乡的琴弦，竟会产生振聋发聩之感。

我们在电话里聊起了家乡的饮食，你说你和东都吃不惯那儿的西餐，总觉得还是家乡菜好吃，因而，在学校安顿下来，一有空就在宿舍里做着吃。你告诉妈妈，前些时候在沃尔玛超市买了一个便宜的电饭煲，才十六美元，但没用几天就坏了，只好退了，又换了一个二十六美元的。"我还用它煲粥呢，什么红豆、绿豆、小米、大米都往里放。"你说，你们每周末都会搭师兄的车去超市将一周的食物和蔬菜买回来，存进冰箱，家里学的那点厨艺都派上了用场。

美国是一个校园枪击案多发的国度，仅在你留学那年的1月和3月，在内布拉斯加州奥马哈市和得克萨斯州休斯敦市就发生了两起校园枪击案，当妈妈最关心的自然是女儿的安全。你说，放心吧，我们就住在校园公寓里，周围环境不错，楼门和宿舍门都要刷卡才能进得去。谁知就在这次电话没过多久，又在12月9日发生了弗吉尼亚理工大学校园枪击案，造成两人死亡，死者中包括警察。有中国留学生回忆，案发时他正在学校的食堂就餐，案发后他和同学被要求留在食堂内不得外出，学校也临时关闭。我们在电视新闻中看到这条消息，就急着和你联系，你笑着说："没事儿，我们校园还从来没发生过这样的事情呢，放心好了。"我想，这就是亲情吧，当一个人独自远行时，若有人思念、有人牵挂、有人问候、有人嘱托，那么，这人最有可能的就是自己的父母和爱人，我想这也是一种幸运和幸福。无论什么时候，这种思念都是相通的。

我写过的《游子吟》就记述了内心的这种复杂情感，瑶瑶，我想把这首散文诗送给你，作为共勉。

栉风沐雨，载饥载渴的人生旅伴，总有游子晃动的身影，犹如一片流动的云，宛若一股不定的风。骋目纵览远方，仿佛倏然飘来，激昂而悠远的好似蓦然逝去，舒缓而动情的绝唱："慈母手中线，游子身上衣"……

命运在漫长的道路跋涉，生活从现实扑向理想。无暇顾盼夹道的花红柳绿，无意沉醉于世间的纸醉金迷，常常低吟道："路漫漫其修远兮……"哪怕大雨滂沱，哪怕寒凝大地，穿过丛林、野草、藤蔓、荆棘，越过峰峦、峡谷、沙漠、冰川，目力所及，那崎岖的，那坷坎的，那蜿蜒的，那狭窄的都是伸向前方的路，都连着追求的彩虹和希望的明天。

背着行囊，火烧火燎的热浪在拍打着游子的胸堤，是真正的勇士就要敢于横跨人生的塔克拉玛干沙漠。打从离开妈妈扶持的那天起，生活的教科书就反复告诉我：路，该怎么走。

当征途上，一路坎坎坷坷，一路跌跌撞撞，碰得我遍体鳞伤时，我抚着伤口，想到这样一句话："伤痕是痛苦的，但抚摸伤痕，可以使心常常醒着。"于是，我包扎起伤口继续奔波。我不愿做焚香叩首的善男信女，将自己的命运拱手送给虚幻的天国，我愿像贝多芬那样，紧紧地扼住命运的咽喉。

当缠绵的月色洒在生命的长河上，一股难以割舍的柔情便卷起阵阵涟

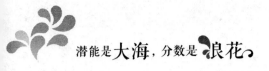
潜能是大海，分数是浪花。

漪。在水一方的母爱，心心相印的初恋，将游子的心同遥远的情和爱交萦互染。纯真的月光照亮了游子的心夜，温柔的笑靥，显明了游子的心田。

一轮皓月牵动了游子的心，一直牵到了遥远的天边。

哦，游子，明天的东方将再一次把你的热情点燃……

67 ▶ 除夕雪中漫步寻找家的感觉

在美国，感恩节过后就是圣诞节，之后不久就是中国的新春佳节。那是你第一次在国外过春节，也是你头一次离开家人过春节。俗语说："每逢佳节倍思亲。"这对远在美国新泽西州的你来说，更是别有一番滋味在心头。春节那几天，你每天都打来越洋电话，谈一些初次在国外过春节的感受。听说我忙于赶一部书稿，连春晚都没顾上看，你很惊讶，告诉我你可是从头看到尾。身在异乡，欣赏祖国春晚这份艺术"大餐"也是一种享受。

话语中我感受到你流露出的浓浓乡情，难怪有人说，身居海外更能感受到"祖国"二字的含义。我提到最近网上出现一些对春晚的责难，说春晚是"老太太过年，一年不如一年"。你却说，如果人在海外，就会有不一样的感觉，尤其那些"怀旧"的老歌，打开了人们的思乡情结，还有春晚的布景和灯光在世界都是一流的。你说："新泽西除夕那天下雪，初一那天又下雨，也算奇观了。我和东除夕之夜在校园的雪中漫步，在努力寻找回家的感觉，明明知道是幻想。"

我知道你真的想家了，远在异国他乡，像我先前散文诗所写的那样，你是把家分成了两半：一半筑在心上，一半留在遥远。我发现你离家远了，与父母却近了，与祖国也近了，就像你所说，来到美国，方猛然发现，家是一个永恒的牵挂。

"来到了美国，感觉很多时候人们所宣传的中国与西方文明的'差距'都是不确切的，有的时候不是人的差别，而是人口密度和环境的差别。比如闯红灯这件事，闯红灯是对是错先暂且不谈，很多人说中国人闯红灯，而西方人不闯，证明西方人素质高。"你说："但是如果你去纽约街头逛一逛，这个命题就不攻自破了，即便是红灯，好多行人也会在保证安全的情况下快步走过。"

  你告诉我，在人口密度相对低的蒙大拿州的观光船上，有一位老爷爷居然绅士般地试图给你让座，但在纽约拥挤的地铁上，很少有人愿意起身让座，哪怕身旁站着颤颤巍巍的老爷爷、老奶奶。有人说西方人习惯对路上遇到的陌生人报以微笑并问好。"在冰川国家公园，我确实也学着这般做了，可以和每个偶遇的人打招呼问好，但如果到了人头攒动的纽约，天哪！真要这样做，要累死我吗？同样，在美国空旷的街道，车辆可以给所有的行人让路，但如果在中国拥挤的马路上，以同样的标准，你的车可能永远也别想开动起来了。"

  你这番讲述也的确启发了我，我认为应当反对戴有色眼镜看待事物，无论是国内的，还是国外的，如果带着先入为主的心理，用有色眼镜去看待某一种事物，就有可能发生偏差。我们既要承认与发达国家存在的差距，也要看到中国近年来的巨大发展进步，既不能"不知有汉安知魏晋"，又不能总认为"外国的月亮比中国的圆"。说到这儿，我不禁想到身边发生的一件事，前些时候我发过一条微博，谈及我对国外某个不良现象的看法，有位微博博主就发了一条评论，大意是问我到过西方吗？言外之意是我没有资格说这样的话。我出于好奇，就查看了一下博主的主页，原来他是一位高新企业的老板，想必经常出国才会如此骄横。国内确有些人享受着改革开放的成果，却又"得了便宜还卖乖"，我当时很想回敬他一下，给他"秀"一下我的长篇旅欧游记《浪漫之都录梦》，那里面写了十一个欧洲国家和一个阿拉伯国家的风土人情。但我还是没有这样做，我知道，他不是冲我来的，是冲这个社会来的。在他心里想的就是赚钱，想的就是"外国的月亮比中国的圆"。倒是有博友看到后，回击了他，他就

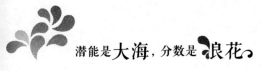

没再言语,想必也是理亏了。

瑶瑶,你一定学过方志敏《可爱的中国》这一课吧?他在狱中写下遗作《可爱的中国》。按理说,他最该报怨这个将要夺去他生命的社会,可他却分得清革命和爱国的关系,在他文字里,通篇洋溢出浓郁的赤子之心和爱国之情,他深情地说:"朋友!中国是生育我们的母亲。你们觉得这位母亲可爱吗?我想你们是和我一样的见解,都觉得这位母亲是蛮可爱蛮可爱的。"我想,这种可爱是滚滚的长江,这种可爱是奔腾的黄河,这种可爱是巍峨的泰山……尽管这个国家还罩着PM2.5的阴霾,还存在着诸多不好的现象,但我们不要只是抱怨,还要亲身去改变。无论什么时候都不要忘记:感恩我们生长在这个国度,感恩养育我们的父母,感恩我们这个和平的年代。

68 ▶ 感恩平凡的行动是脚踏实地

说到感恩,这是一种大爱的情怀。中国有句老话:"儿不嫌母丑,狗不嫌家贫。"很多时候贫困和苦难都是人生的宝贵财富,别把人生想得太难,别把现实想得太阴暗,要感谢太阳撒下阳光,感谢草原送来碧绿,感谢父母的养育之恩,感谢磨难培养坚强。人生在世,犹如沧海行舟,谁能没遇过风浪,谁能没感受过惶恐?人世沧桑,谁能没有过彷徨,谁能没有过忧伤?但风浪过后,要感谢岁月的风雨让我学会了勇敢;忧伤过后,要感谢原野的寒风让我懂得了坚强。

女儿,爸爸的青春有三年是在农村度过的,青春飘在昨天的日子里,似乎飘得好远好远……偶尔打开昨天和知青伙伴的合影,我便会生出几分感慨,几分感恩,几分思索,几分追忆。插队三年,我的手掌磨出了一层厚厚的老茧,那恰恰是我不愿向磨难屈服的见证。村里的乡亲对我很亲,也很关照。记得在老乡热乎乎的炕头上,我们盘着腿,一边搓着玉米,一边漫无边际地闲聊。逢年过节总有乡亲争着要把我接到他们的家里,吃上一顿香喷喷的饭菜。这对我们这些时常用盐水泡饭的知青来说，不能不算是一种奢侈。

岁月会留下苦雨寒箫的幽怨，也会有月落乌啼的悲凉。但我还会感谢风寒阴霾的苦砺之后，那阳光灿烂的日子。人生苦短，不可挥霍那份属于人生的苦辣酸甜；人生平凡，不可浪费那份属于自己的人生体验。所以，繁华落尽是平淡，喧嚣过后是安然。

女儿，你与父辈比起来是幸运的，也许不会有父母那份磨难，但你们这一代日后面临的生存压力并不比我们小，尤其在国外求学，更要求有独立生活的能力，所以从现在起你就应该有吃苦和遭遇挫折的足够精神准备。在美国拿到博士学位并非易事，很多人当初踌躇满志，最后却铩羽而归。他们也是名校骄子，却在"行百里路半九十"的最后时刻退下阵了。除了不可预知的因素外，个人的兴趣也是选择放弃攻读博士的主要原因。有的博士生觉得科研太辛苦，没有一个确定的前程，还不如先找一份让自己舒心，能驾驭得了的工作。所以申请拿一个硕士学位就找工作去了。

不过也有更多的人选择了坚持，选择了挑战。我也听你讲过身边一个留美博士结婚的故事，这位学长在办结婚仪式的前一个小时还在实验室做化学试验，临出门时和同事说了一句话："我出去结个婚，一会儿就回来了，那个仪器别关啊。"我听了很惊讶，觉得匪夷所思，你却告诉我，在当地法院办结婚仪式只有十分钟左右，再加上准备时间，有半个多小时也就足矣。这虽说是个励志的事例，可也从另外一个侧面说明了搞科研的艰辛。记得有句歌词："平平淡淡才是真。"平凡人过的就是平平淡淡的日子，走的就是平平淡淡的人生，要感恩平凡，是因为这种人生是最真实的。

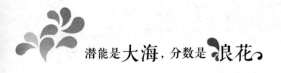

第十八章
在父母耳边不言苦的女儿

69 ▶ 人生中从来就没有什么草稿

女儿,人生从来就没有什么草稿,每走出一步就是一步的人生历史。爸爸感到欣慰的是,自从远离了家门,你走的每一步都那么扎实,都那么自然,很少有惊喜,也很少有惊愕。你在父母的面前总是一脸微笑,总是那么快乐,从来也没听你说过遇到什么过不去的坎,碰到什么绕不开的弯,以致我还曾怀疑你在报喜不报忧。现在一想,也许是我这个当爸爸的多虑了。当然,困难和挫折谁都会遇到,关键是对待困难和挫折的心态,常怀着一颗感恩的心,就是一块冰也会被焐化了。

你来到美国也遇到了攻克语言关的问题,过托福,过GRE,只能说明你具备了出国留学的基本条件,但在国内毕竟没有充足的语言环境,况且你还要面对美国学生做助教,没有一口流利的英语显然不行,因而,在登上讲台前,校方也要严格考核,最初一年,你也未能过这道关,几经努力才获得了资格。爸爸不知道你是如何努力的,在问你时,你只是笑笑说,多学多说呗。

生活中,许多平凡的东西往往更重要,譬如好的心态,看似普通,不与人的财富和地位相关联,但却比财富和地位更重要。这个道理很简单,水和空气平凡，但生命须臾不可或缺；青草和绿叶平凡，但世界无此便无风景……

反之，感恩平凡，拥有一个良好的心态，容易走得更远。你提到过，东的导师是位华裔科学家，也是位企业家，应当很富有，但他每天的生活却很平凡，平常只吃汉堡或者盒饭什么的，穿着也特别随便。有一次请你们去他家吃饭，因为夫人不在，他就从超市买了很多盒饭和速冻饺子拿回家请大家吃，结果吃剩下来的又被他收起来，又足足吃了一周。另外，他也真的很累，白天要照看美国这边工作，晚上还要和国内的公司沟通、布置任务，一天下来也很疲劳。

由此可见，人生平凡，绝非浅陋，绝非平庸，更绝非不思进取。人生本来就是平凡的，无论你做出何等成绩，坐到哪个位置上，都不要把自己看作不可一世，这才是人间正道。莫要异想天开为自己规划不现实的目标，莫要以为自己真的是"天降大任"者。登山的路，谁都无法预言攀到哪一级台阶，只要付出了努力，承担了责任，实现了自身的价值，平凡者也同样具有魅力，平凡者同样也值得骄傲。

其实，平凡的人生本来就是幸福。闲暇时听一曲优美的音乐，唱一支喜爱的歌曲，做一件开心的家务，这本身是生活的基调，是生活的三原色，无论谁都不可以不食人间烟火。我这里有你在2012年8月下旬发给我的"流水账"，我看有点意思，摘录如下，也让你来个"温故知新"：

8月23日（周四），一大学同学安来到纽约，约我和东去纽约吃饭。我们开车去的饭店名曰"蜀留香"，很不错的口味。饭后我们散步在第五大道上，经过帝国大厦，安说原打算明天来这儿玩的，今天这么巧，干脆就进去看看。遂进入。（8月24号帝国大厦就发生枪击案，这同学的命真大，躲过了一劫。）

8月24日（周五），我们课题组早上做实验，下午三点开组会，晚上和东开车去超市买菜和生活用品。

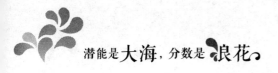

8月25日（周六），还是去做实验，要用到手套箱，我这没有，是去东的实验室借的。晚上请中科大新留学的师弟来家吃饭，向他介绍这所大学的概况和生活指南。

8月26日（周日），我和东与大学同学一道去了Outlet买衣物（都是打折的便宜货）。Outlet的名字叫Jersey Shore。

8月28日（周二），注销了富国银行的储蓄卡，办了摩根大通的储蓄卡。因为富国银行的开始收月份钱了，而办摩根大通的卡，可同时把工资直接打到这个卡里，他们还会给我们200美元的奖励。同时摩根大通主动让我们办他们的Freedom信用卡，我们也办了。这个卡的口碑很好，有很多消费会给5%的Cash Back。比如这个月吃饭和加汽油就是如此，花100美元，银行就返给你5美元。另外，所有的其他项目也有1%的Cash Back。这说明我们也有一定的信用额度了，大银行也愿意主动找我们办信用卡了。

8月29日（周三），今天为了欢迎新生，系里组织了两项活动：Poster Session和BBQ。第一个就是各个实验室都出一张介绍性的海报给新生看，同时老生在旁边解说。第二个就是大家一起在外面吃烧烤，吃饭聊天。嗯，晚饭就不用做了。

原来，平凡的人生就是一种幸福，流水账看似平常，但字里行间，我读懂了你对人生坦然的心态。看来，人生真的无须先打一个草稿。感恩平凡就要随其自然，一曲音乐，足以徜徉在流淌的旋律里；一杯咖啡，足以沉醉在生活的美妙中。

70 ▶ 求学之路有一种懂得叫努力

我很欣赏美国黑人领袖马丁·路德·金的一句话："如果一个人是清洁工，那么他就应该像米开朗琪罗绘画、像贝多芬谱曲、像莎士比亚写诗那样，以同样的心情来清扫街道。他的工作如此出色，以至于天空和大地的居民都对他注目赞美：瞧，这儿有一位伟大的清洁工，他的活儿干得真漂亮！"这就是平凡人生的真实写照。无论我们是在学习，还是在工作，是否开心，是否认真都取决于人的心态。认认真真做事，平平凡凡做人是最重要的人生行为准则。

женщины女儿，在我的印象里，你一直都在朝着这方面努力。来到美国这样一个陌生的国度，远离亲人，你会遇到很多的艰难，虽说不必像《北京人在纽约》的主人公那样，每天为生活奔波，但学习的压力是另外意义上的艰难。在美国，你告诉家人，你在读博的同时，又在攻读统计学硕士，这就意味着你在做着助研和助教的同时，还在攻读两个学位。在很多的留学生看来，做其中一两项就已经很吃力了，可你却说得很轻松，似乎你不过在厨房里又加做了一道菜，仅此而已，而这其中的甘苦只有你自己才知道。就这样，你每天行走于实验室到课堂再到宿舍的三点一线的求学路上，日复一日地做着在很多人看来很枯燥的工作。

有人说，人生之路，有一种懂得叫努力，有一种浪漫叫平淡，有一种幸福叫简单。生活中多一份思索，少一份迷茫；多一份淡定，少一份烦恼；多一分宽容，少一份狭隘；多一份坦然，少一份遗憾。心变得简单，日子就会快乐，幸福就会生长。行走在三点一线，你是在用知识铺路，为了明天的平坦，为了不留下人生的遗憾，你在努力做最好的自己。

爸爸在十多年前写过这样一首诗，叫作《我并不遗憾》，诗中说：

当岁月像纷纷落叶/从我身边飘落/我并不遗憾/毕竟又有簇簇新叶/钻出了绿茸茸的心田/我俯身将落叶拾起/小心翼翼地夹在记忆中/默默地期待着沉思的夜晚/当我在月下悄悄漫步/舒展开那并不辉煌的记忆/我并不遗憾/明月也有残缺的时候/人生哪能尽是花好月圆/我随手掬起一捧皎洁的月光/仿佛掬起一捧清亮的甘泉/滋润了心中呼之欲出的春天。

我曾将这首诗送朋友看，他的评价只有四个字：自我陶醉。他说，你和阿Q已经距离不远了，似乎有种精神胜利法隐藏在字里行间。我淡然一笑，说："你曲解了我的意思。我的本意是说，我有遗憾，但我并不

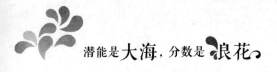

遗憾。人活在这个世界上，遗憾每个人都会有，而且感觉都是一样的。但是，人们面对它的心态却大相径庭。我觉得，人总不能将生活浸泡在遗憾中吧。"

与其整天遗憾，不如脚踏实地干事；与其羡慕他人，不如做最好的自己。表面的奢华，浅薄的羡慕，只会让自己整天活在梦想的乌托邦。无聊的攀比，笨拙的效仿，只会带来无穷的烦恼和痛苦。

瑶瑶，中国有句老话叫作"苦尽甘来"。这话极具哲理。现在市面有一本很畅销的书叫《苦难辉煌》，说的是中国共产党历经磨难，从苦难走向辉煌的历史。一个政党是这样，一个人也是这样，要记住，天上掉馅饼的事情是永远不会有的，"苦难掉馅饼"的事情倒时有发生，就像一首歌词那样："不经历风雨怎么见彩虹？"你今天行走在三点一线的求学之路，就在为明天储蓄财富，孩子，为了青春不留下遗憾，走下去，路就会越走越宽广。

71 ▶ 坚守平凡就是寻求人生幸福

女儿，苦与甜是相依相伴的孪生姐妹。人生追求的是一种幸福，苦中有乐，苦中作乐也是平凡者的人生美德。你和东在经历了最初的留学适应期后，已经学会了"一张一弛"的求学之道。在紧张的学习生活之余，你们也在用心打理生活。你们用节余下的钱买了一部二手汽车，不用再每次都"蹭"师兄的车进城购物了。你们结婚后享受了学校教职员工的待遇，搬进了相对便宜的教师公寓。

你们来美国的第二个感恩节。你给妈妈打电话，说周四周五放假，在周五那天，网上所有的商品都在打折，尤其是电子类的产品。你们虽然没吃上火鸡，但却买了一台39英寸的液晶电视，这次在网上买了个TCL牌的，说要支持国货。原本周三到货，但是快递来的时候你们没在家，因为贵重物品需要签收，他们又运回去了。你告诉我，这边的UPS（快递公司）很特别，他们送货只送三次，每次送货过来又不给客户打电话，只按下门铃，没应答就走人，而且三次过后就送回厂家了。你无奈地说，真留恋国内的快递服务，看来，下周一只有在家傻等着了。你还说，在学校住，买电视很划算，因为有免费的有线电视Cable，可以免费收看好多节目，还有各种国际频道，当然也少不了CCTV，哈哈，这下可以看春晚了，师姐住校外看电视节目每月要交60美元，况且频道还少得可怜呢。你说你买了一套哈利·波特的英文版，一共50美元，感觉不贵，打算看看英文原版书，你们"老板"也特别喜欢哈利·波特，之前聊起来，你好多的英文俚语都还不大懂。

感恩节的前夜，城里沃尔玛超市的门口排起了长长的队，因为子夜零点的时候，商店会开门，里面的东西特别便宜，你也听过很多人都会冲进去抱个电视什么的，都是限量的。你和几个同学周六一道去了纽约法拉盛中国城，是专程去吃中国美食的。吃了凉皮、肉夹馍、西米露、豆腐脑（天津的豆腐脑还挺特别的，里面放了芝麻酱）、驴打滚、肠粉、羊肉串、菠萝包。这些在国内都很普通，可在这边平时都很难吃得到。有个同学刚到就开始吃羊肉串，临走时又吃了好几串。你们在感恩节过后也有了出行计划，飞佛罗里达的机票和酒店都定好了，迪斯尼乐园在奥兰多，那里的酒店很便宜，一个标准间才40美元。至于去迈阿密就贵多了，要90美元一晚上。

这就是你所记录的真实的留学生活，苦并快乐着。求学原本是件很苦的事情，但你们学会了排遣，学会了坚守，学会了生活。人的一生，在纷繁世事中奔波，谁也不会幸运得只剩下快乐而没有苦恼，可谁也不会背运得只剩下苦恼而没有快乐。人生中乐有几分苦就有几分，懂得营造快乐，是平凡者的聪明之处。这都足以考验你们化解苦恼、营造快乐的能力，你们每每把求学与幸福连在一起，笃信坚守平凡就是寻求人生幸福。

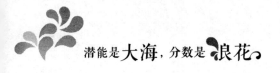

至于幸福，作家周国平有一个简单的定义，即八小时内找到一件自己喜欢的且能够干好的事，八小时外找到一个自己喜欢的人在一起，这就是全面幸福的人生。瑶瑶，你是不是有这样的感觉呢？我知道你从小就是一个安静的女孩，这么多年，静静走过了无数个平淡的日子，尽量不让世事的喧嚣嘈杂了你的心。阳光出来时，你会将双手高高举过头，以最大限度与太阳亲近；月光出来时，你会将双眸投向夜空，以最直接的方式与月亮对话。时光静美，倾听幸福来敲门，方知晓原来幸福不会从天而降，而源于一颗平凡的心灵。艰辛与困苦就像失季的风从来都是匆匆过客，只要你坚守平凡，敢于直面它，梦魇就会像乌云过去，好梦就会像彩云飘来。

72 ▶ 在异国求学的女儿继续成长

2014年九月下旬的一个周末，我与你通电话，你告诉我明天你与东去看尼亚加拉大瀑布，我说好潇洒呀，你说苦中作乐呗。我问你现在干吗呢？你说："嘻嘻，我现在是Office Hour。"随即又解释："就是坐在办公室等学生来问问题。"原来本科生要考试了，你这个助教要坐班答疑的。我好奇地问，有人来问吗？你说，现在还没有。我看了一眼时间，是北京时间7时57分，恰为纽约时间晚上7时57分，便说，那就干点自己的事吧。你说对呀，自己看书呢，我下周又要期中考试了。我笑着说，你一天过得挺充实，办公室就你一个人呀？你告诉我还有个师兄在那边做实验，晚上9点就回去了。我关切地问，办公室离家远吗？怎么走？你说，刚好东也在带助教，到时跟他一块回去。

随后，我们就聊到了当时国人热议的国际热点。你说，美国国家公园关门了，你的一个同学本打算带自己的父母去那儿玩，也去不成了。还有同学的父母准备来美国探望孩子，原本都订好了机票、饭店，也因此不能成行，更可怜的是还在国内探亲的同学，由于政府"关门"，签证一时拿不到，也就无法按时返校。我马上想到，你正在打算和东在年末回国休假，就说出了自己的担心，你笑着说，我觉得美国政府应该不会"关门"三个月吧。我想了想，也是这个理，如果真的"关门"三个月，那美国国家机器岂不真的停止运转了？

放下电话，我在想你留学整整两年了，虽说每次打电话，谈话都很轻松，但我还是能察觉得到你求学的辛劳，要去实验室搞科研，还要当助教，有时还要听统计学的课程。但你从来都没有一句抱怨话，还像是在校园小路漫步般悠闲，这其中的甘苦只有你自己才知道吧？细想起来，有弯弯的小路，就会有弯弯的人生。浓缩人生，不也像在弯弯的小路上漫步吗？在生命的转弯处，总会生出许多动人的故事。人们不必总把生活看得那么严峻。正视艰难旅途，并不等于天昏地暗，像毛主席曾说的那样：不管风吹浪打，胜似闲庭信步。

女儿，求学的压力，读博的压力，在你的身上都化为了积蓄潜能的动力。你会用调侃的口吻讲述身边那些足以让有些人精神崩溃的事，其实说不定哪一天，这事也许发生在你的身边，但你早已做好了应对的准备，这就是你内心强大的表现。

你告诉我，不知道为什么最近你们学校的"老板"们都"流行"转校，出了好多转校的奇怪事。你们系一个"老板"最近要转到天普大学任教去了，这使他组里的博士生很震动。一位南开大学毕业的同学A和他的女友一起双飞到你们学校，然后选他做了导师，现在已经二年级了，"老板"突然要走，也要那位同学跟着走，这样两个有情人就要分开了。还有一个"老板"转校却不带学生走，跟弟子说，不能带上你们了，请大家另谋高就吧。于是那些弟子就只能考虑转组或者拿个硕士学位。当然，也有"老板"要走，学生不愿意跟着去的，大家只能另谋出路。

好在我女儿是幸运的，遇到了一位好"老板"。你的导师叫Larry，是个挪威裔的美国人，在印地安纳大学读了八年博士，后来又在加利福尼亚大学圣塔芭芭分校读了博士后，是个有名望的美国化学家，如今虽说七十

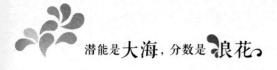

潜能是大海，分数是浪花

多岁了，但搞起科研来，还有着年轻人的活力。他不但关心学生的日常工作与生活，还像朋友那样和蔼可亲，时常将弟子找到家里吃饭。他从来不指手画脚，而是身先士卒，做的远比学生多，待在实验室的时间远比学生长。

　　女儿，放飞思绪，我领悟出：这世界上实在很难找到一条笔直的路。笔直是相对的，而曲折是绝对的，就像气势雄浑的黄河也要有九曲十八弯。对你来说，弯弯的小路，还得继续走下去，可不要小瞧哟，一条弯弯的小路就足以走完一个人弯弯的人生。

第十九章

洋学生眼里的中国小老师

73 ▶ 尝试在美国做老师的滋味

你当初拿到留美全奖录取通知书时，做父母的除了欣喜之外还有几许奇怪，美国人为什么那么大方，读博士不收学费不说，每年还提供一笔3.2万美元的生活费用？虽说这不是天上掉馅饼，岂不也等于中一个彩票大奖了？美国公立大学的学费低于私立大学，一年在1.6万～3.8万美元（约10万～24万元人民币），平均要3万美元左右（约20万元人民币），再加上每年2万美元左右的生活费用（约13万元人民币），每年就要5万美元（约33万元人民币）。如果上的是私立大学，费用还要更高的。

你去了美国，我才知晓，全额奖学金也只是你的一份工资而已。你除了要按部就班地完成博士学业，还要做助研和助教工作。助研要每天工作在学校的实验室里，完成科研课题；助教要为本校的大学本科生讲实验课，还要负责为学生答疑解惑、评判作业、监考。因而，你们将每两周发放一次的奖学金称之为"工资"，将导师称之为"老板"。刚来美国时，由于英语口语没过关，你先是做了助研，一年后才开始做助教。这中间，也经历了一段耗费心血和努力拼搏的过程，当然也尝到了做洋学生小老师的甘苦。

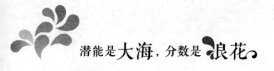

潜能是大海，分数是浪花。

先说说在实验室吧，有好多人都抱怨Genn的工作方式。Genn其人，乃是管理实验室仓库的一位黑人老师。没人知道他在这里工作了多少年，但历届学生中间都流传着关于他性格暴躁的故事，主要表现在他时常朝学生大喊大叫，所以学生们都不喜欢他。他很维护实验室的规定，如果有人不戴护目镜做实验，有人的裤子上有破洞，有人的鞋子露出脚背，他就一定不会让那个学生进实验室，一定要其回宿舍去换。他还有点个性，你必须把他要的东西放在他要你放的位置上，不然就会雷霆大发。你说："他是我见过的绝对铁面无私的人，我想如果他对学生能稍微温柔一些，待人更有礼貌一些，人们会很喜欢他的。"

你说，Genn的工作方式也许可以理解，他每天都在实验室，重复单调的工作，很多实验对学生很有新鲜感，可他却重复上千次。很多错误，某个学生可能是第一次犯，可他却见过上千人犯同样的错误，况且，美国很多的本科生我行我素，很不听话，这些积累到一块，难免让他养成如今的暴脾气。

"不过，不知道为什么，Genn对我好像还挺客气的，也可能对本科生和对助教还是不一样吧，尤其是女生助教，因为我所认识的男生助教也会遇到Genn对他们大吼大叫。我一开始还有些怕他，不过后来渐渐地竟然还可以和他聊上几句，他也会跟我讲讲下个实验要注意什么。记得最后一节课，他还跟我说，在新助教中间，我做得非常好，这算我第一次得到人家鼓励吧，我还是挺感谢他的。"从你的言语中，我看到你成熟了许多。真难以想象，父亲眼中平时说话都轻声慢语的小女孩，如今也当起老师来。我真想象不出当你站在讲台上，面对和你的年龄相差无几的学生是如何做的。

你头一回在美国做老师，没想到也遇到了闹心的事。之前师兄就告诫你，美国的学生会朝老师要分。结果，期末成绩一公布，你就提心吊胆了，生怕有学生跑过来朝你要分。没想到，说曹操，曹操就真到了。没多久就来了两个学生，一个说，我为什么会得B呢，给我个B^+行不行；另一个说，我怎么会得C^+呢，这太伤我的GPA了，可不可以重新给分呀。"原来美国的学生也把分数当成小命根了，"你说："这个时候，我只能说你的同学都太有竞争力了，大家考得都很好，平心而论，你只能得B。"如果对方还不依不饶的，你只好解释说，这个分数不是我给的，我只是个助教，成绩都是老师核实后给的。不过话又说回来了，他们考这么差，还这么理直气壮的，真够可以的。

2014年暑假前，你跟我说，最近你一个人批了两门课的卷子，但待遇却非常不同。其中一个地方的待遇特别好，从早上九点钟起，就提供咖啡和饼干做早餐，到了中午还提供比萨和饮料等。但在另一个地方，也做同样的工作，人家连杯水都不给提供，不但要准点签到，还要限制吃饭的时间。你无奈地说："批卷子是个力气活，因为要求所有的卷子都要一天批完，忙得天昏地暗的。"

这就是你在美国做助教的情况，苦中有乐，苦中有趣。我想说，个人的理想和社会理想结合才有了社会价值。有了社会价值，个人的价值才有可能得到体现。来美国求学，是个人理想的体现，但你在求学的同时，也在实现自己的人生价值，这是父母最值得欣慰的事情。

74 ▶ 潜能也许是个奇妙的迷宫

2014年4月18日，你从微信上发回一张图片，是一盒扎着花结的礼品装牛奶巧克力，这是你上完这学期最后一堂实验课，学生赠送你的礼物，上边用英文写着感谢和祝福老师的话。你说，就在那一刻你很感动。我和你妈妈看到这幅照片，心里比亲口吃到巧克力都甜，我还把这张图片发到了微博"秀"了一下，引来了几分喝彩。

2015年是你留学美国的第四个年头。2014年这个时候，你收到了学校发的一份学生调查报告，上面有学生在临近期末时给任课老师的打分，除

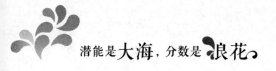

潜能是大海，分数是浪花

了打分之外，还有这样几个问题：你最喜欢这门课的哪方面？如果让你来教这门课，你会用什么不同的方式？你觉得老师要通过怎样的方式才能让你更加进步？最后就是还有哪些建议了。对于学生打分，老师在公布考试成绩之前是看不到调查报告的。只有学校在总成绩公布以后，才会把这些无记名的调查统计发给任课老师。我注意到了，你的人缘不错，普遍获得了学生给的高分。你在把调查表转发我们的同时兴奋地说："学生们给的分数都好高呀，我好感动呀。"

人的潜能犹如一座待开发的宝藏，只不过缺乏各种潜能训练，致使人的潜能无从发挥到淋漓尽致而已。人在走向社会之前，谁也不知晓有什么奇迹会发生。只要发挥足够的潜能，平凡的人同样会取得先前自己连想都不敢想的成功，从而成为最好的自己。你出国前，是个不善言表的女孩，就是回到家里，也喜欢"宅"在家里读书，听音乐，看影视片。可如今却站在三尺讲台上，去面对外国学生，这不能不说是一大进步。

柏拉图认为："人类具有天生的智慧，人类可以掌握的知识是无限的。"人类大约有90%～95%的潜能都没有得到很好的利用和开发，因而，我们每个人都有巨大的潜能在等待发掘。有研究证明，人脑由140亿个脑细胞组成，每个脑细胞可生长出2万个树枝状的树突，用来计算信息。人脑"计算机"远远超过世界最强大的计算机。这就是说，人的大脑可储存50亿本书的信息，这是世界上藏书最多的美国国会图书馆（1000万册）的500倍。人脑神经细胞功能间每秒可完成信息传递和交换次数达1000亿次。处于激活状态下的人脑，每天可以记住4本书的全部内容。

人的潜能既然有那么大的拓展空间，那为何有人开发得好，有人开发得差呢？除了先天条件之外，学习方式也是重要因素。人的潜能与读书是分不开的，尤其在科技发展日新月异的今天，不读书就无法掌握最新的科技动态，而光凭韧劲是远远不够的。英国有位诗人柯尔律治说过：有的人读书像是计时的沙漏,注进去便流了出来,什么也没得到;有的人读书像海绵,什么都吸收,挤一挤,还是原封不动,甚至还脏了些;有的人读书像过滤豆浆的布袋,留下的只是豆渣。而聪明的人读书却像是宝石矿藏的苦工,把矿渣甩在一旁,只拣些纯度高的宝石。如此说来,读书还真是一门学问,需要读书人好好琢磨的。

瑶瑶,爸爸真的好羡慕你处在这般美妙的年龄,我则"廉颇老矣",但我还是喜欢多读一点书。喜欢读书,是咱们家的家风,从你爷爷那辈起,我们就都是读书人。你若想在潜能这个奇妙的迷宫里行走自如,就要多读书、读好书,至于人的潜能有多大?我想,从某种意义上说,没有做不到的,只有想不到的。

75▶ 从幼儿园你曾说的一句话谈起

女儿,2014年元旦,你和东回国探亲度假,我曾笑着问过你,还记得吗?你在幼儿园大班度过的最后那学期,我有天到幼儿园接你,对你说,过了暑假你就要上学了。你却说:"爸,我不想上学,我怕不会!"你笑了,说:"我说过吗?"那会儿,你还只有五岁多。你和哥哥都上学早,都没上过学前班,他五岁半上的学,你六岁上的学。回过头来看,过早上学有利有弊,但对你们来说,还是利大于弊。因为,你们在当时的智力发展都超越了你们的实际年龄,不上学反倒是一种浪费了。

前些天,我和你妈妈回老家去参加你表哥的婚礼。我们在无意中找到妈妈为你记录的《宝宝成长日记》,这是一个老式塑料皮笔记本,页面有些发黄了,是1992年7月在你两周岁生日时为你准备的,它记录了你两岁以来,直到上学前的那段成长过程。现摘录几段让你看看自己的成长轨迹:

1992年8月14日:瑶瑶从两周岁起开始认字已有一个多月了,现已认识了59个字,都是一些身边常见物的名称,并都是由一个字来表明的物体

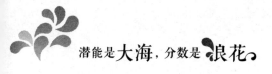

潜能是大海，分数是浪花

和身体的各个部位。今天又采取了一种新方法教瑶瑶识字：如果她认识了卡片上的字，就说它是好朋友，跟你好。如果不认识，就说它不跟你好。这样瑶瑶特别喜欢识字，生怕哪张卡片不和她好了。

1992年8月15日：瑶瑶今天懂得了1和2的数的概念，当你伸出一个手指，她知道是1个，当伸出两个手指时，她知道是2个。

1992年8月20日：瑶瑶今天开始去幼儿园，她更加活泼，爱说了，学会几首儿歌和歌曲《世上只有妈妈好》《两只老虎》，还会回来讲班上的一些事情。瑶瑶喜欢自己做事情，自己洗脸、洗手、穿单衣、脱单衣等，上幼儿园后这个特点就更加突出了，小包和水壶从来都是自己背，自己上下楼还不行，上楼时，一边上，我一边教她数台阶。

1993年1月5日：瑶瑶最近对童话书中的内容开始感兴趣了，还能简单地复述书中你给她讲过的故事。

1993年12月2日：瑶瑶开始学加法，已知1+1等于2，1+2等于3，已能数清30以内的东西。

1995年5月1日：瑶瑶已经认识了300个字，15以内的加减法。她的美术习作《五线谱》发表在《内蒙古教育》1995年第4期上。韩老师今天说，瑶瑶很爱回答问题，而且回答得都很准确，能顺着大人的思路，把大人想说的话说出来。

1996年2月10日：瑶瑶近来按照小学课本识字，第一册已认完，第二册大部分字都认识，识字1100个，已可以自己看一些书。通过参加幼儿园学习和家长辅导，她的拼音已很熟练，还会用拼音查字典，认生字。小学数学第一册已学完，会列式子，读应用题，会背乘法口诀，背圆周率小数点后50位。拍球100多个。瑶瑶有时也帮助妈妈做力所能及的活儿，如，洗菜、涮碗、扫地、浇花等。前不久，瑶瑶讲的《刘胡兰的故事》还获得了市群众艺术馆少儿故事大赛三等奖。

好了，爸爸啰里啰唆地谈了那么多儿时的你，想必连你都没什么印象了，但你细心的妈妈却用笔记录下这一切，今天读起来也挺有意思的。女儿，妈妈当了一辈子大学老师，我呢，也当过两年高中语文老师，后来爸爸从政也许是一种错误，因为爸爸不是当官的料，如果继续做老师，也许会有另外一番风景的。现在回想起来，你当初说"我不想上学"也许并非你真心话，也许只是为了在父亲身边撒娇而已，后来事实也证明了你是个喜欢读书的女孩。你如今海外留学读博，还在大学里兼职做助教，爸爸为你感到高兴和骄傲。你要感谢平凡，让你能在一个宽松而平凡的家庭里成长；你要感谢幼儿园，让你能有一个快乐而开心的童年；你要感谢学校，让你能不断地提高并挑战自我。瑶瑶，记住这样一句话："人生的路是一架云梯，从第一脚起便悬于空间。退，会失去重心；只有上升，才能充实空间，才能遥望远方的彩虹和浪花。"

76 ▶ 自信足以让平凡放射出光彩

女儿，自信是在平凡中累积和沉淀形成的。很多人都认为平凡是生来具备的，而伟大是奋斗得来的。爸爸不这样看，其实平凡，尤其平凡的心态远不是一下子可以做得到的。平凡是忍耐而不是骄横，譬如，西楚霸王项羽可谓英雄，在四面楚歌之时，不肯放下身段去江东，结果垓下自寻灭亡；平凡是自信而不是自负，譬如，三国关羽可谓俊杰，但居功自傲，结果大意失了荆州。历史上成大业者，无论何其伟大，都有一个平凡人的心态，越王勾践可谓春秋明君，当初不也曾低眉为吴王夫差牵马？韩信可谓千古良将，当年不也曾在无赖面前受过胯下之辱？但后世没有人会认为勾践和韩信是窝囊废。平凡远比伟大更需要毅力和勇气，这种毅力和勇气就来自于自信和忍耐。

当然，我们都是凡人，和历史的伟人没有可比性，但在平凡与自信上，是没有什么高低贵贱之分的。如果你想让自己日后成才，就不要胡思乱想，要做一棵无人知晓的小草，春也默默，冬也默默。当人们在夏日看

潜能是大海，分数是浪花

到那片清新碧绿时，就会发现你的存在，你的价值。

瑶瑶，你闯荡社会的人生之路才开头，就取得了让许多人羡慕的成绩。这得益于你的平凡和自信。我还清楚地记得，在你小时候，每当来家里的叔叔阿姨夸赞你聪明、懂事，你都会羞涩地跑到你的小屋躲起来。你总能看到自身的不足，总能看到比你强的人和他们身上的优点、但你却把自信写在心里，总是在暗暗较劲儿，力图使自己做得更好一些，所以，你才少走了许多弯路。但以往的成绩只能说明过去，这就好比登山，你登得越高，就越是艰险，保持住那份平凡与自信，才能领略"无限风光在险峰"的乐趣。

在攀登者的眼中，下一座山峰永远是最有魅力的，攀越的过程会让人无比陶醉。不要去想你攀登了多高，而要把每一步都看成第一步，这样才会充满新奇，才会有挑战的自信，才足以让平凡放射出灿烂的光彩。只有保持平凡的心态，清醒意识到人生不可能每一天都轰轰烈烈，每一季都柳绿花红，才能登上人生的顶峰。

女儿，自信是从小就需要培养的，在这方面，你妈妈为你日后的自信创造了许多条件。还是在你上幼儿园的时候，有年夏季，你的手被蚊虫叮咬了，肿得很厉害，有一两天没送你去幼儿园，以便在家里换药。你就问妈妈："哥哥手破了也不上学吧？"妈妈说："手破了一点，还是要上学的，可如果伤得很重就需要在家休息了。"你马上接话说："我上次手划破了还去幼儿园了，这次是肿得太厉害了，对不对？"原来，你的话是在这儿等着呢。你绕了一个大圈子，是想验证一下为什么可以不去幼儿园。

我想自信就是在这样一种潜移默化中生成的。日后，你在上小学、上中学时，有个头痛脑热的，都很少请病假，在我印象里，你初中、高中就没请过一次病假事假。有时感冒了，妈妈让你休息一下，你都坚持一边吃药，一边上学，因为你自信你能挺得过去。如此看来，在子女培养过程中，孩子所碰到的第一件事，大人指导他如何处理非常关键，孩子往往总以第一次的处理方式作为参照物。你若日后有了子女，相信你也会照此办理的。

　　女儿，自信还是抓住机遇的资本。不是吗？在机遇来临时，缺乏自信，就会成为逃兵。瑶瑶，记住爸爸的话，人可以功不成、名不就，可以平凡，但绝不可以缺乏自信，缺乏毅力。自信是一曲无字的歌，毅力是一首无言的诗，人生的平凡蕴含在自信之中，就像一滴水映出太阳的光辉，它会滋养心田，沐浴春风，让平凡也能闪光。

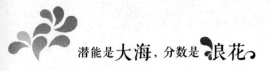

第二十章
实验室里领略的大千世界

77 ▶ 兴趣其实就是引航的罗盘

女儿，我不知道你喜欢化学的源头在哪里，但我知道你从初中起就对那些枯燥的化学符号产生了浓厚的兴趣，从初中到高中，再到大学，你的化学成绩一直是各科成绩中最好的。看来，大科学家爱因斯坦的话千真万确："兴趣是最好的老师。"兴趣其实就是引航的罗盘，始终在引导一个人主动去求知、去探索、去实践，并在求知、探索、实践中产生愉快的情绪和体验。在这点上，爸爸也有很深的感受，对文学的兴趣这么多年来一直占据着我人生的相当时间。从当年在报刊上发表第一首诗歌开始，几十年来，是文学的兴趣支撑起我人生的信念和乐趣。

瑶瑶，爸爸即便在从政的那些年，也从来没动摇过对文学的兴趣与追求，我白天没有时间，就晚上静心在台灯下笔耕。是文学让我保持了一种淡定坦然的平凡心态。

集这么多年来的人生体验，我认识到文学的魅力是兴趣的起源。那么，化学的魅力也是你兴趣的源头吧？爸爸是门外汉，但我武断地认为，化学的魅力就是你在实验室能看得见，摸得着，而且有着无穷无尽的变化。你可以通过做化学实验，更科学、更深刻地认识大千世界；你可以发现化学世界的奥秘,领略化学方程式的神奇,探测化学元素的周期性变化。化学的魅力在于可以将枯燥的化学符号,在你眼中成为有灵性的生命。我知道,在美国攻读博士学位是个很艰难的过程,你每天都要往返于宿舍和实验室之间,日复一日做同一件事情。但是,这并不能影响到你对化学专业的喜爱,我从你给我发回的工作和生活日志上看到了这一点。

2012年9月5日:上了"老板"的课。人好多,有23个,很小的一个教室都挤不下了,估计会换教室。原来新来了很多吉林大学的交换生,他们都选了这门课。本来我们"老板"拿到的名单只有11个人,但吉大学生这么多来听课,却是意料之外的。听说很多其他课也发生了同样的问题。今天好忙呀,做实验一直到11点。

2012年9月6日:上了第一堂Qualify的课。这学期我们要过一个Qualify的考试。过了才可以拿到博士学位。题目是做一个不是自己方向的文献调研,并且提出自己的构想。写一个报告,并且做一个报告,得到老师的通过,我被安排在11月8日。晚上去超市买菜,顺便出去吃了饭。

2012年9月7日:今天开了组会,定了这学期的组会安排,报告顺序等。晚上大家饭后一起看《中国好声音》。

2012年9月8日:周六也要做实验呀。不过出去吃了个自助,晚上不做饭了,洗衣服。

2012年9月17日:跟在法国的师兄聊天,他说那边好无聊呀,晚上和周末是禁止去实验室做实验的,搞得都没什么事情可做了。还是这边充实啊……

原来,兴趣就是这般奇妙,它可以改变一个人的生活方式,也可以改变一个人的思维定式;它是人类认识世界,改造世界的不竭动力,也是创新世界,完美世界的推进剂。著名化学家、中科大兼职教授徐光宪院士曾形象地将数学、物理比作上游学科,化学是中游,生物学、医学、环境科学等是下游。化学一方面借助数学、物理的方法和手段研究物质世界变化

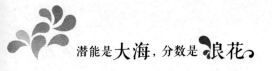

的规律，同时又为生物学等学科提供理论基础，促进相关领域的发展。这个特殊的位置使人们通过化学对自然科学有了整体的认识。数学物理方法在化学中的广泛应用，可以更深刻地理解数学物理规律，而坚实的化学基础，又在很大程度上加深了研究者对生物现象、环境现象的认识。这就是兴趣使然，恰如黑格尔所言："一个深广的心灵总是把兴趣的领域推广到无数事物上去。"兴趣于是也使心灵变得充实和高远。

78 遇到好导师就等于抓到大奖

女儿，2012年夏天你回国休假，我们一起回老家去看望奶奶和姥姥。有天我们逛街时，你说想给导师Larry带回一点内蒙古特产。我们就满街转，最后你选定了一种蒙古皮囊酒。你说，导师对他的学生都很好，经常请大家吃饭，很多弟子回国归来带的土特产，他都会把所有的学生都叫过来共享。

Larry在女儿眼里是个和蔼可亲的师长，也是个全身心投入学问的人。他时常对弟子们说："你们有多幸福呀，你们研究的这个东西，世界上只有你知道，我知道，除我们之外没有任何人知道。"我问你这是为什么，你说，这是因为化学领域的分支太细了，就是一个导师带的博士生，相互之间也对对方研究的课题不甚了解，更不要说外人了。

韩愈在《师说》中说："师者，所以传道授业解惑也。人非生而知之者，孰能无惑？惑而不从师，其为惑也，终不解矣。"在我看来，好的师者，既要解学生的学习之惑，又要解学生的生活之惑，还要解学生的人生之惑。

你告诉我，Larry从来都不许学生喊他老板或导师，而是直呼其名。他是一个真正做学问的人，搞科学研究精益求精，一丝不苟。"Larry比我们勤奋，待在实验室的时间比我们还长，他很喜欢他的职业和专业，还一直在写论文。东的导师就有另外一种理论。他说，人生有两个坐标：一个横坐标,是科研和事业的高度,一个纵坐标,是从商的高度。这是理论和实践的关系,要站在对角线上,要做到两不误。"我想,这两种作为都不失为智者,所不同的是,个人对人生价值认识的差异,但是做到了哪一种都是了不起的。

从你的介绍中,我了解到,Larry仅博士就读了八年,一年去了菲律宾支教,到了最后一年是老婆供他读书,自己还做过家庭主夫。这点倒很像李安导演,有一个理解丈夫、支持丈夫、善解人意的夫人。他的敬业风格肯定会对你日后成长起到示范的作用。之前,你们研究组和法国的几个研究组在合作一个研究课题,每年都要开一次例会,相互交流研究进展的情况。前年是你的导师去法国开的,去年你们学校做东道主,法国的几个教授来了。在研讨会上,导师将课题的进展,包括你的工作进展情况一同向对方报告,这也使你忙了好长时间,赶数据、忙总结之类的。

瑶瑶,从你对导师的介绍中,我发现他是很有个性的老师,善于身教胜于言教。除了套用一个中国特色的词汇"爱岗敬业",还有几分"先天下之忧而忧,后天下之乐而乐"的情怀。你给我发过来Larry反对伊拉克战争的照片,那是他在参加反对伊拉克战争活动时精力充沛地在人群中演讲。他提倡多征收富人税,十分愿意帮助穷人,还提倡为大多数人谋福利。他经常透明自己的经济状况,公开资产和存款的数额。他说他没有用钱的地方,现在已经足矣。他还说,他的博士生做助教,若由于学校经济原因发不了工资,他可以用自己的存款给学生发工资。你的评价是:"挺好的一个老人,也是一个很超脱的人。对人很好,我们系由于经济原因曾开掉了几个人,以减少经费支出,但他就直接给校方写信为这几个人争权益。"你眼里的导师还是一个特别幽默的人,总是想逗自己的学生乐,说一些自己当年的笑话。"他的精神状态很好,常去健身房跑步,去游泳,连年轻的男博士生都没他力气大。"

我想,师者用自己的实际行动将学生目光中的怀疑、猜测、挑剔变成

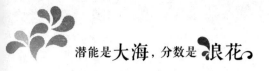

心中对老师的信任、尊敬和爱戴，这并非轻而易举能做到的事情。或许有一天，师者传授的知识已随着时光的流逝陈旧或淡化了，但师者的人格魅力在学生的心中却变成了永恒。

79 ▶ 女博士走出实验室彰显美丽

女儿，几年前，社会上存在着一股妖魔化女博士的倾向，说什么"大专生是赵敏，本科生是黄蓉，硕士生是李莫愁，博士生是灭绝师太，博士后更可怕，是东方不败"。这话还算客气，尚且承认女博士是女性，但另一种论调就走极端了，竟然说"世界上有三类人，男人、女人、女博士"，女博士居然成了另类群体。在许多人眼里，女博士似乎没有个人兴趣，缺乏个人爱好，是不食人间烟火的"学霸"。可我从你的身上验证了"偏见比无知更可怕"这句哲理，因为我的女儿不是那个样子的。

2014年5月30日清晨7点30分，就在我写这个章节时，你和东恰好在巴黎度假。你们前天去的欧洲，当天下午4点10分，我收到了一条你在巴黎戴高乐国际机场发来的报平安微信。你们这次将先后到法国、瑞士、意大利等国去领略欧罗巴风情。爸爸很赞赏你们这种生活方式，求学并快乐着。在我看来，人生的幸福与快乐要具备一些基本要素，譬如身心健康就是人生快乐与幸福的先决条件，还要有清晰而灵活的头脑，以及必要的知识和财富的积累。除此之外，人生的快乐与幸福也离不开身边那些值得信任与依赖的朋友。这是爸爸积累这么多年人生体验所生成的一点感悟。

人生美丽与美丽人生都是靠追求人生得来的，像一束田野小花，对阳光，她绽开笑脸；对露珠，她吮吸在心；对春风，她敞开胸襟。人生永远在尝试美好，尝试美丽，把心扉打开，让云儿游动心野，让阳光弹奏心弦，让晨风吹拂心海，一路能领略多少迷人的风光，就能感悟多少醉人的芬芳。女儿，走出实验室，你才能更快成长，你才会更加美丽。你在实验室里可以领略到大千世界，你在实验室外可以领略到人生的亮丽风景。

平时在网上闲聊时，你也给我讲过你们女博士走出实验室的工作和生活。留美第一年，学生会组织你们这些博士生去了纽约附近的一家制造香料的公司。这算是你第一次参观美国公司吧。公司对参观者要求很多，不能带手机、相机，也不能穿T恤和牛仔裤。公司老板带你们闻了很多香料。话里话外，公司老板流露出对自己工作的喜爱。这家公司很小，到处都是装有各种香料的瓶瓶罐罐，空气中弥漫着各种香味。你说："香味太多也不是好事，尤其是这么浓郁的芳香，熏得我很是头痛，看来以后是没福气在这种公司工作了。"

女博士在实验室之外也充满乐趣。你的师姐有一次要回国探亲休假，那一周的组会就决定欢送她。你们一起看了个电影，叫《迪斯尼经典：幻想曲 1940》（*Walt Disney Classics Fantasia EX* 1940）。这部由塞缪尔·阿姆斯特朗导演的影片荣获了1940年纽约影评人协会特别奖和1941年第14届奥斯卡特别成就奖两项金像奖。这部不是严格意义的电影，实际是由几个交响乐组成的，然后迪斯尼公司根据旋律配上动画剧情，很有想象力，感觉很不错。你们和师姐一起吃了顿中餐，你提到："我们老板其实还挺喜欢吃中餐的。他说他不喜欢吃汉堡，不喜欢吃奶酪，不喜欢喝可乐什么的，就喜欢亚洲的食物，比如中餐、印度餐、泰国餐。他觉得东方的饮食都要好吃一些，在那里还看到有很多美国人都可以很好地用筷子吃饭呢。"

走出实验室，你还时常参加一些学术会议。前些时候，你参加了一个在美国的中国化学会的会议。这一届是由你们学校主办的，来的都是一些在美国学化学或者在化学领域工作的中国人。会议举办期间有一些报告，也有一些招聘，当然还有Free Food。你和一个刚去陶氏公司工作的博士生聊天，虽然他才去公司三个月，但他特别喜欢他的公司，还一直在"炫"他们公司多么富有。他说当时去参加面试，公司要求他一天跑两个城市，他就表示不大愿意，一天实在太赶了。但是面试官直接给了他一张下午3

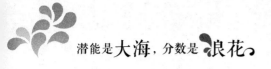
潜能是大海，分数是浪花

点半的机票，让他飞过去。只因在第一个城市的面试时间很长，到了3点钟还没面试完，他就有点急了，说机票怕要过期了。面试官一笑，说不用着急嘛，这飞机就是我们公司的，时间不是问题，你和我们一起飞好了。后来才知道，他们公司的飞机就是每天在美国各地飞，负责招聘等工作。

你把这些趣闻告诉爸爸，让我看到了一个走出实验室，不一样的女博士。走进外面的世界，你像一株蒲公英，让知识的花絮大大方方地飘散四方，你的笑容也变得缤纷和灿烂。在今天的社会，化学作为一门中心科学已经渗透到人们生活的各个领域，从水泥、陶瓷、塑料、橡胶、合成纤维，一直到医药、日用化妆品等都离不开化学的影子，而具有化学背景的博士生以其良好的学习素养，受到众多行业的欢迎。爸爸相信日后无论选择什么职业，你都会做最好的自己，就像一棵小松树，无论冬夏春秋，枝叶都会一片碧绿，形成一道靓丽的人生风景。

80 ▶ 有一天学弟学妹也成了师哥师姐

时间过得真快，转瞬之间你去美国都快四年了。有一天，你说没想到你也成师姐了。这不禁让我想起两千多年前孔老夫子一日站在河岸边，望着眼前浩浩荡荡、奔流不息的河水叹道："逝者如斯夫，不舍昼夜。"看来岁月真是不饶人，在看你一天一天长大的同时，父母也不知不觉中老矣。

去美国的次年九月，你在电话里说，你的一个师兄居然成了罗格斯新泽西州立大学助教助研公会（AAUP）的主席。你当时还调侃地说："他是怎么当上的呢？不过现在他正在动员我们所有的人加入。既然他是主席，我就从他那'抢'了几件公会的T-shirt，还有水壶回来。"

中科大在纽约有"科大校友会"，每年都要召开一次聚会。强大的海外校友资源，使得中科大学生在美国一流大学担任教授的人数，以绝对优势遥遥领先于北大清华之外的其他高校。中科大有很多校友是美国学术界响当当的人物，很多人任职于美国的名校，也与中科大有非常密切的联系，这些校友会让中国留学生一到美国就有找到组织的感觉。

2013年的纽约中科大校友会年会，你和东没去成，不过你的师姐去了，回来说，去的多是学金融的，学化学的人很少，没组织什么活动，食物倒比先前好吃得多，但大家只是坐在一起聊天。听说人家加州那边校友会就办得很好，还请人演了国粹"川剧变脸"，挺有意思的，相较之下纽约地区的聚会就平淡多了，但很多高年级博士生倒是挺踊跃的，这也许与现场优质的人脉资源对他们即将面临的择业有帮助有关。

我问你，做师姐的感觉如何？你说，多了几分成熟和责任吧。刚来时，出去购物或逛纽约，总要"蹭"师哥师姐的车，第二年买了部二手雅阁汽车，也开始有师弟师妹来"蹭"车了。对了，何止是"蹭"车呀，这帮人还不时会来家"蹭"饭。我这里先摘录一段你先前发给我的生活日志：

2012年9月15日：起床就很晚，吃了午饭，下午去做实验。走之前用慢炖锅把牛肉炖上，晚上回来就可以吃了。之前，有几个人吃过，大家都说好吃，我们的几个朋友晚上又来"蹭"吃了。吃完饭，大家都要去看由生化危机系列编剧保罗•安德森执导的第五部作品——《生化危机5：惩罚》，中国影星李冰冰也参演了。我被拉去和他们一起看，还是3D的，15美元呀。不过这真的是我看到过的最烂最烂的电影了，实在是太难看了，从头到尾没有剧情……还我的15美元！

这上面提及的"慢炖锅"，还是你和东不久前在去塔吉特百货采购日用品时的意外收获。那天你们还买了台电子体重秤，来监控体重，起由是一个师弟偶然发现自己的体重到了七十多公斤，当时就"悲摧"了，马上到健身房跑步去，下午还拉着东去打篮球。就在那个商场，你们又看中了一个慢炖锅，决定买回来炖牛肉，还放了红枣、枸杞、葱、姜、蒜、香叶、山楂、十三香、花椒、八角……再将肉放到锅里就不用管了，可以炖

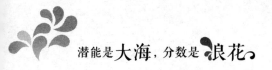

潜能是**大海**，分数是**浪花**

一天，晚上就能吃了。放一口到嘴里，果真好香呀。可我看到这里就差点笑喷了，一边减肥，一边吃肉，这岂不与你们买电子秤的初衷背道而驰吗？莫非鱼和熊掌可以兼得乎？

瑶瑶，走出实验室，你女博士的生活照样很精彩，从本色平凡到结伴平凡，再到感恩平凡，你渐渐懂得了什么是快乐的生活，什么是生活的快乐。不管是先前当师弟师妹的你们，还是今天当师哥师姐的你们都脱离不了本色平凡。一个人无论为人，还是处世，都要做到与人为善，用一颗真诚的心对待师长，对待朋友。闲暇之余，月下漫步，要有一种平凡者的坦然和心游万仞的豁达。走出实验室，心灵会变得宁静，岁月会变得清幽，心海会溢出世界上最美好的情愫。

罗丹曾经说："这个世界不是缺少美，而是缺少发现美的眼睛。"有了这般情怀，即便日后，人生遇到了挫折，也会抛弃浮躁与焦灼，笑对人生，重新领悟一种力量和生机。记住，不要在乎已走过的路是辉煌，是平淡，是笔直，是曲折，你更要注重未来的路，把一生的梦想，都寄托给明天的追求与探索……

第二十一章
向传统文化鞠躬致敬的女孩

81 ▶ 远离故乡所感悟的距离美

2012年9月30日，你在美国度过了第二个中国传统的中秋佳节。你在与妈妈的QQ聊天中，感叹月还是故乡明，交谈中你说："离家再远也忘不了吃故乡的月饼啊。之前听了师兄一句话，月饼在中秋节当天果然降价了，一下子买了两盒。新泽西这边只有礼盒装的月饼才可以买到，我买了一盒蛋黄莲蓉，一盒七星拱月（就是七个小月饼围着一个大月饼）。据说这月饼是中国澳门的品牌，叫澳门香香，以前好像没听说过。晚饭后，我和东坐在电视机旁，一起收看了央视中秋晚会《福州月·中华情》，忽然感悟到，祖国离我好近啊，乡音真的好亲切呀！"

那台晚会划分为"亲情""乡情"和"中华情"三个篇章。亲情篇"月上枝头"，乡情篇"坊巷月光"，中华情篇"月满福满"传递全球华人天涯共此时的欢乐情怀。大洋彼岸的两端都在共享"海上生明月，天涯共此时"的美好时光。也就在那一刻，我们做父母的才能真正领略到唐代诗人张九龄写《望月怀远》的真切情感。一个远方的女儿，遥望故乡的明月，敞开思恋故乡的心迹；一对远方的父母，眺望异国的月空，抒发思念女儿的情怀，那是一种多么缠绵的乡情。

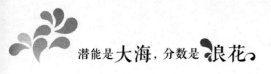

十七年过去了，如今你在异国他乡，谈起中秋，肯定有不一样的感觉。距离产生美，爱情如此，亲情也如此。亲情是一条乘风破浪的大船，一旦你坐到这条船上，就不必害怕惊涛和礁石。亲情载上了思念，这条船就永远也不会沉没，人生之路有多远，航程便有多远……

2012的中秋节刚过一个月，在美国的10月29日晚上，飓风"桑迪"在美国的新泽西州海岸登陆，给美国人口最稠密地区的5000万居民的生活带来了巨大的威胁与破坏，当天美国东部有300万家庭断电。美国总统奥巴马30日宣布受灾最严重的纽约、新泽西为"重大灾难"区。我们在电视上看到这条消息，非常着急！没多久就接到你的电话，说你们那里刚刚恢复电力和网络通信。"本想早点打个电话，但手机也没信号，我们看到好多美国大兵赶来救灾，有关方面还给我们发饭票，去食堂吃饭。"你故作轻松地说，"虽说，这次飓风确实很大，据说是美国150年来最大的一次，但我们这除了断电和停课就没别的事了，罗格斯大学是这一带的避难所，是地势最高的，安全没有问题，放心好了，我们这很安全啦。"

这就是割不断的亲情，虽然远隔千山万水，但当两颗心朝着对方跳动时，这世界便小了，即使在天涯海角，也如相距咫尺之间。思念缩短了人与人之间的距离，而这些是金钱所买不到的！遥远的亲情像一条无形的大船，载着父母、哥哥和你，在人生的长河中漂泊。虽说我们相距很远很远，可我们的心还是在那条大船上，于是，我们还是在共同奋力击水，将它驶向魂牵梦萦的家的港湾。

82▶ 在传统文化中解读时尚美学

女儿，我曾在一篇随笔中这般讲过，一个人来到世界上，不管他是否爱好文学，都不可能完全与文学割裂开来。现代人，只要还认得几个字，几乎没有人没看过文学作品。文学是人学，这是一个很浅显的道理。作家冯骥才曾风趣地说："一个人平平常常走在路上——就像散文；一个人忽然被推到水里——就成了小说；一个人给从大地弹射到月亮上——那就是诗歌。"从这形象而简洁的语言当中，我们可以体味到文学与人生的亲密，体味到文体与文体间的异同。

中国文学有着绵长悠久的历史，有着博大精深的底蕴，其源远流长的思想更是传承了千古的智慧结晶。如今，你虽远在万里之遥的美国，但内心深处，中华传统文化已经在你心中扎下了深根，这是毫无疑义的。大学期间，我就发现你对国学颇感兴趣，一个理科生却买了许多与化学专业无关的古文典籍，像《古文观止》《资治通鉴故事》《论语》《老子》《庄子》……后来去美国留学，虽然无法将其随身带走，但好在随着科技发展，有了电子书，可以随身带一个行走的图书馆。

瑶瑶，我知道你留学生活很紧张，没有太多时间读浩如烟海的国学典籍，但你还是要挤出点时间来充实自己，走进国学殿堂，不仅能够启迪心灵，开启智慧，还可以培养情操。我很惬意享受这样一种生活，父女有一天坐在一起，品读国学经典，领悟人生百味，助其修身怡心，间或谈起《春秋》《史记》和《全唐诗》，犹如音乐流动着诗情画意的永恒，恰如缕缕月光荡漾着令人惬意的情愫。橘红台灯映照下的书房，笼罩着甜美惬意的氛围。此时此刻，咀嚼着平平淡淡的人生，夹杂着生活的甜酸苦辣，倒也有几分滋味。

中华传统文化所具备的古典美与当今社会的时尚美也是一脉相承的。孟子曰："充实之谓美，充实而有光辉之谓大。"这可谓为有文字记载的早期古典美学命题。中国古典美学中的"美"与"大"，与现代美学中的"美"与"崇高"有异曲同工之妙。有学者认为，孟子所言的"大"既有现代美学中"崇高"之含意，也有色彩绚丽和气象辉煌之韵味。只是由于现代美学一般只取"美"与"崇高"这两种美的形态分类，所以"大"的后一层意思就往往被忽略了。我国早期引进的西方美学思想就呈现了这样的特点。国学大师王国维在《古雅之在美学上之位置》中说："一切之美

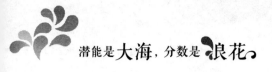

皆形式之美也。就美之自身言之，则一切优美皆存于形式之对称、变化及调和。至宏壮之对象，汗德（即康德）虽谓之无形式，然以此种无形式之形式能唤起宏壮之情，故谓之形式之一种无不可也。"

时代发展到了今天，时尚之美成了一种潮流。审美作为一种品味，自然也与知识、信仰、道德、习俗等文化要素联系在一起，成为当代美学的一个标准。一个民族的审美观，既表现了其民族自身美的价值观，也浓缩了其民族的文化价值观和民族文化心理特质。这与传统文化的传承是分不开的，犹如孔子赞美尧所言："焕乎，其有文章。"（《论语·泰伯》）就蕴含着赞美尧具有光彩照人的相貌和博大辉煌的气概，这又不是一般的美所能囊括的。

瑶瑶，当你从传统文化中走出来，走进一个现代世界里，你会发现，生为中国人，是何等的幸运。当然，我们这个民族也曾有过衰落，有过迷茫，有过屈辱，但是正是中华民族的传统文化，使得这个民族在经历了百年屈辱和血雨腥风之后，凤凰涅槃，浴火重生。要记住，传统文化是中华民族的魂魄，只要传承下去，这个民族就有希望，这个国家就有希望！

83 ▶ 和女儿代沟多宽的思索

我向来不会强迫儿女按照父母的意愿来思维、来行事。达成共识很好，存在分歧也不足为怪。这是因为，我们的成长岁月分别处于完全不同的社会环境中，随着时代变迁和社会的进步，人们也在不断改变着行为方式和思维模式，这也许就是人们常说的代沟吧？

我和你妈妈都出生于20世纪50年代，我们那会儿的童年和你们的童年有完全不一样的记忆，我四岁之前是在部队大院里长大的。夏夜，我瞧见大人们三三两两地摇着大蒲扇，围坐在庭院大理石圆桌上，泡上一杯浓浓的茶，悠闲自得地品啜；或者穿过月亮门到花园的草坪散步。我们这些孩子们则喜欢在月亮门内外捉迷藏，打水仗。

那时候，城市里还没有麦当劳、肯德基和家乐福超市，上街还离不开粮票和布票，逢年过节才能吃上一顿饺子，因而，爸爸会为跟在你爷爷的屁股后面，在小饭馆里吃上一碗热气腾腾的馄饨而兴奋不已。那会儿，孩子们是以朴素为荣为美的，爸爸就曾有过不愿意穿新鞋，喜欢穿打补丁衣服上学的旧事。多少年后，你妈妈有一天偶然发现，小学毕业照片中，我坐在最前排，脚上那双球鞋居然还露出了脚趾头，而我一直都认为这很自然。

瑶瑶，你和哥哥则与爸爸妈妈有着截然不同的童年生活。你们小时候是看着《米老鼠和唐老鸭》《狮子王》《加菲猫》等动画片长大的。顽皮的米老鼠、活泼的唐老鸭、狮子王辛巴、慵懒的加菲猫……极具个性的"动漫明星"是你们的偶像。你们当年多了许多生活的色彩，可以在机器猫、遥控火车、变形金刚的玩具王国中尽兴嬉戏，可以在《我们这一代》《大风车》《七巧板》的少儿节目里尽情徜徉。

你们儿时那会儿，城里有了流行音乐，有了红裙子，有了麦当劳，有了太阳镜……很多做父母的懂得了投资教育，从牙缝里省下钱来为儿女进行智力投资。于是便有了大大小小的奥数班、钢琴班、绘画班和舞蹈班。于是时尚和名牌成为"小皇帝"和"小公主"的标志，在很多幼小的心灵里，吃海鲜、穿名牌、玩游戏才是有面子。你们虽然最终也未能入流，但打补丁的衣服是绝对穿不出去的。

你们少年那会儿，开始感受"不要让孩子输在起跑线上"的大潮冲击，一边是绚丽多彩的人生体验，一边是升学竞争的考试压力，让许多孩子在接受良好教育的同时，也出现了叛逆、孤僻、厌学、早恋、沉迷于网络游戏。你们虽然把握住了自我，但在内心也难免会受到影响。

我们那会儿对生活的理解，对艰苦的认识，与你们是大相径庭的。我们会以朴素为荣，以朴素为美，可这对于你这个"90后"，也许会不

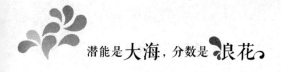

以为然。你是注定不会穿打补丁的衣服和露脚趾头的鞋子上学的,况且家长也不会这般做。你听说过吗?有位老爷爷给孙子讲红军战士在长征中吃树皮、草根的故事,那个孙子奇怪地问道:"那他们为什么不吃巧克力呢?"爷爷当即晕了,这就是时代变迁使然,并非是谁的过错。

现在社会上许多成年人对年轻人产生怀疑,认为你们是被流行音乐、网络游戏、影视明星诱导而迷茫的一代。但他们就没有看到你们这一代人独立思考、创新思维的另一面。我一向认为,年龄不同,生活圈子不同,接触的事物不同,会使两代人在价值观念、心理状态、生活习惯上存在很大的差异。如果这种差异不加以改善而任其扩大,就会在两代人面前隔上一堵无形的墙,这就是所谓的"代沟"。

出生于20世纪五六十年代的父母对今天世界的趋势和发展,需要有一个渐进的认识、理解和接受的过程。家庭中,思想更新最快的当属孩子,所以,父母应在引导、传承、发扬光大以往好的事物的基础上,接近、认识、理解和接受时代的新事物,这成为父母责无旁贷的任务。

时代变迁,文化差异会造成思维的反差,二者碰撞之时便会产生冲击,甚至对抗。两代人之间在价值观念、心理状态、生活习惯等方面的差异,就会形成代沟。过去,十几岁、二十几岁的年龄差就会有代沟,可现在,人们说相差三五岁就会有代沟了。有了代沟就不好交流和沟通,说的虽然都是汉语,可时尚青年的网络语言,老年人就听不懂;老年人说的往事,青年人又难以理解,这势必会影响交流。形成这种代沟的原因除了时代的烙印,还有两代人的沟通问题。爸爸的观点是寻找共同点,求同存异。父母与儿女用宽容和理解填平代沟,让温馨亲情如歌流淌,追求家庭和人生的幸福点。

其实,平凡的人生就是幸福,这并不意味着两代人的哪一方放弃对生活与人生的追求和热爱,以自己的生存方式,从点点滴滴中积累人生的财富,在平平淡淡中追求人生的幸福,这才是最惬意的事情。

84 ▶ 老爸眼中平民教育的价值内涵

女儿，既然平凡就是人生的幸福，也就离不开对幸福的追求了。当下，你对幸福的追求就在于眼下的求学，它关系到你未来择业的方向。你说，2014年10月的一天，你和东开车从皮斯卡塔韦（美国新泽西州东北部的一个镇区）的超市回家。路边有成排的榛子树，地上落满了榛子，你们在十字路口遇到红灯，车子停在一棵榛子树下，恰好刮过一阵风，树上便下起了"榛子雨"，好多榛子砸在车上，发出噼里啪啦的声音。你说就在那一刻，你想到了家乡的柳絮，飞飞扬扬，无声无息在眼前飘落的情景。

在中国的传统文化中，家庭教育是讲求"随风潜入夜，润物细无声"的。这涉及了教育的两大境界：一是"无痕教育"，要让孩子的内心感受到"此时无声胜有声"，要做自己喜欢的事，学自己喜欢的知识；二是要培养孩子"海纳百川，有容乃大"的情怀，与周围的人和谐相处，乐于与人交往、合作与沟通。鲁迅在五四运动的当天写了这样的话：家长的成功观、价值观需要转变。对于儿童，一是理解，二是指导，三是解放，养成他们有耐劳作的体力、高尚的道德情操、广博自由能容纳新潮流的精神，也就是能在世界新潮流中不被淹没的力量。希望你能驻足平凡，完善自立，善于发现生活之美，追求人生幸福。

当今的中国，已经进入到了高等教育大众化的时代，作为家长就更应确立平民教育的价值取向。无论孩子读了职业教育，还是读了普通大学；无论上了"三本"，还是上了"985"；无论国内读研，还是留学海外，都需要家长和子女保持一种平凡心态，学历说明不了什么，博士也高贵不到哪去，唯有你为这个社会做出了贡献才为人间正果。

对这一点，早在2000多年前，以孔孟为代表的儒家学说和以老庄为代表的道家学说就有明确的阐述。孔子提倡培养"君子仁人"，师生要"教学相长"，在学习态度上"知之为知之，不知为不知，是知也"。他要求

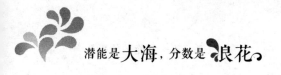

弟子学以成才，学以致用，他也是一生"学而不厌，诲人不倦"。孟子的教育理论认为，任何人只要肯接受教育，肯于学习，就可以把先天的善端充分发挥，达到最完善的境界，他曾说："人皆可以为尧舜。"与孔子一样，孟子也要求弟子追求高尚的精神生活，不要贪图物质生活的享受。孟子还有句千古名言："富贵不能淫，贫贱不能移，威武不能屈，此之谓大丈夫。"时至今日仍是做人的准则。

老子和庄子的教育思想也是中国传统文化的重要内容。老子的学说对后世国人的处世之道有着不可低估的影响，庄子追求人格独立和精神自由的主张对后人也有重要的启迪作用。老子常以"赤子"来形容有高深修养的人，"含德之厚，比于赤子"意在他们就像婴儿般的纯真、柔和。老子提出"贵师"和"爱师"之道："故善人者，不善人之师；不善人者，善人之资。不贵其师，不爱其资，虽智大迷。是谓要妙。"这就是说，善人可做不善人的老师，不善人可做善人的借鉴。如果不善人不尊重善人为老师，善人不吸取不善人的教训，这种人虽然自以为聪明，其实是大糊涂。老子这个精要深奥的道理很是值得后人借鉴。

瑶瑶，自古以来，中华传统文化经由了"诸子百家"的百花齐放、百家争鸣，又经由了历朝历代的兼收并蓄、传承弘扬，形成了今天仍在发扬光大的华夏教育理念。如"天下兴亡，匹夫有责""己所不欲勿施于人""弟子不必不如师，师不必贤于弟子"都是至理名言。爸爸希望你在接受西方先进科学文化的同时，也要兼收中华传统文化的精髓，这对于开发自身的潜能将起到非常大的作用。

中华传统文化是一把钥匙，将教会你如何崇尚自然；将有助于你如何支配时间，把握学习的主动权；将决定你在学业上是因循被动，还是积极进取；将引导你对知识是浅尝辄止，还是厚积薄发。平平淡淡，自自然然，就会积攒下学识，这就是教育的价值之所在，这就是勤奋耕耘之收获。

第二十二章
平凡生活中寻觅留学情趣

85 ▶ 让孤寂的留学日子鲜亮起来

女儿，人生的每一个阶段，都有着每一个阶段独特的风景，现实中的每一段岁月，都会给人以不同的生活感受。出国留学是你人生的选择，来到异国他乡，你了解到之前只能在影像中看到的异域风情，也体味到了远离故乡的那种孤寂。于是你和东便把每个周末与双方家人的视频聊天，当作了雷打不动的"规定动作"。坐在电脑旁，天各一方的父母儿女由亲情融到一起，也会让你们孤寂的留学生活鲜亮起来。

2014年的端午佳节，适逢放暑假，你俩是在巴黎度过的，但这也没能隔断那亲切的乡音。原来，平凡的人生就是幸福。一曲优美的音乐、一幅喜爱的图片、一次快乐的旅行，都会让人心情开朗。你可以静静地倾听你钟爱的音乐，你可以美美地欣赏你喜欢的照片，你也可以将旅行当作是与大自然充满乐趣的交流。这是一种多么曼妙的畅想，能够让自己真正从躁动中清醒过来，从孤寂中解脱出来，让一颗心拥有坐看云卷云舒的超然，这不是谁都能做到的。

爸爸还清楚地记得你刚到美国时，学校请你们看了百老汇音乐剧《妈妈咪呀》。据称这是一部"全球最成功音乐剧""全世界最卖座的百老汇

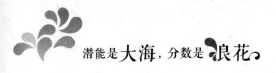

音乐剧""最快进入百老汇票房TOP10的音乐剧"。这部戏的剧情并不复杂,你后来说,当时有些英文还不大懂,可现在看就没问题了,如今你也开始适应了美国人说话的语速,知道了很多的俚语。

留学后,你在美国东海岸度过了第一个新年,中午时分,你打来越洋电话,送来了对家人的新年问候。那个时间也正值美国新年钟声敲响的一刻,因为时差的原因,新年比北京时间慢了半拍。你告诉我,你前几天陪同窗好友施施到纽约,去了时代广场,那儿有一家迪斯尼店,是去年刚开业的。当时迪斯尼曾发起过一个"开启幻想之门"的活动,人们可以登台转动"幻想钥匙",去开启迪斯尼店大门,幸运的家庭还能与歌星乔丁·帕克斯面对面,同唱动画片《美女与野兽》主题曲。这里很多颇具个性的"动漫明星"都是你儿时的偶像,如今亲历之后,却发现也不过如此了。

施施与你去纽约后,没有和你一道离开,而是在曼哈顿的芳芳那儿住了两天,昨天又返到你这儿来了。几个大学闺中密友,留学的第一个假期,在美国大陆走南闯北,算是"玩疯"了。不过,你也算有"玩疯"了的资本,在妈妈的追问下,你才吐露,第一学期你的几门专业课获得了全A。

当你结束了短暂的寒假生活,回到实验室后,你和东又在以自己的方式打发孤寂时光。有个周日晚上,我们在QQ上聊天,先说了一些琐事,譬如实验室给你配了台新电脑,免去了你每天去实验室都要背手提电脑的麻烦;你的导师又去了法国,去探讨新的科研项目……

在平凡的留学日子,你在用自己的方式使孤寂的留学生活鲜亮起来。这种方式就是一种淡然、一种朴实。它不求张扬,远离喧嚣,将学习与生活融为一体,追求脚踏实地的平实;它丰富而不肤浅,恬淡而不聒噪,理性而不盲从。爸爸希望你日后能将留学生涯当成是一种历练,从孤寂中感悟出淡然从容的人生定力和人生潇洒走一回的丰富与多彩。我想,若拥有这样一番境界之美,你就会在潮起潮落的人生舞台上,举重若轻,击节而歌了。

86 ▶ 驻足平凡也问时间去哪儿了

驻足平凡看似简单，实则不易。美国当属世界上最难拿到博士学位的国家，一般来讲，硕博连读，至少也要五年才能修成正果。我听说在美国，一个留学生可能被接纳为博士生，最终却有可能拿不到博士学位。遇到这种情况，博士生导师也许会安慰性地给你一个硕士学位证书。因而，留学美国攻读博士的压力丝毫也不比你读中科大轻松。父母欣慰的是，你到美国这四年，已初步奠定了完成学业的基础，你攻读统计学硕士的学业进展顺利，还有你兼职的助研助教工作也锻炼了自己的能力。我有时就和你妈妈聊起，在事务繁杂中，你是如何分配学习、工作和生活的时间呢？

最近市面在热销一本《时间都去哪儿了：我和老爸30年》的书，写书者大萌子，在2012年发微博晒父亲节礼物时意外走红，微博转发量几十万次；2013年应邀首次登上北京春晚舞台；一年后她和老爸的合影又亮相2014年央视春晚舞台，感动了亿万观众。书中以纯朴温馨又俏皮的文笔，写透三十年悠悠父女情，再次唤醒人们对亲情的认知和重视。

父母之爱是人世间最永恒、最无私的爱。我在写这本书时，就有种与写其他书完全不一样的感觉。写着写着，你的微笑就会浮现在我的眼前，我的笔端就会翻腾起情感的浪花。我不敢说，这是我写得最好的一部书，但却是我最动情的一部书，字里行间都跳动着父女间的款款深情。

还记得刚留学时，你谈了对这所大学的第一印象，虽说学校规模比中科大要大许多，但却没看到有中科大那么多学生匆匆奔走在校园的情景，路上多了一些学生的私家车。这里的图书馆好多，有许多分类图书馆，如化学、数学、科学和医学图书馆，都是免费阅览的。宿舍楼道里都摆放着各种免费的报纸，每天路过时你都习惯地拿上一份《纽约时报》。

一年后，学校举办了一年一度的大学生毕业典礼。你虽没去参加，

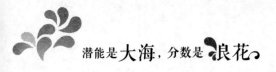
潜能是大海，分数是浪花

但也向我们描述了美国大学毕业典礼的场面。你说，这边好像一般不用大礼堂来搞这样的活动，很多重要聚会都是在草坪上搭起很高很大的白色帐篷，帐篷里放满椅子。那场毕业典礼也是如此，倒有点像在美国影片里经常看到的，在户外举办大型婚礼的那种热烈场面。在那个暑假里，因为校园没有什么人，你和东把停车场当成了练车场。你说："时常在那儿今天练左转，明天练右转，转来转去，把头都转晕了。"

暑假过后，你又投入到紧张的学习生活里。你在9月14日那天的生活日志里写道："不久前，实验室的紫外可见吸收光谱仪坏了，今天有人过来修，感觉实在是太贵了。人家来了一次，不管修不修，是否修好，至少要拿600美元'出场费'，看来以后应该改行做修仪器的了。于是，我就跟来的人学习了一下，好像修起来也不复杂呀，兴许以后可以自己修了，呵呵。之后，我又去听了一个报告，做了一个实验，一忙就到了晚上11点。"

这里截取了你一天的学习生活，可谓充实、紧张并快乐着。第二天就是周末了，你的记录是，那天睡了个懒觉，起床吃了午饭，下午和东开车买了一趟食品，放进冰箱，足够一周的量。"晚上有一个师兄请我们去他家吃饭。美国这边的习俗是，被请的人一般都要带个菜或者饮料什么的。所以我打算做个菜带过去。晚上回来还要做作业。"你在电话里说，"对了，我们这里买了一个X-Box，挺好玩的，都是健身类的游戏。要把X-box连在电视上，有一个红外装置可以探测到玩家的所有动作。这样就可以在室内打球，也可以跳舞，玩躲避障碍的游戏，关键是运动量很大，可以在玩的同时锻炼身体了。"

看来人世间最美好的生活就在平凡的细节里，只有平凡的生活，才有最真实最踏实的幸福。生命中，最值得珍视的是身边有一个爱你的人和一帮志同道合的朋友，最惬意的是过普通的"柴米油盐酱醋茶"的温暖小日子。

87 ▶ 一个游历美国的"五年计划"

女儿，周五接到你发来的微信图片，说你和东从罗马去了瑞士的琉森，正在卡贝尔廊桥上漫步呢。爸爸在九年前去过瑞士，还写过游记《瑞士，精雕细刻的自然风光》。琉森给我的第一感觉是水天合一、人景合一、非常自然、非常和谐。当年，我也曾站在卡贝尔廊桥上，眺望那座三面环山，绿色葱茏，湖光山色的美丽城市。我印象里，卡贝尔桥是欧洲最古老的木结构桥，褐色的木桥古色古香，桥身上罩有木顶，故也称卡贝尔廊桥。与其他廊桥所不同的是，卡贝尔廊桥蜿蜒曲折，在河中转了许多弯，像是一条长蛇盘在河面上。我来到桥边时，见到廊桥外侧种有色彩艳丽的鲜花，伴随着弯弯的长桥，仿佛一条飘在长河上的绚丽彩绸在微风中摇曳。

我喜欢琉森城中的幽静，惊叹其超凡脱俗的美丽。那天早晨，望着薄雾之中的琉森湖和阿尔卑斯山，我仿佛有一种梦幻般的感觉。层层叠叠的山峦似隐似现，脚下的琉森湖水湛蓝湛蓝。云雾中的山脉和湛蓝的湖水，与绿色的森林、山间的小路、红顶的房屋组合成一首富有情调的交响诗。相信你到瑞士，不光会领略到大自然的本色，还会领略到人与自然和谐完美结合的魅力。

瑶瑶，这是你留学后头一次去欧洲。在此之前，你们还有一个周游美国的"五年计划"。初到美国那一年，你们曾利用圣诞节和寒假先后游历了大西洋城、纽约、费城和华盛顿。第二年的9月1日，你们利用休假开车出行，先是到了布法罗（Buffalo），这是纽约州西部伊利湖东岸的港口城市，位于尼亚加拉河南口，西与加拿大伊利堡隔尼亚加拉河相望。这座城市又称水牛城，靠近大名鼎鼎的尼亚加拉大瀑布。"当晚我们下榻的青年旅馆就在这座小城市里。"你电话里说："这儿的一个床位25美元。我们在这儿吃了著名的布法罗鸡翅。这家饭店类似于全聚德，店里还有美国众议院颁发的证书呢。"

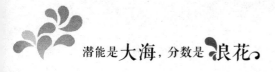

第二天，你们去了尼亚加拉大瀑布，还通过QQ发过来许多照片。"天啊！那儿的人真是好多好多，我们买了通票，还随票赠送了雨衣和凉鞋，我们来到大瀑布下面，近距离感受尼亚加拉大瀑布的气势。我们乘船驶向大瀑布，当船一点一点逼近瀑布时，我听到了各种刺激的尖叫声。人站在大瀑布下还是很爽的，因为有了雨衣，可以不必顾及飞溅到身上的水花。"你在QQ里说，"你们看到的有些照片就是我们在Goat Island上拍的，因为在那里可以看到马蹄瀑布。近景呢，都是在船上拍的。据说马蹄瀑布在加拿大那边，远比美国这边要壮观得多。对了，我们还在瀑布边的一家餐厅吃了午餐，从窗口可以看得到马蹄瀑布，还能看到一座彩虹桥，桥的一端在加拿大，一端在美国。瀑布边还有个水族馆，有各种水族动物。到了晚上，大瀑布被彩色的灯光笼罩着，十分壮观美丽，可惜我们没拍出效果来，也许是我们选择的角度不好吧。"到了第三天，你们开车回去了，你的QQ留言都带着一路的疲惫，寥寥四个字："洗洗睡吧。"

2013年元旦那天，你们从纽约飞往2300公里之外的迈阿密，开始了美国南部之旅。在美国一号公路的起点，你和东留下一张照片，这条公路面朝浩瀚的太平洋，背靠洛矶山脉，一边是惊涛骇浪，风帆点点；一边是悬崖绝壁，群峦叠翠。它凭借着得天独厚的自然环境，曾被评为全球十大最美海岸公路之一。在那边，就是美国传说中的海角，与中国海南的天涯海角是不是有异曲同工之妙呢？你们来到了海明威的故居，走进了他的写作室。生活在海边的海明威平时最爱打猎和捕鱼，他就曾亲手捕过两条五百磅以上的大鱼，难怪他的《老人与海》写得那么传神，其自身不也是个成功的渔夫桑地亚哥吗？当你们坐上类似热气球的飞艇，在大海上空盘旋，看到的是下面的断桥、灯塔和海浪。从照片上你和东甜甜的笑容里，我读懂了你和他的快乐。

我想，在忙里偷闲的时光里，不妨去拥抱大自然中的平淡，无意在咖啡馆泡掉那份休闲的馈赠，也无缘与时装店的那份时髦结伴，打起行囊去涉足远方的旅行，从一帧帧或壮观、或秀美、或平淡、或宁静、或恬淡的风景里去感恩平凡，细细品味宁静而致远的生命内涵，恰似徐徐轻风吻着那颗坦荡的心灵，于无声处，自有一片一片的缤纷。

2013年9月，你们来到美国蒙大拿州北部与加拿大相毗连的国境线上的冰川国家公园。这里原来是布莱福特部族的印第安保留地的一部分，1910年辟为国家公园。因这里有50余条冰川，故而得名。三天的旅行，你们游览了麦当劳湖畔的湖光山色，感受了蓝天青山碧水的完美结合，从田园风光诉说的那样一种宁静，去追寻心静如水的惬意，你拍下了一个面对镜头的直立的小松鼠，喟叹道，在物欲横流中，小生命也许更可爱。

女儿，总结一下：在平凡中寻觅幸福，一个最好的方法是在做每个决定之前，先问问自己"这会让我快乐吗"？这个问题虽说简单，但却很灵验，你可以将之运用在生活中每一个细节，去追寻人生永无止境的快乐。该学习的时候，快乐地学习；该工作的时候，快乐地工作；该生活的时候，快乐地生活，这才是在平凡生活中寻觅留学乐趣的一条捷径。

88 ▶ 与女儿有关智能之城的畅想

女儿，北京前天下了一天的雨，昨天又是周末，早上起来站到北窗远眺，天空就像水洗过了一样，久违的蓝天，久违的白云，久违的远山，真漂亮！上午去北大微纳电子大厦参加了一位朋友的报告会，出来后一抬头，我就被北大校园的蓝天白云、水天一色迷住了。我看到有位即将毕业的女生，穿着硕士服站在未名湖碑旁，一位男生殷勤地一张接一张地为她拍照；我看到博雅塔的远影掩映在绿树里，一个小女孩在妈妈陪伴下坐在湖畔写生，头上戴了一个有一大朵浅黄花的发卡，油然体味出一番诗情画意。我禁不住随手拍了一组照片发到了微博里，心里居然有了一种徐志摩那样的感觉，"轻轻地我走了，正如我轻轻地来，我挥一挥衣袖，不带走一片云彩。"

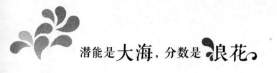

潜能是大海，分数是浪花

就在我离开未名湖畔时，接到了你从巴黎发来的微信："我们在去巴黎戴高乐国际机场的路上。"我看了下手机上的时间：2014年6月7日14点33分。看来，你们十天的欧洲旅行行将结束了，你们搭乘的航班，将在北京时间19点30分左右办理登机，经爱尔兰转机之后飞往纽约。

就在今天早晨，我坐在电脑前写到这儿，你的微信又到了，说："我们回到纽约了，不过从机场出来，还要坐一段轻轨，那边有同学开车来接。"这不禁让我想起出国三年来，你每年都要回国一次，每次都是我去机场接你，再到机场送你。2012年5月，你回到北京，恰逢我的一部长篇纪实文学《中国智能之城》即将付梓，之前，我们曾就这本书有过多次对话，也曾许愿等你回来就带你去看爸爸笔下"中国智能之城"的"庐山真面目"。故而，你回来一周后，我们便应邀去了天津滨海新区的中新天津生态城，那里就是原版的"中国智能之城"。你当初曾问我："智能电网真的有那么大的作为吗？"似乎对我笔下的描述有些惊讶。当你在一天中，徜徉了那片神奇的土地，才真切领略到了中国智能电网的发展速度。

之前，身在美国的你已经真切感受到了"中国制造"的分量。假日，你去纽约购物，发现到处都是中国的日用品，大到冰箱、洗衣机，小到纽扣电池。但你还是发现了一个问题：由"中国制造"到"中国创造"，还有一段很长的路要走。尽管中国的联想收购了IBM，中国的TCL收购了汤姆逊，中国的吉利收购了沃尔沃……但无论是联想还是吉利，中国收购的只是产品的加工与销售权利，而不是人家的核心技术。在许多高新科技领域，中国的话语权还不多。

你在QQ聊天时有次问道："在机械化、电气化、信息化时代，都是我们在后边赶路；在智能化时代，中国的智能电网能实现'中国创造'吗？"这让我想到了你当年在中科大读大三那年的暑假，和同学去了一趟上海世博园，也给我发回了好多数码照片，其中有张就是在国家电网馆拍的，那是一个可爱的黄色卡通小人偶，中文名是"坚强、智能电网"。

222

写《中国智能之城》这本书时，我又将这张照片从电脑图库里调出来，只见小人偶披着一个黄色斗篷，一双蓝色的圆眼睛，两道眉毛是两道闪电的造型。这个可爱的小人偶在国家电网馆里随处可见，被称为这里真正的"主角"和"英雄"。但有谁知道，早在2008年，远在太平洋彼岸的美国科罗拉多州，有座9万人口的袖珍小城波尔德，成了全美国乃至全球第一个"智能电网城市"。你说，你在中科大读书时的一个师姐就在科罗拉多大学波尔德分校读博。你听师姐讲，波尔德海拔1655米，是中国拉萨的姐妹城市，也是个非常漂亮的地方。那里绿草如茵、风景如画，曾被美国不少媒体评选为"最适合居住城市"。而当时中国的城市似乎与智能电网城市还很遥远。

你在看到那部书稿的部分章节后，就在QQ上发问，智能之城的特色是什么？智能电网真有那么神奇吗？新加坡与中国合作建立这座生态城的初衷何在？面对你那理科生特有的逻辑性思维，我说，这并非一句两句话说得清，我可以把我的见解用QQ发过去给你。

那次，当我们俩来到滨海新区，站在嘉铭红树湾智能楼宇的客厅，亲手操纵着平板电脑，演绎着智能生活的神奇时，我看到你脸上溢出了兴奋的神色。在智能家居里，你看到了未来人们的生活方式：垃圾分类气力回收、太阳能热水、直饮水入户、智能电表、智能窗帘、智能加温器、智能电视、智能空调……这些在美国也远没有普及的智能生活，已经开始映入了中国人的眼帘。

瑶瑶，你说印象中的美国，尽管是世界最发达的国家，但"发达"从另外一个角度就意味着"老化"。譬如美国的地铁、高速公路、建筑、电网……这些基础设施都要比中国这个"发展中国家"的基础设施年头要长。中国的这一切都是近些年才像雨后春笋般发展起来的，所以，才如此充满生机，以至于让外国人感到惊愕。

最近一年来，北京的PM2.5的数值居高不下，曾引发了全社会的热

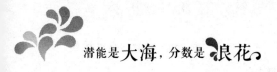

议，乃至人们严厉的批评，这让人联想到，人类永不停歇的掠夺性发展已影响到人类自身的生存。全球资源枯竭、酸雨肆虐、地面下沉、水土流失、淡水缺乏、沙漠迅速扩张、全球气候变暖、臭氧层出现空洞、物种数目急剧减少、海平面持续上升、有害化学物质导致物种突变、居住环境恶化、生态严重失衡……触目惊心的现实，开始让人们反思：人类发展的终极目标是什么？在这种情况下，探索自然与人的关系，唤醒人的生态意识就成了人类的共识。自然资源终将有耗尽的那一天，沉重的现实开始令地球人探寻新的生存模式——尊重自然，顺应自然，让人类与自然共存。

也正因如此，节约能源、低碳出行的理念也引发了智能电网和清洁能源方面的革命。这是一个中国人的世纪梦想，如今正在化为践行的实际行动。女儿，爸爸曾在那本书里写道："一个能将梦想化为现实的民族是一个伟大的民族，一个能将梦想变为未来的国家是一个伟大的国家。中国智能之城的横空出世，再一次雄辩地证明，使一个国家、一个民族、一个企业，乃至一个人站起来的不仅仅是双脚，还有理想、智慧、意志和创造力！"

第二十三章
正直做人远比赚钱更开心

89 ▶ 人的一生都是一个做人的过程

女儿，我们有幸结缘为父女，行走人世间，路途说远也远，说近也近。我粗略算了一下，一年大约有8760小时，一个人即便能活上100岁，也不过是876 000小时而已。一个人如果历经"十年寒窗"，又读了大学，再为社会服务的话，那么他的有效工作时间也不过四十年左右。余下的时间主要就是享受他人服务了。在学校时要靠教师解疑释惑，退休后要靠社会颐养天年。由此可见，人是离不开社会的。一个人即便有天大本事，也不可能对他人无所求。当一个人走向社会时，他就应当有一种回报社会、回报他人的理念。这就是做人的起码准则。

做人应有做人的准则。相信这话是不会有人站出来反对的。这个准则应当是真善美的统一，也应为大多数人所赞同。它在商场上体现诚信，它在政坛上体现为民，它在处事上体现理智，它在工作上体现奉献。但很多时候，有些人往往一念之差就会为之付出代价。上次回国，你讲过这么一件事，有位留学生刚到美国，花了4000美元买了一部二手车，在报税时，他多了个心眼，少报了2000美元。结果几天后收到税务局的公函，说经过他们鉴定，这辆车市场价6000美元，所以他一定是偷税了，让他把税补交

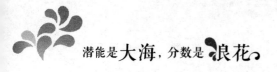

上。那位留学生很郁闷，就拿着个照相机对着车拍了很多照片，然后向政府申诉说，就这破车，也就值2000美元，但挨罚却是不可避免的了。想当初，如果他如实申报，也许申诉的底气就会足一些。

于是，我就在想，做人就要做一个大写的人，一个堂堂正正的人，就像王蒙讲过的那样：可以用气力去学习、去工作、去写作，去装修房屋，乃至去旅游、去赛球、去玩儿，但是用在人际关系上，用在回应摩擦上，用在对付攻击上，最多只发三分力，最多发力30秒，再多花一点时间和气力都是绝对地浪费时间，浪费生命。这就是一个正直的人做人的态度。

你和东前不久启程去欧洲旅行的当天，爸爸就碰到过一件很龌龊的事。有个诈骗者，盗用爸爸一位好朋友的QQ账号，发来视频聊天的请求，我联上了视频，只有老友的图像，却不说话，他在QQ上打字，谎称麦克风坏了，手机又掉到水里了，话没说两句就借钱，开口就是5万。尽管有些诧异，出于对朋友的信任，我还是答应了，在去银行的路上，我猛然察觉其中有诈，便打电话向老友验证。老友惊呼，他昨天QQ账号被盗。之前也有人以朋友名义视频聊天，也以同样套路向他借钱，谁想到，这阴谋未得逞，却又盗了他的聊天影像用来骗我。于是，我匆忙将这事放在QQ空间和微博上，以防他人再上当受骗。一想到那些不劳而获之徒，专干鸡鸣狗盗之事，如此活在世上，无异于行尸走肉。

其实，是与非原本泾渭分明，盗贼从来也不会认为他做的是光明正大的事，造假者也从来不会认为他所从事的是什么崇高事业。可这个世界上偏偏就有那么一部分人专干这种丧失人格的事情，想必这就是做人准则的差异。

歌德有这样一句名言：无论你出身高贵或者低贱，都无关宏旨，但你必须有做人之道。失道者失去的是沉甸甸的人心，而得道者得到的则是整个世界。

90 ▶ 父母回眸人生时送你一句话

好了,还是不说让人心里添堵的事了。女儿,爸爸想说的是:两千多年前,孔老夫子就曾提到"己所不欲,勿施于人"。切记要保证言与行的统一,决不能当面一个样,背后一个样;台上一个样,台下一个样。集父母这么多年人生经验,在做人准则上,永远都不要搞双重标准,更不能做损人利己的肮脏勾当,因此,父母回眸人生时送你一句话:做一个正直的人远比赚钱更为重要。

昨天,刚刚结束了2014年度的高考。这让我不禁想起,你七年前也从这座"独木桥"上走过。时间虽过去了很久,但妈妈仍然将你的一张高考模拟语文试卷保存着,其中作文题目《助人与自助》是你根据试卷提供的素材自行拟定的。记得我在帮助你分析试卷时,还对这篇作文做过多处修改。而今读起来,我仍感到很欣慰,不是你文章写得多么好,而是欣慰你笔下对做人准则的把握。

人的一生总会遇到无数次的抉择,当你身处困境之时,当你发现有人与你同样需要帮助之时,你是该选择助人还是自助?这是一个现实的问题。

我曾看过一则故事:一个人迷失在了雪山里,这时,他发现了一个昏迷不醒的人,于是他背起了那个人,后来又在那个人的帮助下走出了雪山。故事的结果当然是皆大欢喜的。但如果那个人只顾自己,其结果是,他们都会死在雪山上,不知大家又作何感想呢?一个人在救他人之时,自然不会预见到最后的结局,他靠的只是心灵的选择。实际上,许多人现在之所以自私,就是因为太过于注重结局,却忽略了心灵的呼唤。如果知道了好人定有好报,如果知道了助人等于自助,谁不会去做好人,去帮助他人呢?

然而,我们实际上却往往掂量着盈亏的砝码,来衡量心灵的天平。最后方发现天道常变易,人算不如天算,抱怨自己当初为何没对人施以援助

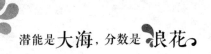

之手。有些人认为助人只是一场赌博，这是完全错误的。鲁肃在接济周瑜粮食时，怎会料到有朝一日，周瑜会变成东吴的大都督呢？漂母在给韩信一碗饭时，怎会知道他日后会成为大将军呢？鲍叔在帮助管仲之时，恐怕也没想过什么回报吧。他们帮助那些他们认为应当帮助的人，完全是出于内心的呼唤，是人性的闪光，得到的善报却是意料之外，情理之中的。

贝多芬称自己除了有一颗仁慈的心之外，没有什么不平常之处。是啊，一个伟大的人，不在于他是否靠思想或强力而称雄，而在于他是否有一个高尚的人格，一颗传递仁慈的心，而助人为乐便是他最直接的表现。

当然，如果我们真的无法摆脱利益的枷锁，不妨去信奉一句话吧：助人即自助。请虔诚地去相信这句话，相信你助人的选择没有错，相信你会得到上天的眷顾，得到你需要的快乐。朋友，当你再次遇到困境和困境中的人时，相信你自然会以一个新的理念，来指导你的行动。

这篇出自十六岁少女的短文，让我看到你内在的品质。做人常怀一颗正直的心，做到"平凡、平实、平淡"这六个字足矣。要拥有平凡之心，既然你是一条小溪，就做一条欢快的溪流，没有人会否认你是生命的源头；要拥有平实之心，既然你是泥土，就做一片生长绿色的土壤，没有人会否认你真诚的奉献；要拥有平淡之心，既然你是一棵小草，就做一叶承接阳光的绿色，没有人会否认你生命的存在。

你平凡，但并不平庸；你平实，但并不木讷；你平淡，但并不浅显。因为，这些都是正直的人所应具备的要素和潜质。人生在世，岁月匆匆，功名利禄都不过是过眼云烟，唯有做一个正直的人才是最为重要的。爸爸多年前曾写过一篇随笔《人到无求品自高》，说的就是这个道理。文中提到春秋时，孔夫子曾大发感慨，说他始终没有看见过一个称得上刚强的人。有人说，有啊，申枨不是很刚强吗？孔夫子摇头说，这个人有欲望，怎么说是刚强呢？

细琢磨一下，一个人有太多欲望是刚强不起来的。当然，这个欲望是有特定含义的。欲望，人人有之。读书是种欲望，生存是种欲望，有谁会指责呢？可却有这等人，本来爱财又不去经商，偏偏从政。这样麻烦就来了。既然他爱财，那么在金钱面前就硬气不起来。因为，他爱财，人家拿钱贿赂他，他就会丧失了原则，拜倒在金钱面前，接下来的腐败就不可避免的了。开始人家送个红包，他收了；稍后人家送他个存折，他要了；再后，有人送他个金山，他敢拿了。先前还是人家送，之后觉得不过瘾，便开始要，而且胃口越来越大，贪官也许就是这样产生的。这就应了"有求皆苦，无欲则刚"的话。前四个字源自佛家思想，后四个字源自儒家思想。但是如果拿到今天，便有了新的含义。一个人只有达到无求品自高的思想境界，只有做到节制私欲才真能做一个正直的人，一个顶天立地的人。

　　女儿，当今的物质世界，五光十色，光怪陆离，诱惑多多。但无论时代如何变化，无论生活多么富裕，都不要忘记做一个正直的人。人的一生都是一个做人的过程，显赫的名、丰厚的利、华丽的衣、鲜美的食都代替不了做人的准则。

　　平凡、平实、平淡，这三个词读之就能给人一种向上的力量。人原本就是平凡的，在平凡中享受人生，在平实中踏实做人，在平淡中淡泊名利，那他就一定会将脚下的路行得很正，就像一位伟人所赞美的那样，成为"一个高尚的人，一个纯粹的人，一个有道德的人，一个脱离了低级趣味的人，一个有益于人民的人"。

91 感悟平凡才会摆正做人姿态

　　女儿，有位作家说过这样的话，人生有三苦，一苦是你得不到，所以你觉得痛苦；二苦是你付出了许多代价得到了，却不过如此，所以你觉得痛苦；三苦是你轻易放弃了，后来却发现，原来它在你生命中那么重要，所以你觉得痛苦。我不知道这位作家何以对人生有这么深的感悟。其实人的一生，就是在这种痛苦与追求中度过的，永不满足，是人类的天性，苦

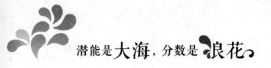

中有乐才会使生命多姿多彩。

人生如歌，时而激越，时而舒缓，时而高亢，时而低沉，既有金戈铁马的奏鸣，又有小桥流水的婉约；既有气吞山河的壮烈，又有花前月下的柔情。生命无论是绚丽缤纷，还是清新淡雅；无论是一帆风顺，还是举步维艰，都是人生的财富。拥有一颗平常心，摆正做人的姿态，才是最重要的。

这个周末，我信步去了离家不远的菜市场，无意中看到一个小男孩，看年纪也就是小学一二年级的样子，他在帮妈妈往菜架子上摆菜，虽说脑门浸出了颗颗汗珠，可还在开心地冲母亲笑着。我看到这温馨一幕，心里挺有感触的，因为，临出门时，我看到小区院里有许多类似年龄的孩子，在大人的陪伴下正开心地打着秋千，滑着旱冰。

我就在想，人生是苦是乐，很难有个统一的标准。那小男孩在外人看来，远离游乐是苦，但他却从帮助父母的劳作中寻找到了快乐。当然，那些玩着开心的孩子们，快乐的样子也很可爱，谁能说哪种快乐高贵，哪种快乐低贱呢？

孩子们的快乐是单纯的，大人们的快乐就复杂多了。他们眼里，很多时候金钱与快乐是不成正比的。爸爸有位很好的朋友，十多年前去了遥远的南方城市，有一次电话聊天，他谈到了生活中的苦与乐。他说："你说怪不怪，以前在家乡租房那会儿也没觉得有多苦，还挺快乐的。现在生活条件好了，钱也挣得多了，我也没觉得有多幸福，苦恼反倒多了，去年还得了一场大病。"我开玩笑说："大人物有大苦恼，小人物有小苦恼。下岗工人的最大苦恼是失掉一份工作，你的苦恼绝不止于没住上别墅，没开上宝马吧？"

撂下电话，我就在想，苦恼就像一条通往宇宙的大道，是远无止境的。从商者原始积累时，苦恼可能只为没有一两万元的启动资金，当完成原始积累后，他的胃口会逐渐变大，眼睛甚至会瞄着比尔·盖茨。从政者何尝不也是如此呢？有的人当了科长，苦恼没当上处长；当了处长，苦恼没当上厅长。但是，如果每天都在左顾右盼，苦恼缠身的话，那活得是不是有点太累了？莫不如静下心来，多干点实事。记得有句歌词说："我让青春撞了一下腰。"这是个什么滋味？可能有人还没体味到，可让苦恼撞了一下腰是什么滋味，有的人却是尝到了。

其实苦恼与快乐在不同人眼里是截然不同的，关键要有一个好的心态。首先要把自己做人的位置摆正，不光要感悟平凡，还要感恩平凡。感恩自己生活在美好的人世间。人世沧桑，谁都有过彷徨，谁都有过忧伤，谁都有过失落，谁都有过挫折……面对大千世界，平心静气，宛若明镜，朝观云蒸霞蔚不傲不喜，晚视暮霭四合不悲不忧。人通常都不愿被人称作平凡的人，但你可曾知晓，是平凡的小草披绿了广袤大地，是平凡的水滴润泽了世间万物。平凡的日子，汇聚成平凡人生，离开绿草何来美丽草原？离开水滴何来万物生长？

瑶瑶，你留学美国后，很多认识我们的人都夸赞你优秀出色，可依我看，这并没有改变你平凡的特质。小草长高了，仍然是小草；浪花飞高了，仍然是浪花。平凡的人生也会有诗有画，但并不能证明其价值连城，我倒更希望你保留那份平淡的秀美，平淡的宁静，平淡的隽永，平淡的深沉。未来的人生，有风也好，有雨也好，有甜也好，有苦也好，有辉煌也好，有挫折也好，只要保持一颗平常心，就不会当乌云压顶时，有苦雨寒瑟的幽怨，就不会当暮色苍茫时，有月落乌啼的悲凉。当然，平淡如斯，并不意味着要去做闲云野鹤，采菊东篱，人贵年轻，理应在学业上咬定青山，只争朝夕，切莫挥霍那份本属于人生的苦辣酸甜。生命经历了风霜阴霾的苦砺，才会有凤凰的涅槃重生。

92 ▶ 将时尚穿在身上还是放在心里

女儿，最近一次回国时，你和东在西安拍了婚纱照，很漂亮，也很时尚。你妈妈将有的照片放到手机里，时而也会津津有味地拿出来欣赏。如

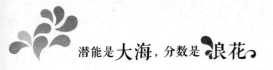

今的社会,时尚一词已经很流行了,人们不光要把时尚穿在身上,还要呈现在影像中,展示在媒体上。追求时尚成了都市男女的必修课。

时尚是什么?每个人的理解都不尽相同:有人认为时尚就是标新立异,时装要私人订制,发型要别出心裁,走在大街上,要万众瞩目;有人认为时尚就是自然简约,与其奢华浪费,莫不如返璞归真,去追求那种"清水出芙蓉,天然去雕饰"之美。

当然了,不同的时代有不同的时尚,就像楚灵王时代"楚王好细腰,宫中多饿死",到了唐玄宗时代,唐明皇以杨贵妃丰腴为美,又带动了那一代女人疯狂地追求丰满。我印象里,20世纪80年代的时尚就是"街上流行红裙子",而今时代的时尚就是拿着智能手机玩微信。时尚其实不过是一种生活方式,透过时尚,可以看到人们的内心世界,可以看到一个时代的缩影,也可以看到人们对生活的追求。时尚穿戴在了外表,实质却是源于心灵深处。

当然,时尚只是在一个时间节点上的大趋势,不同的人群自有不同的时尚。有人以看世界杯足球赛为时尚,有人以听"中国好声音"为时尚,有人以旅行为时尚……仔细观察,你就会发现,不同的职业,不同的类型,不同的兴趣,都会产生不同类别的时尚。艺术家的时尚在舞台上,商人的时尚在生意场,军人的时尚在演兵场,作家的时尚在电脑旁,政府官员的时尚在会议桌,大学生的时尚在校园里,农民的时尚在田野中……很难想象男歌星的一头时尚长发,若换在了政府官员头上是什么效果,也很难想象企业老板的时尚皮包拿在了军人手里又是什么模样。因而时尚不光要受到时间、空间的限制,也要受到职业的限制。

瑶瑶,你留学海外,想必对时尚也有不同的理解。但有一点,相信我们的看法是相通的,那就是:时尚只是外壳,灵魂才是最重要的。中外不同的文化背景,必然产生不同的时尚文化。有句老话叫作"穿衣戴帽各好一套"。只要你喜欢,穿什么、戴什么都是你个人的自由,没有人能管得了你。但是，你要懂得，时尚也是做人的一种方式，透过穿着也足以洞察一个人的内心世界。爸爸认识一位老作家，著作等身，名望很大，但出门在外却穿着随便，从头到脚也看不到一件名牌。有好奇者不解，问为何不穿名牌？老先生打趣地说："穿什么名牌，我本身就是名牌。"这倒让我联想到，很多大富商也并非在人前都一身名牌，倒有些小富者对穿着十分讲究，生怕人家不知道他最近有钱了似的。

再看看当代孩子，家庭条件稍好些的，当家长的大都会让孩子出门穿名牌，戴名牌，似乎不这样都不好意思让孩子上学。造成这种相互攀比现象的心理，就是怕别的孩子瞧不起自己的孩子。我想，这种时尚追求未必是好事，往往会滋长孩子的虚荣心，不追也罢。在这方面，你们兄妹俩可谓没搭上时尚班车，时至今日，在穿着上也远远谈不上时尚。这次回国，妈妈帮你选了几件T恤衫，没有一件名牌，单价也就是几十元，但你说，只要穿上合身，又合意，就OK了。

其实，有的时候穿着时尚并不能代表美丽，这就像漂亮的容貌不能代表美丽一样。时尚是一种潮流，但并不能代表永恒，而真正的美丽是永恒的。生活中许多人穿着并不时尚，但并不缺乏时尚的气质，这种气质就是一种内在的美丽。

生活中，穿着的时髦、建筑的前卫、造型的新奇都称得上时尚，但引领时尚的前提是健康的心灵和健康的设计。时尚并不等于另类，得到大众认可才会有影响力，才会在一定时间和范围内流行。这又涉及美学原理，时尚离不开美，生活也离不开美，只有心灵美和时尚美达到和谐的统一，才能达到至善至美的境界。在我看来，美是可以超越时代的，心灵美对一个人来说，要比时尚美更重要。一种时尚也许会过时，但它留下的美丽却不会过时，若干年后它也许还会"王者归来"。所以把时尚放在心里，时尚就永远不会过时，就永远会带给人以激情与幻想。

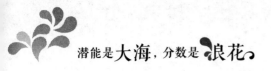

潜能是大海，分数是浪花

第二十四章
结伴平凡去追逐未来梦想

93 ▶ 面带微笑去笑傲人生的苦旅

女儿，我挺喜欢中国水墨画的"淡妆浓抹总相宜"，往往寥寥数笔就勾勒出一种至美的意境。这是一种省略的艺术，可谓"空山不见人，但闻人语响"，没有画出来的，却更耐人寻味。这让我联想到余秋雨先生称之为"苦旅"的人生。没错，人生是一种苦难的旅行，在人世间行走一番，或许只是为了一个人生梦想，活出人生的滋味。有的人活着是为了能有房有车，享受纸醉金迷的生活；有的人活着是为了精神充实，对生活则无太多奢求，一箪食，一瓢饮，足矣。

我不想评判这其中的孰是孰非，只是想说，以平常人的心态，做平凡的人，面带微笑去笑傲人生苦旅，才能活出最有滋味的人生。生命原本平凡，没有人生下来就像贾宝玉那样是含着灵玉出世的，每个孩子的第一声啼哭都是一个样子，史书提到的帝王出世"赤光绕室，异香经宿不散"的所谓天象，也都为后人刻意杜撰而已，唯有生命的平凡才弥足珍贵。从呱呱坠地的那一刻起，平凡就与你结伴而行了，从幼儿园、小学、中学、大学，到留学海外，平凡就像你最好的朋友带着你去追逐心中的梦想。

留学在很多人看来是件很惬意的事情，可以走出去看看外面精彩的世界，但中间的苦涩，没有亲身经历是无法体味到的。去美国之初，你要过获取助教资格的英语口语关，你要双向选择自己的导师和能适合你发展的研究方向，你在读博的同时还要去攻读统计学硕士……就这样，你每天往返于课堂和实验室，去听一堂又一堂课，去做一个又一个实验，忙起来时，就没什么节假日，连晚上时间也占用了。2014年冬天，新泽西下了一场好大的雪。你和东早上醒来才发现，停在外面的汽车一夜间给埋在了雪里，你们只好深一脚、浅一脚地徒步去实验室。

　　有时，你也会抱怨一下生活的不尽如人意，有位你认识的留学生毕业了，但要在美国待一个月再回国，却突然生病了，被就近送到学校的医院，医院却以学生已毕业为由，拒绝收治。你对我说："这不就是传说中的见死不救吗？我觉得，是不是在读学生只能作为可否报销医疗费的条件，怎么变成了不给治病的理由呢？我记得在中科大上学那会儿，因为中科大校医院眼科好，所以合肥周围很多人都慕名前来看眼病，医院并不会计较病人从哪里来的，我也从没有想过医院会不收治病人。"无独有偶，你还讲了一个北大毕业，在美国留学的师兄，去学校附近的小诊所拔牙，当那颗牙拔到一半时，大夫说剩下的牙根实在拔不出来了。那位师兄无奈，只好满脸打着麻药，满嘴是血地开车到七八公里外的诊所继续拔牙。他也深有感触地说："有时候我真怀念北医三院啊。"

　　这就是你们平凡的留学生活，独在他乡为异客，有苦、有乐、有酸、有甜。可这一切，你都走过来了，父母从来没听你说过一句叫苦的话。这四年来，你所学课目的成绩均为全优，这成绩背后是你付出的心血和劳动。在你看来，如果心里充满阳光，就不在乎道路的坎坷，如果心中有梦想，就不会在艰险面前畏缩不前。阴霾过后是蓝天，风雨过后是彩虹，带着微笑行走，闯过去峭崖，前方就一定是海阔天空。

　　瑶瑶，徒步人生，一帆风顺固然好，但若太顺了，人们反而觉得周围似乎缺少点什么。由此，我想到了弯弯的人生。游子在弯弯的旅途上跋

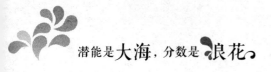

涉，甩一把汗水，握一手信念，虽然行囊日渐沉重，身侧又临深邃的谷渊，眸子里也会闪烁出希望的星光。是的，唯有生命平凡才会体味平凡的珍贵，才可于平凡的人生之中，在人生拼搏之余，用平静的心绪悉心欣赏二胡乐《二泉映月》，可以用浅浅的微笑聆听丝竹乐《雨打芭蕉》，任由月光在夜色流淌，听由檐漏滴阶、碎雨敲窗……

我曾在一本书里写过："记得有位女作家说过：'给梦一把梯子。'那么，这梯子便是你的微笑了。我推开心灵的窗子，望见窗外片片思念的红叶，在轻风中飘落。我醉了，醉倒在你的微笑里。当一个人在淡泊如水的氛围中，用平凡人的情感面对平凡的生活，就一定能体验到生活的真实滋味。"

人的一生，"譬如朝露，去日苦多"，恰如诗人艾青所说，任何人都是人世银河中的一粒微尘。天地之浩大，作为个体的你和我却如此渺小，如此平凡。当你站在大海边，看那海水一望无际、波涛汹涌、浪击长空、"秀"出壮美之时，你可曾想到，海水是由多少亿颗水滴汇聚而成的吗？那么，你和我也都是这万顷波涛中的平凡一分子了，可这平凡同样是美，同样是力量，只要怀揣一个梦想，你就会伴大海一道远行，会走得很远很远，会得到很多很多。

94 ▶ 用平凡搭建积极向上的阶梯

女儿，我看到了你通过Drop Box云存储发回来的一千余张欧洲旅行照片。你和东利用暑假游历了法国、瑞士、意大利等五个国家，走了一条和爸爸当年差不多相同的出游路线。我猛然发现，人生就是在旅行，总要去寻觅不一样的人生风景。

人生风景是多姿多彩的，"春风得意马蹄疾"是一种风景；"白发三千丈，缘愁似个长"也是一种风景；"陶陶然乐在其中"是一种风景，"哀莫大于心死"也是一种风景。观赏人间风景要登高望远，"欲穷千里

第三篇　潜能升华平凡

目，更上一层楼"。但又不可"好高骛远"，而要脚踏实地，就像你刚刚登过的巴黎埃菲尔铁塔，在乘梯到达一个高度后，还喜欢一阶一阶往上攀爬，站到高端的平台，就可以放眼将巴黎全城尽收眼底。到那会儿，你望着天边的白云，一定会有种悠闲自得之感，仿佛昨日的辛劳全都烟消云散。

平凡日子如白云，日复一日在眼下飘走多少片，恐怕谁也记不清了，但平凡日子很清新、很舒畅、很甜美的感觉却会永驻心田。我不止一次对你说过，平凡是做人的常态，但平凡并不等于平庸。人可以功不成、名不就，可以淡泊名利，也可以无惊世之举，但绝不可以没有梦想，绝不可以没有追求。那种浑浑噩噩、纸醉金迷、无所事事、无所用心的人生观是万万要不得的。人生做事要讲求执着，认准了的目标，就要"咬定青山不放松"，执着方能自强不息，执着方能追逐未来。

我不知你是否听过这样一个故事，大哲学家苏格拉底有一天走上讲台，对他的弟子们说，我今天不想讲哲学，只需要你们做一个很简单的动作，把手向前摆动300下，再往后摆动300下，看看哪位能做到每天坚持。当堂课上，所有的弟子都轻松做到了，苏格拉底没说什么就走了。过了几天，苏格拉底上课时，开门见山地请坚持下来的弟子举手，有90%以上的人举了手。过了一个月，他提出了同样的要求，却只有70%多的人举起手。过了一年，他目视所有的弟子说，还有举手的吗？弟子们面面相觑，结果仅有一人举起了手，那人就是后来也成为大哲学家的柏拉图。

当然了，举手固然举不出个大哲学家来，但至少说明一个问题，在许多人看似平淡、枯燥、无益的重复中，与众不同的柏拉图能够认准目标、执着追求、始终坚持。这是一种难能可贵的潜质，一旦升华为潜能，再加上天赋和学识，就可以实现他人无法达到的目标，实现自己的人生梦想。所以我要说，柏拉图即便不学哲学，凭借这个潜质也会在不同领域大有作为。相反，那些自以为聪明，投机取巧，或者耐不住寂寞，难以持之以恒的人，不管他智商有多高，学历有多高，都不可能获

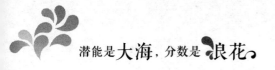

得出人意料的成功。

瑶瑶，你有一天对我说，最近听了一个关于能源的报告——用分解水的方法来发电。现在的问题主要就是找不到高效又便宜的催化剂，而现在主要研究的催化剂就是过渡金属氧化物之类。这是一个既高端，又前沿的科学命题，有无数科学家都在关注和研究这个课题，如果将之打个简单的比喻，就像苏格拉底对弟子们要求的"把手向前摆动300下，再往后摆动300下"，大家都在研究同一个课题，甚至都在做同一个动作，但最后坚持下来，并取得成功的也许只有一个人。这就是智慧、学识和毅力的较量，并不是每一个人都能走到终点的。

你告诉过我，你导师门下几个弟子，各自每天都在做着同样枯燥的实验，这些实验，在世界上没有几个人在研究它，未来的价值也无从考量，也许干了一辈子都不会有惊人发现，只是在为后来者积累经验和教训。也许有一天有了新发现，也不能立即进入实际应用，也创造不了商业价值。即使这样，还要有人去实验、去探索，基础科学的研究就是这么残酷，即便你已尽力了，也还有个运气的问题横在那儿。

这个运气是什么？你刚从法国回来，就顺便说条法国谜语吧，这也是一道叫"荷花塘之谜"的数学推理题：如果池塘中有一朵荷花，每天面积扩大两倍，30天后就会占满整个荷塘，那么第28天的时候荷塘里会有多少面积的荷花？我们可以算出来：从四分之一面积扩大到整个面积需要两天，也即第28天，荷塘里会有四分之一面积的荷花。这意味着什么呢？其背后蕴含的哲理是深刻的：对每一朵荷花而言，其变化速度是一样的，在第29天到来之前，它们费心尽力，也只完成目标的四分之一。而最后两天却有如神助，拓展了绝大部分。这与中国的谚语"行百里路半九十"是一个道理。我想，这个运气是源于有准备的头脑，"天上掉馅饼"的好事是永远砸不到爱做美梦者的头上的。

罗马不是一天建成的，摩天大厦也要靠一砖一石构建，浩瀚林海也要靠一枝一叶组成。这与人生都是一个道理，是平凡搭建起了人生的阶梯，当量的积累达到一定的程度，必然会发生质的飞跃，这将是一个缓慢而痛苦的过程，既要持之以恒，又要循序渐进，切勿浅尝辄止，奢望一步登天，只有你的脚踩在坚实的大地上，才能获取"安泰"的力量。

95 ▶ 去雕饰的风景才称得上美丽

女儿，那天北京时间晚上10点多，你在遥远的美国，用微信发过来一组父亲节祝福的动漫图像，我才恍然意识到第二天是父亲节了。那组图像挺有意思的，一幅是年轻的父亲背着年幼的女儿，父亲扭过头笑看乐不可支的女儿，任其在他身上撒娇，来回踢打着小腿；一幅是女儿在沙发的背后搂住父亲的脖子，一边嘻嘻地笑着，一边调皮地亲吻着父亲的脸颊；一幅是父亲在给自行车打气，娇小的女儿在一旁模仿着父亲的动作，也弓着腰，双手一下一下使着劲儿，似乎很卖力的样子。你在英文注解的后面还加了一句话："这就是小时候的我。"我心里一热，回复了六个字："美好。记忆。永恒。"

在那一刻，我也倏地想到我儿时趴在父亲背上的样子，在那圆圆的月亮门边，父亲背着我，沿着一条小路到部队营区外散步。那条留下儿时记忆的潺潺小河，那座留下童年梦想的窄窄小桥，那间留下豆腐脑余香的小餐馆……多少年后，当最初听到"月亮走，我也走"那首流行歌曲时，我的心倏地一热，心儿又重新飞回到月亮门前。当有一天，我也做了父亲，才感到父爱的伟大。孩提时的记忆不仅珍贵，而且还灼灼闪亮，就像天边挂的那轮圆圆的月亮。

记忆之所以刻骨铭心，就因为那是一种不经雕饰的情感，也是一道自然的风景。父爱是一种感觉，而这种感觉会随着时间的推移，愈发显得弥足珍贵。父爱之美，就像天然去雕饰的风景，可以让人温暖一生，感动一世。你爷爷在我眼里永远那么高大，一个不起眼的动作，一个发自内心

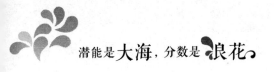

的拥抱，一个微笑的眼神，一个鼓励的手势都会幻化为一首意味绵长的小诗，都会在我心里留下不可磨灭的记忆。如今，老人家虽然早已仙逝，但在我心里还活着，他那温暖的目光仍在注视着我走在追逐梦想的路上。

瑶瑶，你知道我在你爷爷身上学到最多的东西是什么吗？是真实，是真诚。前些年，你奶奶时常喜欢讲那些过去的事情，那是些往往让当代青年人觉得不可思议的故事。1949年岁末，你爷爷所在的东北野战军部队南下打到了广西。一次在南宁街头，你爷爷巧遇抗战时的老战友，刚调任一个专区的党委书记。见到你爷爷后，他兴奋地说，他那儿是新解放区，环境复杂，希望老战友能留下给他当助手。你爷爷谢绝了，说："我是军人，战争还没打完，不久还要打海南岛，实难从命。"老战友十分失望，他是诚心劝你爷爷留下来的。为此事，他私下找过师首长。1950年8月间，新成立不久的武汉军政大学急需一批干部去充实各级领导工作，你爷爷被选中了。一纸调令下来，调派正在辽宁安东整训的他去武汉军政大学的一个分部任政委，师里连欢送会都开过了。临行前，你爷爷专程向老首长辞行。不想，老首长说："不行。朝鲜战争已经打起来了，这个军就要赴朝参战，你就不要去了。我给四野总部打个电话，请他们另派别人吧。"就这样，你爷爷二话没说，又于10月间随志愿军首批参战部队去了朝鲜……

我忽然联想到，我心中的父亲就是一道去雕饰的风景，虽历尽风雨沧桑，仍显得那般壮阔秀美。你爷爷去世后，你奶奶在整理他的遗物时，告诉我，你爷爷出身贫寒，生前喜欢书法，也经常写作诗词歌赋，离休后积累了许多素材，想写一部战争题材的长篇小说，有生之年竟未能如愿，堪称憾事。后来，我在长篇小说《古宅》里，写了老人家在战争年代经历的一些往事，也算做了一点弥补吧。

女儿，当一个人的双脚踩在人生的风景线，就意味着你要结伴平凡，去追逐人生梦想了。你还年轻，未来的路还很长，既然站在了那里，就不应仅仅做匆匆过客，还应留下人生坚实的足迹。不妨从世间闹市的尘嚣中解脱出来，走进人生的大风景，透过远山柔薄的乳色，从超然神秘的笼罩中去发现辽远的哲思。在今后的求学之路上，你只要不断开拓自身的潜能，进行超越分数的飞翔，你就一定会看到不一样的人生风景。即使未来梦想离我们很远很远，也还是要荡起我们的双桨，浪遏飞舟，人生之路有多远，航程便有多远……

96 ▶ 天下最爱你的人是父母

有人说，婴儿从第一声啼哭开始，上天就会在其幼小心灵上放置一根人生的琴弦，有人懂得如何呵护它，如何弹拨它，所以可以演奏出追逐梦想的曲子，陶醉了别人，也愉悦了自己。有人却不懂得珍惜人生的这根琴弦，关注功名利禄的弦外之音，喜欢花天酒地的享乐之声，渐渐冷落了心灵琴弦，时间久了，难免会让杂念侵蚀了灵魂，琴弦有一天就会折断，人生也跌入幽幽深谷。

做父母的，在儿女还不懂事的时候，责任就是教其懂得好好呵护心灵琴弦、学会弹奏最优美的旋律。如今，你们兄妹俩长大了，都在以十年寒窗所获取的知识回报社会，弹奏自己的人生乐章。你哥哥设计的一款算法软件已申报了国家发明专利，他最近正在参与一项人造天体信息管理软件的开发项目，他业余翻译的一部天文书稿也进入了修订阶段。最近，他又与北京一家出版社签订了翻译另一部天文图书的合同。你呢，虽说还在国外攻读博士学位，但与此同时也开始了职业生涯的可喜尝试。我想，儿女走向社会，能够厚积薄发，释放出自身的潜能，做自己喜欢做的事，这是令父母最欣慰的地方。一个人活着的价值，就在于走向社会后，能自主做出人生的思考。可以说，你人生每一次重大抉择，老爸都是最热情的观众，因为我相信，我女儿一定会做最好的自己！

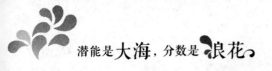
潜能是大海，分数是浪花

　　从古至今，父母都疼爱自己的孩子，父母之爱的伟大之处就在于真诚无私且不求回报。我一直认为，父母若真爱自己的孩子，就应让孩子理解爱的真谛，就应让孩子懂得如何做一个平凡的好人，就应让孩子掌握回报社会的一技之长。这是父母最真实的期待，我想，你也会这样想吧。

　　一个孩子虽出自平凡，当他面朝大海，迎着旭日，也可以任思绪飘飞，感受生命的无拘无束。本色平凡是美，没有悦耳的旋律，却能拨动心弦；结伴平凡是歌，没有奔放的音符，却能打动心灵；升华平凡是诗，没有华美的修饰，却能打开心窗。父母眼中，儿女人生中的每段成长，都会幻化成回味悠长的小诗；儿女人生中的每个进步，都会呈现为酣畅淋漓的画卷；儿女人生中的每个坐标，都会流泻出激荡心弦的乐章。

　　女儿，我们都是平凡者，都一同前行在人生之旅，从从容容，去领略追求的乐趣。远航时，我们站在同一条船上，唱着同一首歌，迎着人生风浪，手挽着手，去面对挑战。归航时，我们将漂泊的船儿驶进家的港湾，围聚一起品味五彩人生，间或欣赏李斯特的《爱之梦》、施特劳斯的《蓝色多瑙河》，间或谈起屈原的《离骚》和鲁迅的《朝花夕拾》。音乐流淌着绵绵的情愫，笑语流露出款款的亲情。此时此刻，咀嚼平平淡淡的人生，夹杂着生活的甜酸苦辣，倒也很有几分滋味。

　　瑶瑶，你远在国外求学，与我相距万里之遥，但我们的心却近在咫尺。爸爸要以一个朋友的身份感谢你和哥哥，感谢你们这么多年给父母带来的欣喜、微笑与快乐，让父母看到了儿女比我们这一代活得更丰富、更精彩。你们今生今世已经延伸了父母的生命，也会让我们在未来的日子远离孤独和无聊。无论你们的人生之路多么漫长，多么曲折，我们都会一万遍地告诉你们："你们是最棒的，父母相信你们能行！"